TOUCHÉ PAR L'INVISIBLE

Benoît XVI
Joseph Ratzinger

TOUCHÉ PAR L'INVISIBLE

Méditations pour chaque jour de l'année

P*arole et* **S***ilence*

Ouvrage publié en allemand sous le titre : *Berührt vom Unsichtbaren*

ISBN 978-2-84573-391-6

Chers frères et sœurs,

Après le grand pape Jean-Paul II, Messieurs les Cardinaux m'ont élu moi, un humble et simple ouvrier de la vigne du Seigneur. Le fait que le Seigneur sache travailler et agir également avec des instruments insuffisants me console, et surtout, je me remets à vos prières. Si nous avançons dans la joie du Seigneur ressuscité, confiants en Son aide constante, le Seigneur nous aidera et Marie, Sa Très Sainte Mère, est à nos côtés. Merci !

Premières paroles du Pape Benoît XVI
aux fidèles rassemblés sur la place Saint-Pierre
après son élection papale le 19 avril 2005.

SOMMAIRE

Introduction

Les textes sélectionnés pour ce recueil sont issus de l'immense production littéraire de Joseph Ratzinger, l'actuel pape Benoît XVI. Ils couvrent une période allant de ses débuts de jeune professeur de théologie jusqu'à sa fonction de préfet de la Congrégation pour la Doctrine de la Foi aux côtés du pape Jean-Paul II.

Ces textes ne touchent pas simplement par leur éloquence et leur profondeur spirituelle. Ils laissent aussi entendre la voix à la fois douce et pénétrante d'un cœur empli de foi et représentent une vraie source d'inspiration pour tous les jours.

Avril 2005
L'Éditeur

JANVIER

Tout commencement relève du prodige
et repose sur un acte de foi

1er janvier

La confiance, un guide sur le chemin de la nouvelle année

Dieu a fait de vous des fils, c'est pourquoi il a envoyé l'Esprit de son Fils dans nos cœurs, Esprit qui crie : Abba, Père ! (Ga 4, 6)

Au seuil de la nouvelle année, l'Église pose la parole de la *Lettre aux Galates* : Vous êtes des fils, en qui l'Esprit s'écrie : Abba ! Elle nous présente ce passage comme une parole encourageante pour “entrer” sans crainte dans un avenir dont nous ne pouvons connaître les chemins. La phrase suivante veut aussi nous guider sur la voie : comme fils, nous sommes libres et comme fils nous sommes héritiers. Ainsi se dévoile la teneur ultime de notre avenir : nous devenons maîtres de l'univers en qualité d'héritiers de Dieu. Rien de plus ne peut en effet être prédit à l'homme. Et pourtant, nous avons du mal à faire nôtre l'espérance de ce texte. Il nous manque la naïveté qui nous ferait murmurer : « Abba ! » Oui, quelque chose en nous résiste à prononcer le nom du Père, qui provient de notre désir d'émancipation. Le Père ne nous apparaît plus comme garant de notre liberté, mais comme s'y opposant. Ce qui importe, c'est d'avoir un partenaire, le Père incarnant l'autorité. Nous prenons le chemin du fils cadet qui demande son héritage et ne veut plus reconnaître le père, mais seulement l'avenir qu'il se crée lui-même.

C'est ainsi que ces quelques mots, les vœux de Nouvel An, que nous adresse l'Église, peuvent à eux seuls dévoiler toute la difficulté d'être chrétien aujourd'hui. Ces mots vont à contre-courant de bien des évidences. Ils exigent une conversion.

Cependant – [...] Celui qui peut dire « Père ! » au Maître de l'Univers a vraiment des raisons d'être confiant. L'avenir lui appartient.

Pourquoi ne nous serait-il pas possible de vivre, à notre époque aussi, de la force contagieuse d'une telle confiance ?

8

2 janvier

L'arbre de vie retrouvé (1)

Il y a quelques années, j'ai eu la chance de voir le plus vieil arbre de Noël encore conservé dans le monde. Il rappelle le tableau de l'autel de l'Église de l'Enfant Jésus à Steyr. L'histoire de cet arbre remonte à l'an 1694. À l'époque, Steyr avait un nouveau gardien et chef de chœur qui souffrait d'épilepsie, cette « maladie qui fait tomber », comme l'exprime la chronique populaire. À Melk, d'où il venait, il avait appris à vénérer l'Enfant Jésus. Il plaça donc, dans la cavité d'un sapin de taille moyenne, une représentation de la Sainte Famille devant laquelle il se recueillait, qui le fortifiait et le consolait. Il entendit alors parler d'une représentation de l'Enfant Jésus qui avait guéri une religieuse paralysée. Il en reçut une reproduction fidèle : un Enfant Jésus en cire, portant la croix dans une main et la couronne d'épines dans l'autre. Il l'apporta auprès de l'arbre devant lequel il se recueillait et il sentit s'en dégager une force de guérison.

La nouvelle se répandit et les gens commencèrent à venir en pèlerinage « voir » l'Enfant Jésus dans l'arbre. Malgré les hésitations des autorités ecclésiales de Passau, ils réussirent à construire une petite église autour de l'arbre. C'est ainsi qu'en 1708 fut posée la première pierre de l'église de l'Enfant-Jésus. [...] Elle est devenue, en quelque sorte, un écrin pour l'arbre abritant l'autel et le tabernacle : l'arbre porte toujours le petit Enfant Jésus en cire qui, couronné et entouré de rayons, est promesse et espérance pour les hommes.

L'arbre de vie retrouvé (2)

Pour moi, cette rencontre est non seulement l'interprétation de l'une de nos plus belles traditions de Noël, mais le point de départ pour pénétrer au cœur même du mystère de la Nativité. Cet arbre se dresse tel l'arbre de vie du paradis retrouvé : « Le chérubin ne se tient plus devant lui ». Cet arbre est Marie avec le Fruit béni de son corps : Jésus. Mais Jésus est là enfant, sans défense, accueillant, « Emmanuel », Dieu tout proche, familier, qui nous invite à venir à Lui. Et nous restons incapables de marcher et de nous tenir droits. Nous ne cessons de retomber, n'étant pas maîtres de nous-mêmes, aliénés et asservis.

La rotonde de l'édifice souligne encore cet encerclement. L'octogone circulaire est la forme classique de l'Église baptismale, laquelle se rattache à de très anciennes traditions de l'histoire religieuse, la cavité et l'édifice circulaires symbolisant le sein maternel, mystère de la naissance. Ainsi l'édifice indique à nouveau Marie, l'Église, notre baptême et notre nouvelle naissance. Il nous explique ce que signifie la parole de Jésus à Nicodème : « Si tu ne renais pas de l'eau et de l'Esprit, tu n'entreras pas dans le Royaume des cieux. » Ici s'applique aussi l'autre parole de Jésus : « Si vous ne redevenez comme des petits enfants, vous ne pouvez entrer dans le Royaume des cieux. »

4 janvier

L'amour seul suffit, tout le reste est interprétation

L'histoire du judaïsme tardif du temps de Jésus raconte qu'un jour, un païen alla voir le célèbre directeur d'école, Rabbi Schammai, et lui dit qu'il désirait adhérer à la religion juive, si le rabbi était en mesure de lui en donner le contenu le temps de tenir sur un pied. Le rabbi passa mentalement en revue les cinq livres si substantiels de Moïse et tout ce que l'interprétation juive avait ajouté depuis et déclaré tout aussi nécessaire et incontournable pour le Salut. Comme il repassait tout cela dans son esprit, il finit par avouer qu'il lui était impossible de résumer en quelques phrases brèves la plénitude de la religion d'Israël. L'étrange solliciteur ne se laissa pas décourager. Il se tourna – si nous pouvons l'exprimer ainsi – vers la concurrence : il alla trouver l'autre célèbre directeur d'école Rabbi Hillel et lui présenta la même demande. Contrairement à Rabbi Schammai, Hillel ne trouva rien d'impossible à cette requête et répondit sans détours :

« *Ce que tu n'aimerais pas que l'on te fît, ne le fais pas non plus à ton prochain.*

Voilà toute la Loi.

Tout le reste est interprétation. »

36

5 janvier

L'amour seul suffit, tout le reste est interprétation (2)

Maintenant, si ce même homme se rendait auprès de n'importe quel professeur de théologie chrétienne pour lui demander de lui résumer en cinq minutes les préceptes du christianisme, tous lui répondraient certainement que c'est chose impossible: il leur faudrait au moins six semestres pour lui énoncer les principes fondamentaux de la théologie, et encore, ils en viendraient à peine à bout. Et pourtant, on pourrait quand même aider cet homme. Car l'histoire des rabbins Hillel et Schammaï s'est reproduite sous une autre forme. Cette fois-là, un rabbin se tenait devant Jésus de Nazareth et lui demandait: « Que dois-je faire pour obtenir mon salut? » À travers cette question, il voulait savoir ce que le Christ lui-même considérait comme essentiel dans son message. Le Seigneur lui répondit: « Tu aimeras le Seigneur ton Dieu de tout ton cœur, de toute ton âme et de tout ton esprit: voilà le plus grand et le premier commandement. Le second lui est semblable: Tu aimeras ton prochain comme toi-même. À ces deux commandements se rattache toute la Loi, ainsi que les Prophètes » (Mt 22, 35-40). C'est donc là tout ce que réclame Jésus Christ. Celui qui suit ce conseil, celui qui possède en lui l'amour, celui-là est un chrétien; il possède tout (voir aussi Rm 13, 9 et s.).

36

6 janvier

Le voyage des trois mages

Ces hommes estimaient tout naturel que le nouveau roi naquît dans le palais royal ; tout naturel aussi de le trouver parmi les érudits, lui qui incarnait la sagesse et la source de la révélation. Ils durent pourtant se rendre à l'évidence, ils trouvèrent là-bas des indices, mais pas le nouveau-né. Il leur fallut admettre que Dieu était différent, qu'il ne pouvait pas se trouver parmi les puissants de ce monde, ni se laisser surprendre aussi facilement parmi les scientifiques ou même les théologiens. Il leur fallut admettre que le pouvoir, y compris celui de la science, les empêchait plutôt de l'atteindre. Il leur fallut revoir leurs principes, s'ouvrir à d'autres révélations et changer d'attitude. Il leur fallut se mettre en route vers cette petite ville qui comptait depuis toujours parmi les plus modestes du pays, mais qui ne le serait plus désormais et jusqu'à la fin des temps : Bethléem. [...] Il leur fallut reconnaître que les critères de Dieu étaient différents, qu'il ne se révélait pas dans les puissants de ce monde, mais qu'il nous guidait d'une toute autre manière : par l'humilité de son amour qui ne peut s'adresser qu'à notre liberté pour nous demander de l'accepter, qui peut ce faisant nous transformer et nous rendre capables de nous ouvrir à Dieu.

Nous sommes dans la même situation que ces hommes. Si on nous demandait d'imaginer comment Dieu aurait dû sauver le monde, nous dirions : il aurait dû utiliser la force pour détruire tout ce qui existait alors et instaurer ensuite avec une grande précision de scientifique l'économie mondiale la plus juste afin que tout le monde puisse posséder ce qu'il souhaite. C'est notre façon de voir les choses. En réalité, ce serait là un acte de violence envers l'humanité et une réelle aliénation car on tuerait ce qu'il y a de plus profond en nous. Dans ce processus, notre liberté n'aurait pas été respectée et notre amour n'existerait pas. C'est pourquoi la puissance de Dieu doit se révéler autrement : à Bethléem, dans la modeste impuissance de son amour.

7 janvier

Celui qui s'approprie la beauté de l'Enfant de Bethléem

Une lumière ne se lève-t-elle pas réellement du cœur d'Israël, éclairant les générations ? Les mages de l'Évangile ne sont que le commencement d'un immense pèlerinage au cours duquel la beauté de notre terre est mise aux pieds du Christ : l'or des mosaïques des premiers siècles de l'ère chrétienne, la lumière colorée renvoyée par les vitraux de nos grandes cathédrales, la louange des pierres, le chant d'allégresse des arbres de la forêt lui sont adressés, et la voix humaine comme les instruments de musique ont trouvé leurs plus belles mélodies en se jetant à ses pieds. La souffrance du monde aussi, toute sa peine vient à lui pour trouver un instant, auprès du Dieu pauvre, protection et compréhension. À dire vrai, nous sommes devenus un peu puritains aujourd'hui : n'aurait-on pas mieux fait de donner tous ces trésors aux pauvres ?

En nous posant cette question, nous oublions que la beauté autrefois offerte au Seigneur est le seul véritable bien commun du monde. Quel contraste entre les palais et les églises, entre les musées et les cathédrales ! Quelle différence de parcourir le Louvre, les Offices, le British Museum, ou de prier dans une église vivante en mêlant sa voix à la louange des pierres ! La beauté offerte à l'Enfant de Bethléem est dédiée à tous, et nous en avons tous besoin autant que de pain. Celui qui s'approprie la beauté de l'Enfant pour en faire de l'utilitaire n'aide pas mais détruit ; il ôte la lumière, sans laquelle tous les calculs deviennent froids et vains. Certes, si nous nous joignons au pèlerinage des siècles qui cherche à gaspiller ce qu'il y a de plus beau en ce monde pour le Roi nouveau-né, nous ne devons pas oublier qu'Il vit toujours dans une étable, en prison ou dans les *favelas*, et que nous ne le louons pas si nous n'aimons pas l'y trouver.

21

Le premier chant de Noël (1)

Le premier chant de Noël de l'histoire, par lequel fut fixée pour tous les temps la résonance intérieure de Noël, ne provient pas de l'homme ; saint Luc nous le transmet comme le chant des anges qui ont été les évangélistes de la Nuit sainte : « Gloire à Dieu au plus haut des cieux et paix sur la terre aux hommes qu'Il aime » – les hommes qui ont ses faveurs, hommes de bonne volonté.

Ce chant donne un critère : il nous aide à comprendre ce qu'est Noël. Il contient un mot référence qui touche les hommes de notre époque comme presque aucun autre : la Paix. Le mot biblique « *shalom* » que nous traduisons ainsi en dit bien plus que la simple absence de guerre : il signifie le juste état des affaires humaines, le Salut – un monde où règnent la confiance et la fraternité, où il n'y a plus ni peur ni manque, ni perfidie ni mensonge.

Paix sur la terre : voilà le but de Noël.

Mais le chant des anges pose un préalable, sans lequel il ne peut y avoir de paix à longue échéance : rendre gloire à Dieu. Tel est le message de paix de Bethléem : la paix des hommes provient de la gloire rendue à Dieu. Celui pour qui comptent les hommes et leur salut doit avant tout se préoccuper de la gloire de Dieu. La gloire de Dieu n'est pas une affaire privée que chacun peut traiter à sa guise, mais une affaire publique. C'est un bien commun et, là où Dieu n'est pas glorifié parmi les hommes, l'homme non plus ne peut être honoré. C'est pourquoi Noël est en lien direct avec la paix des hommes, parce que la gloire de Dieu y a été établie de façon nouvelle parmi eux.

26

9 janvier

Le premier chant de Noël (2)

D'ailleurs, la date de ce jour l'a manifesté dès le début : dans le calendrier juif, le 25 décembre était – et est toujours – la « fête de Hanoukka », la fête des Lumières. Elle rappelle qu'en ce jour de l'an 165 avant Jésus-Christ, Judas Maccabée enleva l'autel de Zeus du temple de Jérusalem, que la Tradition qualifiait de « désolation ». À la même date, le roi syrien Antiochus, qui se faisait vénérer comme Zeus, avait dressé la statue de l'idole dans le temple ; il avait fait de ce jour le jour de sa fête. Or, c'était devenu le jour de la purification du temple, où la juste glorification et l'honneur piétiné de Dieu furent rétablis. À dater de ce jour, Israël marqua sa renaissance, dès l'instant où il put à nouveau servir son Dieu comme il se doit.

La semaine du 25 au 31 décembre étant en même temps celle qui précède la nouvelle année, ce rétablissement prit un sens encore plus profond : il représentait le recommencement de la création pour la nouvelle ère de liberté espérée. C'est pourquoi, vers l'an 100 avant Jésus-Christ, la naissance du Messie enfant était attendue ce jour-là – car on espérait que le Messie enseignerait aux hommes comment l'on pouvait dignement honorer Dieu et qu'il inaugurerait une nouvelle ère de liberté.

26

10 janvier

Un drame qui se reproduit toujours

L'icône de Noël de l'Église d'Orient a déjà reçu forme, pour l'essentiel, au IVe siècle et renferme tout le mystère de Noël. Elle représente la profonde continuité que forment Noël et Pâques, la crèche et la Croix, la consonance de l'Ancien et du Nouveau Testament, l'unité du ciel et de la terre, dans le chant des anges et destiné aux bergers. Chaque figure de cette icône a un sens complexe et profond.

La fonction dévolue à saint Joseph est tout à fait particulière : il est assis à l'écart, plongé dans une profonde méditation. Devant lui se tient, vêtu en berger, le Tentateur, et il s'adresse à lui en ces termes d'après les textes de la liturgie : « Tout comme ton bâton ne peut porter de feuilles, de même qu'un vieil homme ne peut plus devenir père, ainsi la vierge ne peut enfanter » (P. Edokimov). La liturgie ajoute : dans son cœur s'éleva une tempête de pensées contradictoires, il fut troublé ; mais éclairé par l'Esprit Saint, il chante : Alléluia. En la personne de saint Joseph, l'icône représente ainsi un drame qui se reproduit toujours : le nôtre.

Il en est toujours ainsi. Le Tentateur ne cesse de nous dire : le monde visible est le seul qui existe, Dieu ne s'est pas incarné, il n'est pas né d'une vierge. [...] C'est la tentation de notre époque qui se présente avec tant de raisonnements apparemment tout à fait nouveaux, au point de sembler irrésistibles. Et pourtant, c'est toujours la vieille tentation.

26

11 janvier

Ouvrons-nous à l'ampleur et à la profondeur des dons du Christ

Aujourd'hui, nous pouvons peut-être à nouveau nous poser cette question : est-ce que notre empressement à découvrir les origines et le commencement ne nous a pas rendus quelque peu aveugles à l'ampleur et à la profondeur des dons du Christ, aux variations infinies dans lesquelles se décline ce phénomène unique ? Est-ce que l'eucharistie en tant que rituel de *pacha* chrétien n'est pas également cette fête que Dieu nous offre ? Il faut de la joie pour faire la fête, il faut savoir s'exprimer pour être joyeux, il faut s'exalter, dépasser les limites du quotidien, réunir le présent et l'avenir, la terre et le ciel. Ne devrait-il pas y avoir un jour dans l'année où cela pourrait se concrétiser, où l'eucharistie en tant que fête de Dieu déferlerait dans les rues et sur les places de notre vie quotidienne et représenterait le monde de demain ? Un monde dans lequel il n'y aurait plus de temple parce que le monde entier serait devenu la ville de Dieu ? Nous connaissons déjà la journée de l'arbre, la journée du cheval et bien d'autres encore. Ne devrait-il pas y avoir une journée qui permettrait aux rues de ne pas être esclaves des magasins, de nos courses précipitées, une journée dédiée plutôt tout simplement à la joie qu'on ressent de savoir Dieu parmi nous ? Ce jour du Seigneur n'est-il pas précisément celui de l'homme, le jour de la ville, du village, de la rue qui trouve ici sa plus grande utilité – le chemin de Dieu vers nous, le chemin de l'homme qui cherche à se rapprocher de Dieu ? Et pour ce qui est du reste, pour ceux qui prétendent que l'eucharistie n'est pas faite pour être regardée mais plutôt pour être reçue : n'est-ce pas déjà recevoir que de se préparer à "accueillir" le Seigneur ? Pouvons-nous accueillir le Seigneur autrement qu'en allant vers lui tout comme il vient vers nous ? Autrement qu'en marchant à ses côtés tout comme il marche à nos côtés ? Pouvons-nous accueillir le Seigneur autrement qu'en apprenant à le regarder ?

12 janvier

Nous sommes au plus profond de nous-mêmes des êtres destinés à recevoir

Est-ce que nous n'en demandons pas trop en nous imaginant que verser un peu d'eau sur un homme soit décisif dans son existence ? Ou bien l'imposition des mains de l'évêque que nous appelons confirmation ? Ou bien l'onction avec un peu d'huile bénie donnée par l'Église comme dernier sacrement à un malade pour l'accompagner sur sa route ? Et même les prêtres commencent à se demander par-ci par-là si l'imposition des mains de l'évêque, qu'on nomme ordination, pourrait signifier réellement un engagement irrévocable d'une vie jusqu'au dernier soupir et si la valeur de ce rite n'a pas été surestimée, sachant qu'on ne peut finalement pas lui subordonner en permanence l'existence quotidienne fluctuante qui s'y rattache avec son avenir toujours incertain, avec ses imprévus, avec ses situations nouvelles qui se multiplient et bousculent sans cesse. Le concept de signe indissoluble, gravé dans l'esprit par de tels sacrements, paraît être pour l'homme moderne une aberration philosophique : la question de l'existence humaine est toujours pour lui la question en suspens qui évolue en fonction de ses choix et qui ne peut pas être réglée une fois pour toutes par un simple rite. De telles conceptions s'opposent ensuite évidemment aussi à la conception sacramentelle du mariage, et même l'eucharistie n'est pas exclue de telles considérations.

Que faut-il donc en conclure ? Est-ce que le fait de continuer de pratiquer les sacrements à notre époque n'est rien d'autre qu'une concession faite au passé ? Que fait réellement une personne qui célèbre les sacrements de Jésus Christ ? Celui qui va à l'église pour célébrer les sacrements le fait parce qu'il sait qu'il ne peut pas décider de lui-même en tant qu'homme quand, comment et où Dieu doit se montrer à lui.

11

13 janvier

Risque d'amalgame

Le Seigneur nous offre ce que nous ne pouvons pas fabriquer. Mais il ne nous condamne pas à l'inactivité ; la paix du Seigneur exige de nous que nous nous rallions aux convictions de Jésus Christ. Si Jésus apparaissait parmi nous aujourd'hui comme il est apparu aux disciples auparavant, que trouverait-il alors ? La plupart d'entre nous se sentiraient vraisemblablement très gênés, car il découvrirait beaucoup d'indifférence et de laisser-aller, il découvrirait un christianisme confortable et angoissé qui dissimule habilement sa peur du monde derrière de grands discours savants. Il découvrirait aussi une Église divisée. Il découvrirait la coexistence entre un autoritarisme élaboré par le christianisme à sa convenance et l'attitude obstinée et indifférente de ceux qui se considèrent comme les seuls vrais chrétiens, se déclarant ainsi contre l'unité de la communauté. Mais nous devons ici éviter de faire un éventuel amalgame. Il ne faut pas confondre l'invitation à respecter la paix du Christ avec un certain besoin de bienveillance, signe de faiblesse de ceux qui cherchent à se protéger des problèmes qu'on peut rencontrer si on défend ses convictions. La nécessité d'unité dans l'Église ne signifie pas non plus qu'on exige de tout le monde de valider tout et n'importe quoi. La simple coexistence n'est pas signe d'unité, mais plutôt un moyen d'échapper à cette unité. La parole « soyez bons les uns envers les autres » ne doit certes pas être négligée, mais elle ne nous permet pas de nous élever jusqu'à l'Évangile car elle nous dispense des efforts nécessaires à fournir pour nous mettre en route vers la vérité et ainsi parvenir réellement à aller les uns vers les autres.

Lettre pastorale (1977)

14 janvier

L'éternel recommencement

Je ne me risquerais pas à dire que nous sommes au commencement de l'ère chrétienne. Car qu'est-ce qu'une ère chrétienne en réalité ? Cependant, ce que je souhaite vous faire comprendre, c'est que le christianisme a toujours l'opportunité d'un nouveau départ. J'ai écrit un jour que le christianisme était à la fois un grain de moutarde et un arbre ; on a toujours en même temps le Vendredi saint et Pâques. Le Vendredi saint n'est jamais vraiment passé, il est toujours là, et l'Église est un arbre qui n'a jamais fini de pousser, sinon elle s'assécherait et cesserait d'exister à un moment donné. Or elle se retrouve toujours dans la situation du grain de moutarde. Considérant cela, je m'accorde à dire que nous assistons en fait toujours à un recommencement, ce qui permet évidemment d'espérer un renouveau. Le fait d'avoir la foi en toute liberté et la foi en la liberté, et de comprendre que le monde n'est pas corrompu, tout cela porte aussi en soi de nouveaux espoirs et de nouvelles possibilités d'expression pour la foi chrétienne. Même une ère chrétienne plutôt courte peut apporter un nouvel élan à ce christianisme qui en devient d'autant plus conscient. C'est ce qui nous fait dire qu'une nouvelle ère chrétienne se présente bien à nous. Je ne me risquerai pas à donner ici des prédictions sur l'éventuelle rapidité ou lenteur de ce nouveau processus. Mais j'insiste là-dessus : il y a toujours un éternel commencement dans le christianisme. Il y a déjà eu de tels renouveaux et il y en aura encore. Et ils permettront toujours au mouvement chrétien de trouver de nouvelles formes d'expression plus puissantes.

32

15 janvier

Un saint homme qui savait sourire

Le pape Jean-Paul Ier... Nous sommes emplis de gratitude d'avoir pu vivre le moment où le Seigneur s'adressa de nouveau à un certain Simon : tu dois être Pierre, tandis qu'il quittait son ancienne fonction pour en prendre une nouvelle. Nous avions conscience, nous les cardinaux, lors de ces journées de préparation électorale et même le jour même de l'élection que nous ne votions pas comme on vote en d'autres lieux, mais que nous n'étions finalement que les instruments d'une puissance qui nous était supérieure. Le premier critère qui nous fut imposé fut le suivant : il fallait avant tout que le Pape soit un évêque de Rome afin qu'il puisse être à partir de là, en tant qu'évêque de ce lieu, en tant qu'évêque d'une cellule vivante l'évêque de toute la globalité. Il n'y avait pas parmi nous un premier, un deuxième ou un troisième monde, mais simplement l'unité de la catholicité. Cela imposait un deuxième critère : il fallait que ce soit un prêtre. Il ne devait pas être un génie en matière d'économie ni un grand scientifique. Tout cela aurait pu être utile, mais ce n'était pas essentiel. L'essentiel, c'était qu'il ait la passion de secourir les hommes, la mission de Pierre. Ce qui amenait un troisième critère : le Pape devait être un homme spirituel, « un homme de Dieu », comme on aime à le dire dans la langue de tant d'autres peuples. Un journaliste américain écrivit dans un des nombreux journaux de l'époque : il fallait surtout que le Pape soit un saint homme qui sache sourire, qui inspire un souffle de sainteté. Alors qu'on lui rendait un premier hommage, le Saint-Père m'a dit : « Ce matin je ne me suis pas encore inquiété de ce qu'il m'arrivera ce soir. Priez pour moi ! »

Ordinariatskorrespondenz

16 janvier

Le grand cantique de la Création (1)

Au commencement, Dieu créa les cieux et la terre. La terre était informe et vide : il y avait des ténèbres à la surface de l'abîme originel, et l'esprit de Dieu se mouvait au-dessus des eaux. Dieu dit : « Que la lumière soit ! » et la lumière fut. Dieu vit que la lumière était bonne. Dieu sépara la lumière d'avec les ténèbres. Et Dieu appela la lumière jour, et il appela les ténèbres nuit. Ainsi, il y eut un soir, et il y eut un matin : ce fut le premier jour. Puis Dieu dit : « Qu'il y ait une étendue entre les eaux, et qu'elle sépare les eaux d'avec les eaux ! » Et Dieu fit l'étendue, et il sépara les eaux qui sont au-dessous de l'étendue d'avec les eaux qui sont au-dessus de l'étendue. Et cela fut ainsi, et Dieu appela l'étendue ciel. Ainsi, il y eut un soir, et il y eut un matin : ce fut le second jour.

Puis Dieu dit : « Qu'il y ait des corps lumineux dans l'étendue du ciel, pour séparer le jour d'avec la nuit ; que ce soient des signes pour marquer les époques, les jours et les années ; et qu'ils servent de corps lumineux dans l'étendue du ciel, pour éclairer la terre. Et cela fut ainsi. Dieu fit les deux grands corps lumineux, le plus grand corps lumineux pour présider au jour, et le plus petit corps lumineux pour présider à la nuit, il fit aussi les étoiles. Dieu les plaça dans le firmament du ciel, pour éclairer la terre, pour présider au jour et à la nuit, et pour séparer la lumière d'avec les ténèbres. Dieu vit que cela était bon. Ainsi, il y eut un soir, et il y eut un matin : ce fut le quatrième jour (Gn 1,1-19).

23

17 janvier

Le grand cantique de la Création (2)

Les paroles exprimées dans la Sainte Écriture agissent toujours sur moi tel le timbre solennel d'une grande cloche ancienne qui touche notre cœur de loin par sa beauté et sa dignité, et laisse entrevoir un instant l'insaisissable secret de l'éternité. Pour beaucoup d'entre nous, ces paroles se rapportent en outre au souvenir de notre première rencontre avec ce livre saint de Dieu qu'est la Bible dont on nous avait lu ce passage; des paroles qui nous avaient sortis de notre petit cocon de l'enfance, nous avaient saisis par leur profondeur poétique et nous avaient laissé entrevoir l'immensité de la Création et de son Créateur.

Et pourtant, on trouve certaines contradictions dans ces paroles. Elles sont belles et nous semblent familières, mais sont-elles également vraies? Tout semble les contredire car la science a abandonné depuis bien longtemps ces idées que nous venons d'évoquer: l'idée d'un monde contrôlable dans l'espace et dans le temps, l'idée d'une création conçue étape après étape en sept jours. Au lieu de cela, nous nous retrouvons face à des dimensions qui dépassent tout ce que nous pouvions imaginer. On parle du big-bang qui a eu lieu il y a plusieurs milliards d'années et serait à l'origine de l'extension de l'univers qui suit toujours son cours. Et les étoiles n'ont pas été accrochées les unes après les autres, on n'a pas créé ensuite la végétation… Par contre, la terre et l'univers tels que nous les connaissons actuellement se seraient formés, lentement et de manière désordonnée, au cours de périodes chaotiques. Est-ce que tout ce que nous connaissons ne vaut donc plus rien? […] Ou bien toutes ces croyances sont-elles juste reparties dans les rêves d'enfants de l'histoire de l'humanité, emmenant aussi avec elles la parole de Dieu et toute la tradition biblique, des rêves dont nous sommes peut-être nostalgiques mais que nous ne pouvons plus évoquer car on ne peut pas vivre de nostalgie? Existe-t-il aussi une réponse positive dont nous puissions être les auteurs responsables dans cette époque qui est la nôtre?

23

18 janvier

Le grand cantique de la Création (3)

Nous possédons actuellement un premier élément de réponse, formulé il y a bien longtemps déjà, au moment où la vision scientifique du monde se cristallisait petit à petit; la plupart d'entre vous l'ont probablement entendu en cours de religion. On y dit en général: la Bible n'est pas un ouvrage scientifique, et elle ne prétend d'ailleurs pas en être un. C'est un livre religieux, et c'est pour cette raison qu'on ne peut pas y trouver d'informations scientifiques, ni y apprendre l'histoire de la création de l'univers, on ne peut y trouver que des connaissances religieuses. Tout le reste n'est qu'illustrations, une manière de faire comprendre aux gens de façon palpable les vérités fondamentales et les réalités de la vie. Il fallait savoir faire la différence entre les formes représentatives et l'objet représenté. La manière de représenter les choses était sélectionnée parmi les images facilement interprétables de cette époque-là, elle s'inspirait de situations de vie des gens d'alors, de moments où ils parlaient et pensaient, où ils étaient capables de comprendre les grandes vérités et les réalités de la vie. Et seules les réalités qui transparaissaient au travers de ces situations restaient vraiment bien ancrées et voulaient dire quelque chose. Ainsi la Sainte Écriture ne voulait-elle pas nous raconter comment les végétaux apparurent peu à peu, comment le soleil et la lune, comment les étoiles se formèrent, elle voulait en définitive juste dire: Dieu a créé l'univers. Le monde n'était pas, comme le pensaient la plupart des gens de cette époque, un chaos de forces en conflit, il n'était pas la demeure de puissances démoniaques dont les hommes devraient se protéger. Le soleil et la lune n'étaient pas des divinités qui le régissent, et ce ciel au-dessus de nos têtes n'était pas peuplé de dieux mystérieux qui s'affrontent, tout cela n'était en fait que le fruit d'une seule puissance, la raison divine éternelle qui devint force créatrice dans le Verbe.

23

19 janvier

Le grand cantique de la Création (4)

Je crois que ces informations sont justes. Mais elles ne sont pas encore suffisantes. Quand on nous dit en effet qu'il nous faut faire la différence entre les représentations et ce que nous voulons désigner, alors on pourrait poser la question suivante en retour : pourquoi ne l'a-t-on pas dit plus tôt ? Car on enseignait auparavant d'une autre manière, sinon il n'y aurait pas eu toute cette affaire autour de Galilée. Je commence à imaginer que ces informations ont peut-être été une ruse de l'Église et des théologiens qui saturaient quelque peu de leur latin – sans vouloir le reconnaître pour autant – et avaient trouvé là un bon subterfuge derrière lequel se dissimuler. On a en général l'impression que l'histoire du christianisme a été un combat de repli permanent durant les quatre cents dernières années, combat dans lequel elle aurait été dépouillée morceau après morceau de toutes ses affirmations religieuses et théologiques. Bien sûr, on a toujours trouvé un subterfuge pour pouvoir s'en tirer à bon compte. Mais on ne peut s'empêcher de craindre d'être tout de même un jour acculés, dos au vide, et de voir venir le moment où on n'aura plus rien à défendre ou à dissimuler, puisque tous ces écrits et cette religion reposent sur une raison qui ne peut pas continuer à cautionner sérieusement tout cela. Et un autre malaise se rattache à cela. On peut aussi se demander : si les théologiens, ou même l'Église, peuvent ainsi déplacer les limites qui existent entre une illustration et une affirmation, entre ce qui fait partie du passé et ce qui vaut encore aujourd'hui, pourquoi n'en aurait-il pas usé pour d'autres faits comme, par exemple, pour les miracles de Jésus ? Et tant qu'à y être, pourquoi pas pour un événement majeur comme la crucifixion et la résurrection du Seigneur ?

23

20 janvier

Le grand cantique de la Création (5)

Il y a bien une démarche qui peut défendre la religion, ce serait de dire : derrière ce que vous voyez, et que nous n'arrivons plus à défendre, se cache une vérité. Une telle démarche fonctionne assez bien en général pour une contestation de la religion, car on se pose la question de l'honnêteté de ses défenseurs, on se demande s'il y a réellement un fondement sérieux derrière ces affirmations. Nombre de personnes ayant lu de telles affirmations théologiques ont eu l'impression que la foi de l'Église est semblable à une méduse : on ne sait vraiment pas comment l'approcher pour la saisir correctement, on ne trouve pas le cœur sur lequel on pourrait finalement placer sa confiance. Si on s'appuie sur les nombreuses affirmations moyennement convaincantes de la parole biblique qui circulent aujourd'hui et qui ressemblent plus à des fuites qu'à des combats, on ne peut s'empêcher de trouver touchant ce christianisme malade car il n'est plus vraiment capable de se défendre seul et ne peut donc pas inspirer courage ou enthousiasme. Il donne plutôt l'impression d'une association qui continue à faire des discours alors qu'elle n'a en fait plus rien à dire, parce que les grandes phrases pompeuses ne peuvent plus convaincre ; elles ne peuvent qu'essayer de dissimuler leurs carences.

23

21 janvier

Le grand cantique de la Création (6)

Israël a toujours cru en un Dieu créateur et avait ainsi un lien avec toutes les grandes civilisations de l'Ancien Monde. Toutes les grandes civilisations ont toujours eu conscience d'un Dieu créateur du ciel et de la terre. Ces civilisations présentaient aussi des similitudes surprenantes dans leur culture alors qu'elles n'avaient apparemment jamais pu entrer en contact. Parmi ces ressemblances, il nous faut reconnaître ce contact immanent de l'humanité avec la réalité divine, jamais totalement oubliée. En Israël même, la question de l'univers et de sa création a marqué plus d'une destinée. Elle n'était jamais totalement absente des esprits, mais son importance variait selon les événements. Il y eut des époques où l'État d'Israël fut tellement préoccupé par les souffrances et les espérances de son histoire, tellement saisi par son actualité qu'il n'avait même pas l'opportunité de penser directement à la création. Le plus grand événement qui révéla la création dans toute son importance fut l'exil à Babylone. C'est à cette époque aussi que le récit de la Création revêtit la forme sous laquelle nous le connaissons, prenant naturellement la suite d'une longue transmission orale. Israël avait perdu ses terres, Israël avait perdu son temple. Pour les mentalités de l'époque, c'était incompréhensible; car cela signifiait dans les faits que le Dieu d'Israël était vaincu, un Dieu qu'on avait pu enlever à son peuple, à son pays, à ses fidèles. Un Dieu que ses fidèles et leurs prières n'avaient pas su protéger, qui avait alors perdu toute sa force et sa valeur; il avait démissionné de sa fonction de Dieu. Ainsi cet épisode où les Israéliens furent expulsés de leur pays, leur effacement de la carte des peuples fut pour Israël une incroyable remise en question de la foi: est-ce que notre Dieu est vaincu, notre foi sans fondement?

23

22 janvier

Le grand cantique de la Création (7)

Lors de cet exil, dans cette apparente défaite d'Israël, se produisit la prise de conscience d'un Dieu qui, tenant dans ses mains tous les peuples et toute l'histoire de l'univers, portait tout parce qu'il était le créateur de tout et possédait tous les pouvoirs.

Cette foi devait à présent trouver son expression propre, surtout face aux tentations représentées par la religion de Babylone. En apparence victorieuse, elle manifestait toute sa force dans des liturgies fastueuses, par exemple lors des fêtes de fin d'année durant lesquelles on célébrait des cultes en l'honneur de la création de ce nouveau monde. La foi d'Israël devait trouver son expression propre devant l'*Enuma Elish*, le grand récit babylonien qui racontait la création du monde à sa manière. On y disait que l'origine du monde résultait d'un combat entre des forces opposées, et que le monde prit sa forme actuelle suite à l'intervention de Marduk, dieu de la lumière, qui terrassa le premier-né des dragons. Le corps du dragon coupé en deux donna le ciel et la terre. Les deux éléments, le firmament et la terre seraient donc le corps découpé en deux parties du dragon abattu ; Marduk aurait en plus utilisé le sang du dragon pour créer l'homme. C'est une incroyable représentation du monde et de l'homme que nous avons là sous les yeux : le monde serait un corps de dragon, et le sang du dragon coulerait dans les veines de l'homme. Un monstre aux aguets serait le fondement de l'univers et la rébellion, les forces démoniaques et maléfiques qui grondent dans les tréfonds de l'âme humaine. Dans cette situation, seul le représentant de Marduk, le dictateur, le roi de Babylone, était capable de contenir le démon et de maintenir l'ordre dans l'univers.

23

23 janvier

Le grand cantique de la Création (8)

De tels récits n'étaient pas de simples contes : ils reflétaient toute l'expérience de l'homme dans ses rapports au monde et à lui-même. Car on pourrait souvent avoir l'impression que le monde est une caverne de dragon et que du sang de dragon coule dans ses veines. Mais le récit de la Sainte Écriture dit à propos de tous ces événements violents : il n'en a pas été ainsi. Toute l'épopée de ces puissances monstrueuses tient en une demie phrase : « La terre était désert et désolation ». Dans les paroles hébraïques reprises ici, on retrouve les expressions déjà utilisées pour décrire le dragon et la puissance démoniaque. Mais il ne reste que le néant, la seule puissance qui s'oppose à Dieu. Et on nous dit à propos de la terreur suscitée par ces puissances démoniaques : seul Dieu, la raison éternelle, qui est éternel amour, a créé le monde et le tient dans ses mains. Sur ce fond de discussion, nous parvenons à percevoir que ce combat, dissimulé derrière le texte biblique, était le réel problème. Le texte essaie d'écarter tous ces mythes compliqués et d'attribuer le monde à la raison divine et à la parole de Dieu. On pourrait le démontrer étape par étape dans ce texte, par exemple au moment où le soleil et la lune sont décrits comme des corps lumineux accrochés par Dieu dans le ciel pour mesurer le temps. Pour les hommes de cette époque, déclarer que les grandes divinités du soleil et de la lune servaient de lampes pour mesurer le temps devait être un grand sacrilège. Il y avait là une certaine audace, une naïveté de la religion qui mettait en avant la lumière de la vérité dans le combat contre les mythes païens ; elle montrait ainsi que le monde n'était pas le résultat d'un combat de démons mais qu'il était issu de la raison, de la raison divine, et qu'il reposait sur la Parole de Dieu. Ce récit de la Création se révélait être un « éclairage » décisif de l'Histoire, signifiait un détachement de ces peurs qui avaient maintenu les hommes dans la soumission.

23

24 janvier

François de Sales, le saut de la grande confiance

À Genève, la maison de saint François de Sales est juste en face de la maison de Jean-Jacques Rousseau. On peut le comprendre comme un symbole. Deux possibilités fondatrices pour les temps modernes, deux choix pour l'humanité se rencontrent à cet endroit : François de Sales, l'homme qui s'est oublié lui-même, qui a détourné ses regards de lui-même et qui se sentait ainsi tellement confiant. Cette attitude le rendit heureux, il répandait l'amour autour de lui et on sentait rayonner en lui la douceur, la bonté et la liberté de Jésus Christ, la liberté par rapport à soi et à ce qu'on crée dans l'univers de Dieu.

D'un autre côté, on a Jean-Jacques Rousseau, qui a expérimenté le premier et comme personne d'autre le fameux refus d'obéissance, même dans son étude sur le calvinisme. Il fut conduit à la négation de tout ce que nous sommes, à une recherche de l'homme naturel, de l'homme qui n'était plus qu'un homme dans sa nature d'homme et pour lequel même le langage et l'institution devenaient oppressants, enlevaient toute liberté et sur lesquels il faudrait revenir ; il fallait revenir finalement sur toute la création de Dieu. Il a conçu le premier un concept d'humanité sans aucune trace de téléologie, de prédétermination, et qui peut ainsi découvrir d'autres chemins à l'infini. Mais il s'agit de chemins tracés dans le vide, qui sont eux-mêmes négation. Finalement, il se sent contraint de rejeter en quelque sorte le poids énorme de cette vie et déclare [...] dans ses *Confessions* : « Que la trompette du jugement dernier sonne, alors je m'avancerai avec tout ce que j'ai fait et je dirai : Que celui qui est meilleur que moi s'avance. » Une sorte d'absolution finalement bien triste !

22

25 janvier

Travail chrétien pour la Paix (1)

Au cours de ces dernières années, le mot “paix” est fréquemment devenu un mot d’ordre, un motif de combat, le point central des conflits politiques et moraux de notre société. Celui qui observe la scène comme elle se présente prend peur : il n’est pas rare que la lutte pour la paix soit menée avec violence contre les personnes et les choses. À travers l’appel à la paix extérieure, la paix intérieure est de plus en plus souvent détruite.

Devant ces manifestations, une prière de la liturgie romaine me touche de manière de plus en plus forte et actuelle : « Délivre-nous, Seigneur, de tout mal, passé, présent ou à venir, et donne la paix à notre temps ! » Ces phrases suivent la dernière demande du *Notre Père* : Délivre-nous du mal ! Suivant l’intention de Jésus, tout le poids du *Notre Père* reposait sur la demande placée au début : Que ton règne vienne ! Mais pour les hommes, cette demande fut bientôt trop élevée et trop éloignée. À partir de leur expérience, les poids se déplacèrent d’eux-mêmes. Leur demande fut la dernière, qui ne signifia plus simplement pour eux « délivre-nous du Mal(in) », mais plus largement : « délivre-nous du mal (des maux) » – de tout mal, du poids du passé, du fardeau du présent, des inquiétudes de l’avenir. [...] C’est Grégoire le Grand, dans le missel romain, qui lui a donné la dernière “figure”, y insérant aussi l’appel à la paix, et interprétant donc la demande de délivrance de tous les maux comme une demande de paix. On voit bien apparaître en arrière-plan cette époque agitée dans laquelle il avait mission de régner...

35

26 janvier

Travail chrétien pour la Paix (2)

Parce que notre condition ressemble de plus en plus à celle de Grégoire, cette prière retrouve toute son actualité. Ainsi comprise, la dernière demande du *Notre Père* est, de façon nouvelle, et dans un sens tout à fait particulier, notre prière. Mais lorsque nous la prononçons, il devrait nous venir à l'esprit qu'elle représente seulement, selon la pensée de Jésus, une modification de la première et de la deuxième demande : le monde est délivré des maux de l'absence de paix dans la mesure où il devient le royaume de Dieu, c'est-à-dire où Dieu règne en lui et où Ses critères sont mis en œuvre. C'est le seul moyen de combattre l'absence de paix. Or, les critères divins ne peuvent être en vigueur que si Dieu est vivant dans le cœur des hommes, si Sa réalité constitue pour eux la force déterminante de la vie.

Pensons-y : le mal dont nous demandons la délivrance, au sens de Jésus, est avant tout et le plus profondément la perte de la foi. L'incapacité de croire en Dieu et de vivre de la foi est pour Jésus le plus grand des maux. Tout le reste s'ensuit : mépris de la dignité humaine, destruction de la confiance parmi les hommes, recours à la violence, domination de l'égoïsme et perte de la paix. La paix ne peut s'instaurer sur la terre si Dieu n'a plus de sens pour les hommes. [...] Car seul le royaume de Dieu s'oppose vigoureusement à la guerre et à la violence ; seulement là où il s'approche, la paix peut grandir et se maintenir. La tâche des chrétiens en vue de la paix est donc cette prière urgente, indispensable : « Délivre-nous du Mal. Délivre-nous de tous les maux et donne la paix à notre temps. »

35

27 janvier

Dynamique de la communication (1)

On peut difficilement mesurer le succès de l'Église, du moins pas en employant des critères politiques ou économiques, ni en calculant le chiffre d'affaires ou le nombre d'abonnés. Le Christ a tout de même parlé d'administrateurs auxquels le Seigneur a confié ses biens. Ils devaient s'en occuper et les multiplier, même s'ils devaient pour cela employer des moyens peu orthodoxes (cf. Lc 16, 1-8).

La première question qu'on se pose est la suivante : comment peut-on interpréter correctement des paraboles ? Le fait que Jésus cite ici l'histoire de la banque, des affaires que l'on fait pour multiplier l'argent dont on dispose, ne doit pas être considéré comme une indication générale de méthode. Même l'exemple de l'administrateur injuste, parabole complexe – dans laquelle il dit : voyez, il est en fin de compte parvenu à une solution, soyez aussi intelligent que lui – n'incite pas à agir de même en employant des moyens malhonnêtes. Cela signifie simplement qu'on se doit d'être justement tout aussi intelligent et rusé, à l'affût des chances qui s'offrent à nous ; nous devons faire confiance à notre imagination et à notre créativité. Il ne faut pas se contenter d'être soi-même un bon chrétien et se dire : je suis pieux et bienheureux à ma façon, ce que font les autres ne me regarde en rien. La foi est plutôt un cadeau à transmettre ; on ne la possède pas réellement si on souhaite juste la garder pour soi. Un christianisme vraiment intégré au plus profond de soi est doté d'une dynamique qui nous pousse à en parler. J'ai découvert un trésor mais je ne peux prétendre qu'il me suffise. Sinon, je détruirais à l'instant même ce trésor. C'est comme lorsqu'on éprouve une grande joie : on ressent le besoin de la communiquer et de la partager d'une manière ou d'une autre ; sinon on ne la vivrait vraiment pas comme une joie véritable.

32

28 janvier

Dynamique de la communication (2)

La dynamique de la communication entre donc en jeu dans la mission que le Christ a confiée aux siens, tout comme le courage d'utiliser son imagination et son audace, même si on prend de ce fait le risque d'y perdre quelque chose. Nous ne pouvons pas nous contenter de nous asseoir tranquillement en nous rassurant : certes, il n'y a pas foule, mais le succès ne fait pas partie des attributs de Dieu... Nous avons fait du mieux possible et nous verrons bien si quelqu'un vient ou pas. Cette agitation intérieure, due au fait que nous avons reçu un don destiné à être transmis à l'humanité, doit toujours être présente dans l'Église.

On entend aussi ces paroles : « Je vous envoie comme des brebis au milieu des loups », et « vous serez pourchassés ». Il nous est donc annoncé que notre action ressemblera toujours au destin du Christ lui-même. Et je crois que la chrétienté doit vivre dans cette tension. Il ne faut jamais s'estimer satisfait de ce qu'on a accompli : nous avons atteint un certain objectif, et nous ne pouvons aller au-delà de cet objectif. Pourtant, la mission se présentera encore et toujours à nous, il nous faut être de bons administrateurs, de ceux qui font fructifier, comme dit le Christ, et qui, par ailleurs, ne possèdent jamais le succès complet entre leurs mains.

32

29 janvier

Pour l'amour

Comment l'homme devient-il heureux ? Que fait-il réellement de sa vie ? Est-il vrai qu'il peut fixer ses propres règles pour pouvoir être heureux ?

Je disais récemment à des amis qu'on était en train de couper les vignes ici dans la région de Frascati. Ces vignes produisent bien seulement si on les coupe chaque année ; la coupe fait partie du processus de productivité. En nous reportant à l'évangile selon Jean, au chapitre 15, il nous est apparu tout de suite clairement qu'il y avait là comme une parabole, et de l'existence humaine, et de la communauté religieuse. Lorsqu'on n'a pas le courage de procéder à la coupe, il ne pousse alors que des feuilles. Quand on rapporte cela à l'Église, il n'y a alors plus que du papier, aucune vie ne peut ensuite en sortir réellement. Mais disons-le avec les paroles du Christ : c'est précisément lorsque tu penses que tu dois te posséder toi-même et te défendre toi-même que tu es en train de te détruire. Tu n'es justement pas fait pour être un îlot replié sur lui-même qui se préoccupe de lui seul, parce que tu es fait pour l'amour, donc pour donner, pour renoncer, pour que ton ego soit découpé en morceaux. C'est en te donnant, en te perdant, comme le dit le Christ, que tu pourras ensuite vivre.

Ce choix fondamental doit être clairement mis en valeur, il est offert à la liberté des hommes. Le refus de la souffrance et le refus de notre condition de créature, donc de notre soumission à une règle unique, est en définitive le refus même de l'amour, et cela signifie la fin de l'homme. Car c'est justement en se soumettant à un principe et en se laissant couper qu'il pourra mûrir et produire des fruits.

32

30 janvier

Mary Ward. Un autre récoltera (1)

Mary Ward avait compris dans toute son étendue le contenu religieux du message de Jésus. Et même lorsqu'elle vit le principe fondateur de ce message détruit par les autorités religieuses, elle resta fidèle, elle resta bien ancrée dans le Nous de l'Église catholique malgré ce siècle de rébellion. Elle avait compris les paroles de Jésus non seulement grâce à son intelligence, mais aussi grâce à son cœur : *l'un sème, et un autre récoltera* (Jn 4, 37). C'est là l'espoir et la patience des saints : ils ne sèment pas pour un bref succès personnel, ils sèment pour l'éternité dans les champs de l'Église. Ils savent qu'ils vivent eux-mêmes des semences d'un autre : du grain de blé qui mourut pour nous et apporte des fruits pour toujours. Ils confient ainsi leurs semences à la terre sainte de l'Église de Dieu, l'esprit tranquille et confiant grâce à leur foi. Oui, Mary Ward a beaucoup souffert à cause des autorités religieuses qui ne pouvaient admettre son charisme. Mais elle le savait : la graine que Dieu lui avait confiée ne pouvait trouver de terre plus sûre et plus fertile qu'au sein de l'Église. Dans la communauté des disciples se trouve le champ qui subsiste au fil des siècles et sur lequel l'un sème pour qu'un autre récolte. Et surtout, ce champ produit toujours des fruits. Certes, on peut avoir en dehors de ce lieu un grand succès personnel. Mais toutes ces gloires éphémères finissent par devenir des monuments honorant le passé et la mort. Le fruit de la vie ne peut se développer et se multiplier que dans la patience de la maturation et dans le champ qui lui est destiné. L'Église a infligé de grandes souffrances à Mary Ward, mais cette Église fut toujours et resta jusqu'au bout sa plus sûre consolation et son plus grand apaisement, le lieu rassemblant toutes les époques et garantissant la vérité du rassemblement : *l'un sème, et un autre récolte.*

2

31 janvier

Mary Ward. Un autre récoltera (2)

En fin de compte, on trouve dans la mission du Seigneur ressuscité les paroles suivantes : *Apprenez-leur à respecter tout ce que je vous ai prescrit* (Mt 28, 20). La foi exige un apprentissage et un comportement éthique qui trouvent leur source dans les commandements de Dieu. La foi n'est pas une vague impression de la vérité transcendantale et inexprimable. Elle s'imprègne certainement d'abord dans le cœur de l'homme, mais, repartant du plus profond du cœur, elle s'imprègne aussi dans l'esprit et la volonté. La foi exige une éducation permanente de la personnalité tout entière et la volonté d'apprendre tout au long de sa vie et de rester un élève dans l'école du Christ. Enseigner est une vocation chrétienne, une œuvre de charité, car la soif de vérité et la soif de connaissance sont des souffrances plus graves que la détresse purement matérielle. [...]

Mary Ward trouva sa propre vocation dans la Parole de Dieu : apprenez *et respectez*. Et elle a compris avec son charisme qu'on ne peut pas enseigner la foi si on n'enseigne rien sur la nature humaine, si on ne dispense pas un enseignement complet sur l'histoire de l'être humain. D'un autre côté, elle a compris que, pour être valable, toute forme d'éducation doit être axée sur l'art d'être humain, et que le noyau dur de cet art est la foi. Je pense qu'il est maintenant grand temps de remercier la mère fondatrice Mary Ward et ses filles des quatre siècles passés pour leur travail d'éducatrices infatigables et pour leur enseignement fermement ancré au rocher de la foi. Seul Dieu sait la grande bénédiction qu'on retire de ce travail, et il récompensera tous les efforts, toutes les graines semées par tant de générations.

22

FÉVRIER

En chemin vers ce que nous sommes et vers ce que nous aspirons à devenir

1er février

L'aiguillon de la solitude

La solitude est sans aucun doute l'une des principales racines à partir desquelles a eu lieu la rencontre de l'homme avec Dieu. Là où l'homme fait l'expérience de sa solitude, il apprend en même temps combien toute son existence est un cri vers le Tu et combien il est peu fait pour n'être qu'un Je. Ce faisant, la solitude peut apparaître à l'homme à différents niveaux de profondeur. À un premier niveau, elle peut être vécue en trouvant un Tu humain. Mais alors se produit un phénomène paradoxal, selon les mots de Paul Claudel : chaque Tu que trouve l'homme s'avère finalement être une promesse inaccomplie et irréalisable ; au fond, chaque Tu est encore une déception et il y a un point où aucune rencontre ne peut l'emporter sur l'ultime solitude. Trouver et être trouvé ramène aussi, précisément, à la solitude, à un appel vers le Tu absolu qui descend dans les profondeurs du Je propre. Mais ici aussi, il est vrai que la souffrance de la solitude, l'expérience qu'aucune union ne comble toute notre attente, ne suffisent pas à conduire à l'expérience de Dieu. Celle-ci peut tout aussi bien venir de la joie de se sentir en sécurité. La plénitude de l'amour, de s'être trouvés, peut faire expérimenter à l'homme le cadeau de ce qu'il ne pouvait ni appeler ni créer. Il reconnaît qu'il en reçoit davantage que ce que les deux pourraient donner. La sainteté et la joie de se trouver, et d'être tout simplement trouvé, peuvent rapprocher de la joie absolue que comporte chaque 'rencontre en profondeur'.

15

2 février

La Chandeleur : rencontre du chaos et de la lumière (1)

Aujourd'hui, il n'apparaît plus guère dans notre quotidien urbain que nous célébrons, le 2 février, une fête très ancienne commune aux Églises d'Orient et d'Occident et qui jouait jadis un rôle important chez nous dans l'année paysanne : la Chandeleur. C'est une fête où convergeaient plusieurs courants historiques, de sorte qu'elle brille de diverses couleurs. Elle rappelle un événement : Marie et Joseph ont amené Jésus au temple de Jérusalem le quarantième jour après sa naissance afin d'offrir le sacrifice de purification prescrit.

La liturgie a souligné un moment de la scène décrite par saint Luc : la rencontre de l'enfant Jésus et du vieillard Siméon. Ainsi, cette fête reçut dans le monde grec le nom de *hypapanti* : rencontre. Dans cette rencontre de l'enfant et du vieillard, l'Église discerne la rencontre du monde païen en voie de disparition et le monde re-né en Christ, entre le temps de l'ancienne Alliance qui s'écoule et les temps nouveaux de l'Église des peuples.

Cette fête dépasse le cycle éternel du « l'un meurt, l'autre naît » ; elle dépasse aussi la consolation qu'une nouvelle génération, avec des idées et des espérances nouvelles, succède à celle qui s'en va. S'il en était ainsi, cet enfant ne serait pas une espérance pour Siméon, mais seulement pour lui-même. Mais Il est davantage, Il est espérance pour chacun, parce qu'Il est une espérance par-delà la mort.

35

La Chandeleur : rencontre du chaos et de la lumière (2)

Ainsi donc, nous abordons le deuxième point fort donné à cette fête par la liturgie. Elle part des mots de Siméon qui qualifie l'Enfant de « Lumière pour éclairer les païens ». C'est pourquoi ce jour est celui de la fête de la Lumière. La chaude lumière des bougies est censée exprimer de façon évidente la plus grande lumière qui émane de la figure de Jésus par-delà tous les siècles. À Rome, cette procession aux flambeaux a évincé un défilé bruyant et turbulent, dit « amburbale », maintenu depuis le paganisme jusqu'à l'ère chrétienne. Cette procession païenne avait des aspects magiques : elle devait servir à la purification de la ville et éloigner les forces du mal. En souvenir, la procession chrétienne eut d'abord lieu en habits noirs et, plus tard, jusqu'à la réforme liturgique du Concile, en habits violets. Dans cette procession apparut donc une fois encore le phénomène de la rencontre : le cri sauvage du monde païen pour se purifier, se libérer, dominer les forces obscures correspond à la « lumière pour éclairer les païens », lumière douce et humble de Jésus-Christ. [...]

Il me revient en mémoire une phrase du dramaturge Eugène Ionesco, inventeur du théâtre de l'absurde, qui poussa le cri d'un monde absurde et comprit de plus en plus qu'il s'agissait en même temps d'un cri vers Dieu. « L'histoire, dit-il, est perdition, elle est chaotique si elle n'est pas orientée vers le surnaturel. »

35

4 février

Don et mission du baptême (1)

Le baptême signifie ceci : que nous rendons à Dieu ce qui vient de Lui. L'enfant n'est pas simplement à moi, comme une pièce de monnaie est à moi, ou n'importe quel appareil qui m'appartiendrait. Il n'est jamais la propriété de quelqu'un. Il est libre et nouveau, confié par Dieu à notre responsabilité, pour que nous le laissions être libre enfant de Dieu. Le savoir permet de trouver le vrai chemin entre autoritarisme et absence d'autorité. C'est la voie entre ma revendication vis-à-vis de l'enfant comme s'il était ma propriété, m'efforçant de le plier à mes idées et à mes désirs, par lesquels nous le détruisons et le violentons, et ce laisser courir, que nous proclamons respect de la liberté, mais qui est, en réalité, mépris de l'être humain et de sa dignité. Car, ce faisant, nous refusons à l'enfant le don de l'amour et du compagnonnage et le livrons aux forces obscures du « à quoi bon ! »

Une telle crainte destructrice de dire la vérité et l'amour devient alors inévitable lorsque l'homme lui-même ne sait plus qui il est ni pour quoi il vit. Il se contente de donner à l'enfant la vie qui, à elle seule, n'a pas de sens. Mais nous savons à qui appartient l'enfant, au plus profond, et à qui nous le devons. Si nous l'amenons à la lumière de Dieu et sous sa conduite, nous ne lui faisons pas violence au nom de n'importe laquelle de nos idées, mais nous le formons et le conduisons là où se trouve sa propre réalité. Alors, nous lui donnons sa vraie liberté, son être propre. Nous le remettons dans les mains du Créateur et Sauveur. C'est à la fois le don et la mission du baptême.

39

5 février

Don et mission du baptême (2)

Par le baptême, nous offrons en même temps à l'enfant sa nouvelle famille, qui est plus grande, plus forte et plus durable, plus ouverte, plus vaste et plus complète que la sienne ; c'est la famille des croyants, la famille de l'Église. Cette famille ne se construit pas seule et ne cherche pas son chemin toute seule, elle est en fait elle-même reliée au Christ et en même temps à la lumière éternelle de Dieu, donc à la vérité qui devient notre chemin. Le baptême est véritablement une anticipation par rapport à la mort et à tout ce qui est sombre dans l'avenir : nous nous assurons de confier un don à cet enfant, un don qui est une force, un don qui ne l'empêchera pas de vivre des moments difficiles, mais dont nous sommes sûrs qu'il est plus puissant que tout ce qui est sombre. Grâce à la force de ce don, la vie humaine est et reste agréable, même dans les nuits qu'elle doit traverser.

Le baptême est ainsi l'arc-en-ciel de Dieu au-dessus de notre vie, la proclamation de son grand Oui, la porte de l'espérance et en même temps l'indice qui nous révèle comment on devient un être humain : il faut rester relié à sa propre famille, à l'Église de Dieu, marcher ainsi d'un pas volontaire et personnel aux côtés de Jésus Christ et marcher vers son destin. Avec lui, nous avançons bien. En levant le regard vers lui, nous savons que Dieu est plus grand que notre cœur

39

6 février

Le premier nom de Dieu

Dieu est le père. L'expérience de la paternité humaine peut donner ici un aperçu de ce que Dieu lui-même représente et de ce qu'il est pour nous. Avec le langage humain, on obtient d'un seul coup toute la réalité de l'homme qui nous permet de connaître Dieu. Là où il n'y a plus de paternité, là où l'on ne perçoit plus la véritable paternité avec sa myriade de qualités que sont la force masculine, la droiture, la fiabilité et la bonté de cœur, la question de Dieu le père devient vaine. Là réside peut-être la véritable crise de notre représentation de Dieu : on ne voit plus l'analogie qui doit nous permettre de l'exprimer. Dans ce cas, le baptême au nom du Père et du Fils et du Saint-Esprit est certainement un principe très concret qui va aussi dans cette direction : s'ouvrir à la possibilité de concevoir son existence humaine pour qu'elle puisse devenir analogue à celle de Dieu. Si nous nous rappelons que la Bible a ajouté tout à fait consciemment le concept de « mère » à l'image du père et souhaite présenter un père dans lequel se réalise aussi la véritable essence de la maternité, alors on révèle ici un principe autant personnel que social du baptême : devenir père et mère à partir de ce père et le rendre ainsi visible et identifiable devant le monde ; lui conserver cette unité sociale fondamentale qu'est la « famille » et qui est le premier nom de Dieu.

14

7 février

Qui suis-je ? Que dois-je faire ? (1)

La notion de Dieu a toujours existé. Tout au long de l'histoire de la religion, on constate sous des formes différentes la curieuse contradiction qu'il y a entre la révélation d'un Dieu unique et l'attention portée à d'autres puissances considérées comme plus dangereuses, plus proches des hommes et par là même plus importantes pour eux que ce Dieu mystérieux et lointain. L'histoire tout entière est marquée par cet étrange dilemme entre le principe de vérité, non-violent et doux, et la pression de l'utile, de ce qui permet de s'en sortir face à ces puissances qui hantent le quotidien. Et on a toujours cette victoire de l'utile sur le vrai, même si ce soupçon de vérité et sa propre puissance ne se perdent jamais complètement, subsistant souvent sous des formes fluctuantes dans une jungle pleine de plantes vénéneuses.

Est-ce qu'il en est toujours ainsi aujourd'hui, dans une civilisation complètement areligieuse, dans une civilisation de la rationalité et de son administration technique ? Je pense que oui. Car même aujourd'hui le questionnement de l'homme dépasse inévitablement le domaine de la rationalité technique. Même aujourd'hui, nous ne nous demandons pas seulement : que puis-je faire ? Mais aussi : que dois-je faire ? Et : qui suis-je ?

1

8 février

Qui suis-je ? Que dois-je faire ? (2)

Nous avons donc actuellement une situation caractérisée par une tension entre deux tendances opposées qui jalonnent toute l'histoire : l'ouverture intérieure de l'âme humaine à Dieu d'un côté, la puissance supérieure des besoins et des expériences immédiats de l'autre côté. L'homme est tiraillé entre les deux. Il ne peut se détacher de Dieu mais il n'a pas non plus la force de marcher vers lui ; il ne peut pas jeter de lui-même ce pont qui deviendrait son lien concret avec Dieu. Ainsi on peut toujours dire avec Thomas que l'incroyance n'est pas naturelle ; cependant, l'homme ne peut toujours pas faire complètement la lumière sur l'étrange doute qui pèse sur la question de l'éternité, et Dieu doit venir à lui, lui parler si une réelle relation doit s'établir...

1

9 février

Qui suis-je ? Que dois-je faire ? (3)

L'appellation de Dieu est parvenue jusqu'à nous grâce à ceux qui l'ont entendu et ont eu un contact avec lui ; grâce à ceux pour lesquels Dieu est devenu une expérience concrète et qui rendent un témoignage, si l'on peut dire, de première main. Pour comprendre cela, nous ne devons pas oublier que nous avons parlé d'un schéma de départ destiné à mettre en place les révélations et la religion. Nous avons précisé qu'il y avait d'une part un savoir non autonome rattaché à la religion, et d'autre part l'élément de confiance réciproque qui permet au savoir de l'autre de devenir mon propre savoir. L'élément de confiance porte en lui, en même temps, l'élément du partage : en faisant confiance aux autres, je bénéficie de leur savoir. À ce niveau se situe l'aspect social du phénomène de la foi. Personne ne sait tout mais ensemble nous savons ce qu'il y a à savoir ; la foi forme un réseau de dépendance mutuelle qui est également un réseau de solidarité, d'assistance et d'entraide mutuelle. Ce schéma anthropologique structurant revient toujours dans notre rapport à Dieu, il y a puisé sa forme originelle et y trouve son équilibre. Même notre connaissance de Dieu repose sur cette interaction, sur une confiance qui devient partage et se confirme chez l'individu isolé grâce à l'expérience vécue d'autrui. Même le rapport à Dieu est en même temps et en premier lieu une relation humaine : il repose sur une communication entre les hommes. Communiquer sur son rapport à Dieu offre un enrichissement en matière de communication humaine qui dépasse la notion d'utilité et touche une personne au plus profond d'elle-même.

1

10 février

La ville de l'homme

Jadis, les plus instruits du peuple prirent la liberté de dire aux paysans que les engrais chimiques étaient plus efficaces que les prières. On peut lire aujourd'hui aussi avec un simple décalage dans le temps des choses semblables dans la littérature « religieuse » moderne appliquée. On y trouve notamment une théorie prétendant que dans de telles circonstances, même la prière devait être « adaptée »: elle ne pouvait plus être considérée comme un appel à l'aide adressé à Dieu. La foi dans le progrès, souvent déclarée éteinte, est de nouveau bien vivante et les optimistes qui pensent que "l'homme finira bien par réussir à créer sa propre ville" trouvent de nouveaux adeptes. La ville de l'homme, qui représente pour beaucoup un champ d'action pour exercer leur autorité, provoque chez d'autres des signes de mélancolie. Car avec l'espoir se diffuse aussi la peur. La peur grandit de nouveau alors qu'elle semblait pourtant avoir disparu dans l'optimisme de l'après-guerre. Lorsque les hommes posèrent pour la première fois le pied sur la lune, ils ne purent empêcher les gens de s'enthousiasmer, d'être fiers et heureux de cet exploit extraordinaire accompli par l'homme à ce moment-là. On ressentait cet événement comme une victoire de l'homme et non comme une victoire de la nation. […] Quand ce même homme, capable d'un tel exploit, […] n'est pas en mesure d'offrir une existence digne à ses frères, quand il n'est pas en mesure d'arrêter la guerre et d'éradiquer une criminalité croissante, une profonde tristesse entache ces moments de joie. Le chemin de la lune est plus facile à trouver que celui qui mène l'homme à lui-même.

20

11 février

Quand on fait le saut (1)

Il est assurément exact que l'homme, en se décidant pour la foi, parie sur une certaine hypothèse. Mais il faut bien aussi prendre conscience qu'aucun homme ne peut réaliser ce qui est seulement humainement concevable. S'il voulait en faire la tentative, il ne prendrait pied nulle part et n'aurait pour finir rien en mains. C'est justement pour faire tout son possible qu'il doit accepter un certain pari et procéder à des restrictions. Alors seulement pourra s'ouvrir le vaste horizon de la vie. Je dirais donc : certes, la foi implique avant tout un renoncement ; mais, en m'engageant sur ce chemin, toutes ses possibilités s'ouvrent à moi et me permettent d'avancer.

Maintenant passons à un deuxième point. Nous reconnaissons toutes les choses essentielles de notre vie en une interaction entre pensée et action, entre l'expérience vivante et l'enseignement que nous en tirons. Si l'on se refuse à l'expérience en ne commençant rien, le discernement ne peut se faire. Face à la question "comment puis-je entrer dans la foi et trouver un sens", je proposerais précisément de commencer à faire comme si ce sens existait. C'est bien ce que Blaise Pascal avait proposé, et ce fut aussi la voie empruntée par Charles de Foucauld dans le christianisme : en faisant tout simplement le pas.

18

12 février

Quand on fait le saut (2)

Si l'on part simplement du principe qu'on agit comme si l'on était soi-même voulu, comme si les autres hommes l'étaient également, comme s'il y avait un sens éternel caché dans tout cela et qui nous porte, si l'on opte en quelque sorte pour ce schéma, alors on vivra des expériences tout à fait personnelles. On verra ainsi comment surgiront des possibilités plus nombreuses, comment la vie deviendra plus précieuse et plus riche, et comment la mise en œuvre de cette hypothèse fait ses preuves. L'expérimentation en montrera la vérité sous-jacente : l'homme est effectivement aussi grand que le suppose la foi.

D'un point de vue tout à fait concret, par exemple, l'une des plus belles preuves de l'esprit et de la force contenus dans la vie chrétienne est précisément pour moi la rencontre avec des hommes qui vivent dans la foi et y ont mûri. Je reçois beaucoup de lettres de missionnaires, de religieuses, notamment du Zimbabwe, évoquant des conditions difficiles. Et lorsque je vois comment ces hommes et ces femmes vivent de ce pari et de ce préalable, comment même dans des conditions si difficiles où plus rien ne semble possible humainement, ils sont accomplis, libres, mûrs – mûrs et bons – c'est pour ainsi dire une preuve tirée de l'expérience. La preuve en est faite une fois de plus : oui, si l'on commence par cette thèse, si l'on vit ainsi et que l'on recherche cette expérience, alors apparaît aussi la vérité qui s'y trouve ; c'est bien le schéma de vie le plus grand et le plus solide. Théorie et réflexion sont, bien sûr, nécessaires ; mais si l'on ne fait pas le saut, si l'on n'ose pas, tout simplement – à partir de ce modèle de vie – faire ses expériences, on ne s'en approchera pas. À l'inverse, si l'on fait le saut, on en expérimentera vraiment la réalité.

18

13 février

Plus fort que moi-même

Un sentiment vital réside en l'homme d'aujourd'hui : il veut réaliser lui-même sa vie sans attendre quelque chose qui ne se produira peut-être pas. Par conséquent, il mise sur ce qu'il peut faire et réaliser par lui-même. C'est pourquoi il lui devient difficile de s'appuyer sur une foi affirmant : tu ne peux pas faire ce qui est décisif ; cela doit t'être donné par avance. Dans cette mesure, ce sens, donné d'avance, est déterminant et, sans nul doute, il donne précisément sa grandeur à la foi ; il la rend aussi difficile aux hommes d'aujourd'hui, parce que l'homme doit fonder sa confiance sur quelque chose qui le précède.

Cependant, de façon tout aussi certaine, si le sens dépend de ce que je peux faire, ou de ce qu'un groupe peut accomplir, il n'est pas suffisant. Car dès le moment où je ne peux plus faire moi-même – et ce moment vient pour chacun, pas seulement au moment de la mort, mais déjà en de nombreuses situations au cours de la vie –, le sens prendrait donc fin autrement. Le sens doit être plus fort que ce que nous pouvons produire, il doit être "quelque chose" qui m'attend déjà. Mais il implique pour moi des devoirs. Par conséquent, cette foi chrétienne n'est pas passive, elle ne dit pas simplement : « tout est déjà là ». Il s'agit bien plus de "quelque chose" qui me précède, que je ne peux faire par moi-même, mais qui me veut personnellement, me veut actif, et pose des objectifs à mon action.

18

14 février

Découvertes de celui qui aime (1)

Dans la langue allemande, le mot « amour » est aujourd'hui soumis à une dégradation et à une banalisation qui semble rendre lentement son usage impossible. Et pourtant, nous ne pouvons renoncer aux mots de toujours (Dieu, amour, vie, vérité...) et n'avons tout simplement plus le droit de nous les laisser arracher. Mais si nous prenons justement le mot dans la grandeur de sa signification originelle, il devient presque impossible de répondre à la question: que désigne-t-il exactement? Le phénomène visé est trop riche et complexe. Malgré la diversité de ses aspects et de ses niveaux, nous pouvons toutefois y lire un acte d'acquiescement fondamental envers une autre personne, un "oui" au destinataire de l'amour: il est bon que tu existes – c'est ainsi que Joseph Pieper définit de façon percutante la nature de l'Amour.

Celui qui aime découvre ce qui est bon dans l'Être de cette personne, est heureux de son existence, dit "oui" à cette existence et la confirme. Avant même toute pensée vers soi-même, avant tout désir, l'existence de l'être aimé rend heureux, elle est un "oui" à ce Tu. Dans un second temps (non temporel mais concret) celui qui aime découvre ainsi – parce que l'existence du Tu est bonne – que sa propre existence est devenue plus belle, plus précieuse, plus heureuse. Par le "oui" à l'autre, au Tu, je reçois mon Je de façon nouvelle et peux à mon tour dire "oui" de manière nouvelle à mon Je – à partir du Tu.

1

15 février

Découvertes de celui qui aime (2)

Considérons cependant de plus près ce premier pas, le passage du “oui” au Tu, l’affirmation de sa propre existence au monde – et par conséquent de son existence dans l’amour et par l’amour. Ce “oui” est un acte créateur, une nouvelle création. L’homme a besoin de ce “oui” pour pouvoir vivre. La naissance biologique ne suffit pas : l’homme ne peut accepter son Moi que s’il a la force d’approuver son existence, qui provient d’un autre, du Toi. Ce “oui” de celui qui aime lui attribue son existence sous une forme nouvelle et définitive. Il bénéficie d’une sorte de renaissance sans laquelle sa naissance serait incomplète et le maintiendrait en contradiction avec lui-même. Pour appuyer la validité de cette affirmation, il suffit de penser à la vie des personnes abandonnées par leurs parents dans les premiers mois de leur existence, et qui n’ont pas été accueillies par l’amour qui devait accepter leur vie et lui donner plus d’importance. Seule la renaissance dans l’amour parachève la naissance et ouvre à l’homme l’espace d’une existence pleine de sens.

1

16 février

L'amour comprend et pardonne

Celui qui aime dit un "oui" absolu à l'être aimé. Il ne l'aime pas pour telle ou telle qualité, mais il aime la personne en elle-même ; certes, elle se révèle par ses qualités, mais elle représente pourtant plus que leur somme. L'amour s'attache à une personne telle qu'elle est, et même à ses faiblesses. Mais l'amour véritable, contrairement au charme passager d'une brève rencontre, relève de la vérité et s'attache ainsi à la vérité de la personne en question qui peut aussi être mal connue, dissimulée ou déformée. Bien sûr, l'amour possède une aptitude inépuisable au pardon mais le pardon présuppose d'abord une reconnaissance de sa faute comme faute. Le pardon est guérison, tandis qu'approuver le mal serait une destruction, l'acceptation d'une maladie qui ne serait justement pas bénéfique pour l'autre.

Cela devient tout de suite évident si on prend l'exemple d'un drogué devenu prisonnier de son vice. Celui qui aime vraiment ne suivra pas la volonté obscure de ce malade, son désir d'auto-empoisonnement, il travaillera plutôt à son bonheur : il fera tout pour guérir l'être aimé de cette drogue, même s'il en résulte de la souffrance et s'il doit aller contre la volonté aveuglée du drogué. [...] Le véritable amour est prêt à comprendre mais pas à cautionner, ni à admettre qu'un problème est mineur, surtout s'il ne cautionne pas et si ce n'est pas un problème mineur. Le pardon suit son propre chemin : pardonner c'est guérir mais ce processus exige le retour de la vérité. Si on n'agit pas dans ce sens, on cautionne l'auto-destruction et on se met en contradiction avec la vérité, donc avec l'amour.

1

17 février

L'homme, formé de la poussière de la terre (1)

Genèse 1 et 2

On rapporte qu'au commencement que Dieu forma l'homme de la poussière de la terre. C'est à la fois une humiliation et une consolation. Une humiliation car on nous dit en fait : tu n'es pas un dieu, tu ne t'es pas fabriqué toi-même et tu ne disposes pas de tous pouvoirs ; tu es limité. Tu es un être voué à mourir comme tout ce qui vit sur la terre, tu n'es que poussière. Mais c'est aussi une consolation, car on nous dit par la même occasion : l'homme n'est pas un démon, tout comme on le pensait, apparemment, jusqu'alors, il n'est pas un mauvais esprit. L'homme n'est pas formé de puissances négatives, il est en fait formé à partir de la bonne terre de Dieu. Et derrière tout cela se profile quelque chose de plus profond encore. On nous dit en fait : *tous* les hommes sont faits de terre. Au-delà de toutes les différences créées par la civilisation et l'histoire, quelque chose n'a pas changé ; nous sommes en fin de compte tous la même chose, tous les mêmes hommes. Les pensées du Moyen Âge s'exprimaient dans des danses macabres, en réaction à l'expérience de la mort, cette puissance terrible qui menaçait chacun au temps des grandes épidémies de peste : l'empereur et le mendiant, le seigneur et son serviteur, ne sont finalement qu'un seul être, un seul et même homme, formés à partir de cette simple et unique terre et destinés à retourner dans cette simple et unique terre. L'homme reste le même, que les périodes de l'histoire connaissent des événements glorieux ou dévastateurs ; il reste terre, formé à partir d'elle et destiné à y retourner.

23

18 février

L'homme, formé de la poussière de la terre (2)

Genèse 1 et 2

L'unité du genre humain paraît alors évidente : nous sommes tous issus d'*une seule et même* terre. Il n'y a pas d'espèces différentes de « sang et de sol ». Il n'y a pas à la base des hommes différents comme le pensaient les mythes de tant de religions et comme l'exprimaient les différentes conceptions du monde, même à notre époque. Il n'y a pas de castes ni de races différentes dans lesquelles les hommes auraient des valeurs différentes. Nous sommes tous cette humanité *unique*, formée par Dieu à partir d'une terre *unique*. Cette pensée est particulièrement importante dans toute la Bible et dans le récit de la Création. Malgré tous les différends et toutes les disparités qui existent entre les hommes et les placent les uns au-dessus des autres ou les montent les uns contre les autres, l'humanité est une création *unique* de Dieu à partir de sa propre et *unique terre*. Ce qui a été dit au début de ce texte se répète de nouveau après le Déluge : la même idée revient dans le grand tableau généalogique de la Genèse (10), il n'y a qu'un seul homme dans tous ces hommes. La Bible répond un "non" absolu contre tout racisme, contre toute division dans l'humanité.

23

19 février

L'homme, formé de la poussière de la terre (3)

Mais pour que l'homme évolue, il doit se produire autre chose. La matière première est la terre ; à partir d'elle, l'homme est créé parce que Dieu lui souffle dans ses narines un souffle de vie pour former son corps. La vérité divine fait son entrée dans le monde. Le premier récit de la Création [...] le dit en employant une autre image, plus profondément réfléchie. Il le formule ainsi : l'homme est créé à l'image de Dieu et selon son symbole (cf. 1, 26 et suiv.). Le ciel et la terre se rejoignent en lui. Dieu entre en lui, en sa création ; l'homme est directement auprès de Dieu. Il est appelé par lui. La Parole de Dieu de l'Ancienne Alliance vaut pour tous les hommes : « Je t'appelle par ton nom, tu es mien ». Chaque homme est connu et aimé de Dieu. Chacun est voulu par Dieu. Chacun est l'image de Dieu. Là réside la plus profonde et importante unité de l'humanité : chaque homme est la réalisation du projet *unique* de Dieu, provient de la même idée créatrice de Dieu. C'est pour cela que la Bible dit : celui qui s'attaque à l'homme s'attaque à la propriété de Dieu (Gn 9, 5). La vie humaine est placée sous la protection particulière de Dieu : chaque homme, misérable ou de rang élevé, malade ou souffrant, inutile ou important, né ou pas encore né, atteint d'une maladie incurable ou débordant d'énergie, parce qu'il porte le souffle de Dieu en lui, chaque homme est l'image de Dieu. Ce principe majeur proscrit toute atteinte à la dignité humaine et sur cela repose finalement toute civilisation.

23

20 février

L'homme, formé de la poussière de la terre (4)

Faisons un pas de plus dans notre analyse. L'essence d'une image réside dans le fait qu'elle représente quelque chose. Quand je la regarde, je reconnais par exemple l'homme ou bien le paysage représenté. Elle renvoie à autre chose qui est extérieur à elle. La réalité de l'image ne réside pas uniquement dans ce qu'elle est elle-même. L'huile, la toile, le cadre : sa réalité en tant qu'image réside dans le fait qu'elle renvoie à quelque chose d'extérieur à elle, elle montre ce qui n'est pas en elle-même. Ainsi le principe de l'image de Dieu signifie-t-il en premier lieu que l'homme ne peut pas s'enfermer en lui-même. S'il essaie de le faire, il échouera. Le principe de l'image de Dieu consiste à renvoyer. Elle est la dynamique qui met l'homme en mouvement pour le porter vers cet être tout à fait différent. Elle signifie l'aptitude à communiquer, elle est la capacité de l'homme à être divin. Par conséquent, il est généralement humain lorsqu'il sort de lui-même, lorsqu'il devient capable de dire « tu » à Dieu. Et à la question : qu'est-ce qui distingue l'homme de l'animal, quelle est la grande nouveauté ? Il faut répondre : il est la créature dotée par Dieu de la capacité à penser ; il est la créature qui sait prier. Il est bien ancré en lui-même lorsqu'il trouve le moyen d'entrer en communication avec son Créateur. Ainsi le principe de l'image de Dieu signifie aussi que l'homme est un être doué de parole et d'amour ; un être qui va vers les autres, voué à se consacrer aux autres et il se retrouve réellement dans l'acte de vrai sacrifice.

23

Être libre et en même temps pieds et poings liés

La liberté est vraiment devenue un mot magique. Ce cri de liberté parcourt le monde ; il provient d'une situation dans laquelle l'homme a certes goûté à la liberté, mais où il ressent aussi combien cette liberté est limitée et menacée de tous côtés. Curieusement, cette description se rapporte précisément aux sociétés occidentales qui devraient pouvoir se déclarer à juste titre « libres ». Ce paradoxe révèle le caractère problématique et insondable du concept de liberté. De fait, l'homme s'est délivré depuis longtemps des liens, des coutumes et de la tradition qui fixaient souvent à l'avance les différentes options de vie possibles dans une société ancienne soumise en permanence à des règlements. Mais alors qu'on a atteint maintenant une liberté difficile à imaginer, la civilisation technique, avec la gestion centralisée de ses services et l'anonymat de ses institutions, a créé des contraintes jadis inconnues : des mesures imposées de l'angle du toit jusqu'à l'alignement des pierres tombales, des règles de la circulation jusqu'aux règlements de la vie scolaire qui enferment élèves et professeurs, un réseau s'impose, de consignes juridiques directement inspirées de la défense des droits et des libertés des citoyens. On peut alors douter du réel progrès que les développements récents des lois sur la liberté ont vraiment apporté, et se demander si le domaine des droits et le domaine des obligations n'ont pas simplement été décalés. En tout cas, l'abondance des consignes en tout genre qui envahissent notre quotidien provoque une étrange sensation d'étouffement, une saturation de cette liberté soumise à des institutions et nous donne envie de réclamer à cor et à cri une meilleure liberté, une liberté plus radicale, plus anarchique.

24

22 février

L'homme qui reçoit – serein et libre (1)

Si cela dépendait seulement de l'homme, personne ne pourrait entrer dans le royaume des cieux, lieu d'une religion véritablement équitable. Le royaume des cieux resterait une vaine utopie. En réalité, il doit rester une vaine utopie tant que cela ne dépend du seul bon vouloir de l'homme. On nous dit si souvent : un peu de bonne volonté suffirait au monde pour que tout soit bon et beau. C'est vrai, un peu de bonne volonté suffirait, mais le drame de l'humanité, c'est qu'elle ne possède justement pas cette force. Albert Camus aurait-il donc raison en considérant Sisyphe comme le symbole de l'humanité, avec son rocher qu'il n'a de cesse de vouloir remonter en haut de la montagne et qui redégringole en bas inévitablement ? La Bible est aussi lucide que Camus, mais elle ne reste pas sceptique comme lui devant les capacités de l'homme. Pour elle, la limite du sens de l'équité chez l'homme, plus généralement de ses possibilités d'humanité, exprime le rapport de l'homme à l'amour, ce cadeau incontestable qui s'ouvre à lui sans calcul et lui permet de s'y épanouir lui-même sans pour autant le laisser s'enfermer ou devenir injuste dans son « sens de l'équité ». Seul celui qui accepte des cadeaux peut devenir lui-même. En observant l'équité pratiquée entre les hommes, on aura une indication sur l'équité de Dieu, dont l'abondance se révèle en Jésus Christ. Il est la représentation vivante de l'équité de Dieu qui dépasse largement les limites imposées ; il ne calcule rien mais circule dans la vérité et surpasse à l'infini l'échec de l'homme grâce à son amour démesuré.

15

23 février

L'homme qui reçoit – serein et libre (2)

Cependant, il y aurait une méprise à en déduire une dévalorisation de l'homme, en prétendant que tout cela n'a aucune importance et qu'il n'est pas nécessaire de chercher à se montrer juste et bon devant Dieu. On ne peut raisonner ainsi mais il faut plutôt répondre : malgré tout et justement au vu de ces réflexions, nous devons continuer à faire des efforts pour atteindre cet état de justice parfaite, même si nous n'arrivons pas à obtenir une parfaite équité. Mais qu'est-ce que cela signifie ? Est-ce que ce n'est pas contradictoire ? En fait, un homme n'est pas encore un chrétien tant qu'il calculera ses efforts pour que le résultat soit juste suffisant, et tant qu'il pourra se considérer comme un homme qui n'a rien à se reprocher après avoir déployé quelques astuces de casuiste. Celui qui chercherait à repérer les limites du devoir, le moment à partir duquel il pourrait obtenir des récompenses supplémentaires par « opus supererogatorium » (excès de zèle), serait un pharisien et non un chrétien. Être chrétien, ce n'est pas remplir un certain contrat d'obligations ni essayer de s'en sortir en étant devenu beaucoup plus parfait en dépassant les limites du quota minimum. Le chrétien sait qu'il sera, malgré tout, dans tous les cas, récompensé par des dons ; par conséquent, par équité il deviendra lui-même quelqu'un qui donne, semblable au mendiant qui donne autour de lui en reconnaissance de ce qu'il a reçu. Le juste par calcul, qui croit pouvoir se rendre lui-même irréprochable et construire sa réputation à sa façon, celui-là n'est pas un juste. Un homme juste ne peut se réaliser que s'il abandonne ses objectifs personnels et s'il se montre généreux vis-à-vis des hommes et de Dieu.

15

24 février

L'homme qui reçoit – serein et libre (3)

La religion chrétienne l'affirme : l'homme se réalise profondément non en agissant, mais en recevant. Il doit attendre le don d'amour, et on ne peut recevoir l'amour autrement que sous forme de cadeau. On ne peut pas le « fabriquer » soi-même sans l'autre ; on doit l'attendre, attendre qu'on nous le donne. Et on ne peut pas devenir un être accompli si on n'est pas aimé, si on ne se laisse pas aimer. Si l'amour de l'homme représente à la fois la plus grande des ouvertures et la plus importante des nécessités et si cette nécessité est en même temps facile à obtenir librement mais impossible à obtenir par la force, alors l'homme est condamné à recevoir pour obtenir son « salut ». S'il refuse de recevoir ce cadeau, il se détruit lui-même. Quand l'homme met en place une activité absolument seul et décide de la réaliser seul, il vit une contradiction par rapport à son être profond. [...]

Tout cela signifie sans aucun doute une relativisation des œuvres, des actions ; le combat de saint Paul contre « l'équité dans les œuvres » peut se comprendre à partir de ces réflexions. Mais cette classification de l'action de l'homme en avant-dernière position représente aussi une libération intérieure pour lui : l'activité de l'homme peut se réaliser seulement dans un esprit de détente, de décontraction et de liberté caractéristique d'un avant-dernier. Le primat de l'acte réceptif ne veut en aucun cas condamner l'homme à la passivité ; il n'affirme pas que l'homme doive à présent se croiser les bras comme nous le reproche le marxisme. Bien au contraire : il permet justement de faire ce qu'il y a à faire sur cette terre dans un esprit responsable et, du coup, détendu, serein et libre, en mettant chaque chose au service de l'amour salvateur.

15

25 février

Faire le bien est plus important que posséder des biens

Même dans l'Église, la force d'inertie est un facteur très important. La tendance est par conséquent de défendre les positions et les biens acquis. La capacité à l'auto-résignation et à l'autorestriction ne s'est pas développée dans la bonne direction. Nous avons bien plus d'institutions religieuses que nous n'avons d'esprit religieux pour les occuper. Et c'est cela qui porte ensuite le discrédit sur l'Église, le fait qu'elle s'accroche à ses structures institutionnelles, même s'il n'y a en réalité plus grand-chose derrière. On a ainsi de plus en plus l'impression, dans un hôpital ou bien une école par exemple, que certains tiennent à une pratique religieuse alors qu'ils n'ont rien à voir avec l'Église, tout simplement parce que l'Église possède ces institutions et qu'elle a donc son mot à dire. Il faudrait réaliser un réel examen de conscience en ces lieux. Malheureusement, il en a toujours été ainsi tout au long de l'histoire ; même l'Église n'a pas su elle-même repousser les biens terrestres, il a toujours fallu les lui reprendre, cette action lui permettant alors d'obtenir son salut.

Pourtant, il en fut parfois autrement ; je pense à la séparation de l'État et de l'Église en France sous Pie X, donc au début du XXe siècle. À l'époque, une proposition avait été faite à l'Église pour qu'elle puisse conserver des possessions, et cette proposition sous-entendait une certaine soumission à l'autorité de l'État. Pie X déclara alors que le *bien* de l'Église était plus important que ses *biens*. « Nous vous donnons nos biens pour pouvoir sauvegarder le bien de l'Église. » C'est là, je le pense, une grande phrase qu'on devrait toujours avoir à l'esprit.

32

26 février

La vocation de la vérité (1)

La redécouverte de la religion se fait à différents niveaux. Comme il se produit justement parmi les plus grands esprits de la science moderne un nouvel intérêt pour le problème éthique et un refus de l'auto-résignation du positivisme, il y a aujourd'hui un élan parmi les jeunes qui cherchent Dieu avec un nouvel engouement et sont tout à fait prêts à le laisser décider de toute leur vie. On assiste à un renforcement de la générosité de ces jeunes qui ne se satisfont pas de vagues intuitions ni de décisions mitigées, mais cherchent à atteindre l'obéissance absolue pour accéder à la vérité. À côté, il y a un vague courant, cependant assez répandu, qu'on pourrait qualifier de nostalgique de spiritualité et d'événements religieux. Ce serait une erreur de le négliger, mais ce serait aussi déplacé d'y voir le début d'un nouvel intérêt pour la religion chrétienne. Car cette nostalgie apparaît fréquemment après une déception ressentie devant les insuffisances du monde technique ; elle renferme en elle des éléments nostalgiques et surtout un profond scepticisme quant à la vocation de l'homme pour la vérité.

40

27 février

La vocation de la vérité (2)

La vérité semble discréditée tout au long de l'histoire par l'intolérance de ceux qui s'imaginaient tout avoir. De plus, les conclusions retirées des limites de la science et des lacunes des idéologies conduisent plus au scepticisme qu'elles n'encouragent à rechercher la vérité. Ainsi, on remplace plus volontiers la vérité par des « valeurs » sur lesquelles il est possible de s'accorder un minimum. Mais les possibilités restent réduites si le critère de la vérité est inaccessible.

Surtout que la religion, née du scepticisme et de la déception ressentie au vu des limites de la connaissance, passe inévitablement dans le domaine de l'irrationnel. Elle semble ne réclamer aucun engagement et arrive même à passer pour anesthésiante. De nouveaux mythes se forment alors, comme on le constate en particulier très clairement avec ce phénomène aux multiples facettes proposé sous l'appellation de New Age. Les parallèles avec la gnose antique sont évidents. Dans le même style, on a ici aussi des expressions obscures qui prétendent détenir la clé de la connaissance et avoir découvert une explication complète de la réalité dans laquelle ils dévoilent les mystères de l'univers et où la connaissance devient rédemption. Le Dieu vivant s'enfonce dans la profondeur spirituelle de l'existence dans laquelle l'homme se baigne pour finir par s'y dissoudre et ne faire plus qu'un avec l'univers dont il est issu. La pensée de Karl Barth, qui affirme que la religion peut devenir de l'autosatisfaction qui ne conduit pas vers Dieu, mais qui confirme l'homme en sa qualité d'homme et l'isole de Dieu, devient de nouveau d'actualité.

40

28 février

La source unique de toutes les valeurs

L'humanité de l'époque moderne est convaincue que les morales des humains se contredisent radicalement, tout comme leurs religions. On peut en tirer une simple conclusion : il s'agissait là de perceptions humaines dont nous perçons enfin à jour les absurdités et nous pouvons les remplacer par des connaissances rationnelles. Mais ce constat est extrêmement superficiel. Il s'appuie sur une série de détails alignés en désordre les uns à côté des autres et on en arrive à cette conclusion facile et prétentieuse. En réalité, les idées principales sur le caractère moral de l'existence même et sur l'harmonie indispensable entre l'être humain et la nature sont communes à toutes les grandes civilisations, et les grands principes moraux sont donc aussi communs. C. S. Lewis l'a formulé ainsi : « ce que j'ai appelé le "tao" » pour des raisons pratiques, et ce que d'autres nomment la "loi naturelle" ou la "morale traditionnelle" ou le "principe premier de la raison" ou les "vérités fondamentales", n'est pas un système de valeurs inclus dans une série de systèmes de valeurs potentiels. C'est la seule et unique source de tous les jugements de valeur. Si on le refuse, on rejette toutes les valeurs. Si on conserve n'importe laquelle de ces valeurs, on conserve le "tao". La tentation de le refuser pour y mettre un nouveau système à la place est une contradiction en soi… »

40

29 février

Ne vous mettez pas en colère. Priez !

La parole. Nous sommes tentés de dire : qu'est-ce donc que la parole ? Seuls les faits comptent. Les mots ne sont rien. Mais celui qui y réfléchit d'un peu plus près se rend compte du pouvoir de la parole qui crée des faits : une seule parole malheureuse peut détruire une existence tout entière, entacher le nom d'un homme irrévocablement. Une seule parole de bonté peut transformer un homme alors que rien d'autre ne pouvait plus l'aider. On devrait donc se rendre compte à quel point il est important pour l'humanité de ne pas parler uniquement d'argent ou de guerre, de pouvoir ou de productivité, de ne pas se contenter des bavardages du quotidien, mais de parler plutôt de Dieu. La parole de Dieu, nous en avons besoin comme de notre pain quotidien. Et nous avons besoin d'hommes qui sont là pour elle, justement parce qu'elle nous est devenue si étrangère. Nous devrions aussi y penser lorsque nous nous plaignons de sermons religieux ennuyeux ou ridicules. Il est difficile de transmettre aujourd'hui la parole de Dieu dans un monde saturé de toutes sortes d'événements sensationnels. Servir la parole de Dieu est devenu difficile. Parfois, le prêtre d'aujourd'hui se sent comme le prophète Jérémie qui se révoltait contre sa mission de prophète. Il souhaiterait plutôt se débarrasser de cette parole qui l'a rendu si solitaire, si ridicule. Mais il doit porter le poids de cette parole. Nous ne devons pas l'oublier non plus lorsque nous soupirons à propos des insuffisances de la Révélation. Au lieu de nous plaindre, nous pourrions plutôt prier les uns pour les autres : afin que Dieu donne à ceux qui l'écoutent le don de savoir bien écouter, à ceux qui lui parlent le don du discours et à nous tous beaucoup de patience entre nous ; afin qu'il nous réserve sa parole malgré tout, ce pain de la vérité que notre âme réclame aussi, même quand nous ne nous en rendons pas compte...

14

MARS

À la recherche de la vérité et de l'amour avec les yeux du cœur

1er mars

Souvenir de ce qui est humainement bon

Un père spirituel, amené à beaucoup parler à des hommes au bord du désespoir, racontait récemment à propos de son action : lorsqu'on réussit à éveiller chez le désespéré le souvenir d'une expérience du Bien, il peut y croire à nouveau ; alors s'ouvre une issue au désespoir. Souvenir et espérance vont inséparablement de pair. Celui qui empoisonne le passé ne donne pas d'espoir mais en détruit les fondements psychiques.

Parfois, l'histoire de Charles Dickens me revient comme une vision d'expériences actuelles : l'homme dont les souvenirs du cœur ont été effacés par un esprit trompeur de fausse libération – ne le trouvons-nous pas chez une génération dont une certaine pédagogie de la libération a empoisonné le passé et ainsi détourné l'espérance ? Quand nous lisons avec quel pessimisme une partie de notre jeunesse regarde l'avenir, à quoi cela peut-il tenir ? Ne lui manque-t-il pas, au milieu de la surabondance matérielle, le souvenir de la bonté humaine qui lui donnerait des raisons d'espérer ? N'avons-nous pas, en proscrivant les sentiments, en persiflant la joie, piétiné aussi la racine de l'espérance ?

35

2 mars

Oui ou non à l'amour

Toute l'histoire est le combat entre l'Amour et l'incapacité d'aimer, entre l'Amour et le refus de l'Amour. C'est exactement ce que nous vivons aujourd'hui, lorsque l'indépendance de l'homme l'amène à dire : je ne veux pas aimer du tout, car j'entre dans une dépendance qui va à l'encontre de ma liberté.

Aimer signifie en réalité être dépendant de ce qui peut m'être enlevé ; c'est un énorme risque de souffrance dans ma vie. De là vient alors le refus explicite ou non exprimé : je préfère, avant de prendre ce risque permanent, être limité dans mon autodétermination, avant de dépendre de ce dont je ne peux disposer et de pouvoir soudain me précipiter dans le néant – renoncer à l'amour. Tandis que la décision venant du Christ est autre : oui à l'amour, car lui seul, justement avec son risque de souffrance et de se perdre soi-même, permet à l'homme de se trouver lui-même et fait de lui ce qu'il doit être.

Là réside le véritable drame de l'histoire ; en fin de compte, il se laisse, dans la diversité des fronts qui s'opposent, ramener à cette formule : oui ou non à l'amour.

32

3 mars

Qui répondra à nos questions ?

Qu'est-ce qui fait réellement la valeur de la vie pour un homme d'aujourd'hui ? Peut-être la perspective d'avoir un monde plus juste dans cinquante ans ? Cette perspective peut être une passion, elle donne un sens, stimule et tient en alerte. Mais est-ce suffisant ? Cette idée d'un monde dans lequel un jour tout pourrait aller pour le mieux ne rend-elle pas justement notre vie si insupportable et désespérante ? Ne crée-t-elle pas un fanatisme qui dévaste toute vie ? L'éventualité de la réalité d'un avenir n'est-elle pas détruite parce qu'on a décrié l'amour et l'humour ? Certaines observations curieuses, mais extrêmement typiques, se rapportent à ce contexte à propos de la condition de l'homme d'aujourd'hui : d'où vient en réalité cette tendance à laisser de moins en moins de place aux enfants, l'avenir de l'homme, dans notre société ? Comment doit-on s'expliquer que l'administration veuille traiter l'enfant, l'avenir, comme une maladie et donc l'« éliminer » comme on le fait pour une maladie ? Quel est ce curieux détournement du désir d'avenir qui pousse à concentrer toute son énergie à résoudre ce problème : comment faire face le plus discrètement et le plus efficacement à ce « danger » d'une nouvelle vie ? Il y a probablement plusieurs raisons à cela. Mais n'y a-t-il pas derrière tout cela de grandes inquiétudes : est-il vraiment raisonnable de donner une vie humaine, est-ce un cadeau judicieux à offrir en toute confiance et sans inquiétude, ou bien s'agit-il en réalité d'une charge insupportable au point qu'il eût été mieux de ne jamais être né ?

5

4 mars

Un amour qui accapare l'homme

Quel genre d'existence choisit un homme décidé à accorder l'instrument de sa vie sur le ton fondamental de la « foi »? Il n'est pas facile de répondre à cette question car elle touche à l'intimité la plus profonde de l'être humain, à ce qui n'est pas toujours exposé aux regards mais imprègne et habite l'être tout entier sans pouvoir cependant être mesuré nulle part. On peut comprendre toutes les grandes décisions fondamentales de l'existence humaine dépassant le concret des occupations quotidiennes en faisant l'effort de se laisser entraîner par le mouvement dont elles sont issues, qu'il s'agisse d'un grand amour, ou de la passion du chercheur, ou bien du renoncement de ceux qui mettent leur vie au service d'une grande idée, ou bien de cette attitude qu'on peut déceler derrière le sourire de Bouddha ou autour de la foi du chrétien.

On ne peut pas exprimer de manière abstraite le sens réel de la foi pour l'homme, on peut juste le faire pressentir en montrant des hommes qui en ont vécu jusqu'au bout sans faillir: saint François d'Assise, François Xavier, saint Ignace de Loyola, sainte Thérèse d'Avila, sainte Thérèse de Lisieux, saint Vincent de Paul, Jean XXIII, le père Rupert Mayer, toutes ces personnes sont la preuve concrète de ce genre de décision: la foi est aussi dans le fond une sorte de passion, comme on peut le constater chez ces témoins, ou bien, si on veut être plus précis, elle est un amour qui accapare l'homme et lui montre une voie à suivre.

20

Il y a un moment pour tout (1)

Le carnaval n'est certes pas une fête religieuse. Mais, par ailleurs, on ne peut y penser sans se référer au calendrier des fêtes de l'Église. Ainsi, réfléchir à son origine et à sa signification peut être tout à fait utile pour comprendre la foi.

Les racines du carnaval sont multiples : juives, païennes, chrétiennes, et toutes trois renvoient au tronc commun des hommes de tous lieux et de tous temps. Dans le calendrier des fêtes juives lui correspond à peu près Pourim, fête qui commémore la délivrance d'Israël face à la menace de persécution des Juifs dans l'empire perse, obtenue par la reine Esther, d'après le récit biblique. La joie exubérante avec laquelle est célébrée cette fête se veut l'expression du sentiment de libération, qui en est ce jour-là non seulement le souvenir mais aussi la promesse : celui qui est dans les mains du Dieu d'Israël est, d'avance, libéré du piège de ses adversaires.

Cette fête temporelle exubérante, qui avait et a toujours sa place dans le calendrier religieux, recouvre la connaissance du rythme du temps, formulé dans l'*Ecclésiaste* (Qohéleth) : « Il y a un moment pour tout et un temps pour chaque chose sous le ciel : un temps pour enfanter et un temps pour mourir, un temps pour planter et un temps pour arracher le plant,... un temps pour pleurer et un temps pour rire, un temps pour se lamenter et un temps pour danser (Eccl 3,1 s).

35

6 mars

Il y a un moment pour tout (2)

Nous voici parvenus à l'année de l'Église qui fait parcourir à l'homme à grands pas, au rythme de la création, toute l'histoire du Salut, tout en ordonnant et épurant la diversité chaotique de notre nature. Dans ce cycle issu de la création et de l'histoire, rien d'humain n'est laissé de côté, seule manière de sauver tout l'humain, l'obscur comme le clair, le charnel comme le spirituel. Il trouve sa place dans le tout qui lui donne sens et le libère de son isolement. C'est pourquoi il est insensé de vouloir prolonger le carnaval, quand les affaires et l'agenda conseillent ceci : le temps laissé à mon libre-arbitre devient ennuyeux, car l'homme n'est plus que son propre créateur, laissé à lui-même et se trouve ainsi vraiment abandonné. [...]

Mais revenons encore une fois aux racines du carnaval. La préhistoire juive côtoie la préhistoire païenne, dont le visage courroucé et menaçant nous regarde encore à travers les masques de la région des Alpes et de la Souabe alémanique. Il s'agit là de rites pour chasser l'hiver, bannir les forces démoniaques : au changement de saison, on sentait la menace du monde ; la nouvelle création de la terre et de sa fertilité devait être protégée contre le néant, que frôle le monde dans le sommeil hivernal.

35

7 mars

Il y a un moment pour tout (3)

À ce stade, nous pouvons observer quelque chose de très important : le masque démoniaque se transforme dans le monde chrétien en joyeuse mascarade, le combat mortel avec les démons en amusement, avant le sérieux du Carême. Dans cette mascarade, il se produit ce que nous pouvons souvent voir dans les psaumes et chez les prophètes : elle tourne en dérision les dieux, que n'a plus à craindre celui qui connaît le vrai Dieu. Les masques des dieux sont devenus un spectacle amusant ; ils expriment la joie exubérante de ceux qui peuvent trouver prétexte à rire de ce qui était d'abord effrayant. Le carnaval manifeste donc bien la libération chrétienne, la liberté du Dieu Un, accomplissement de cette liberté dont il s'agit à la fête juive Pourim.

Mais alors, finalement, une question se pose : avons-nous vraiment encore cette liberté ? Ou bien n'est-ce pas plutôt que nous cherchions en dernier ressort à nous libérer de Dieu lui-même, de la Création et de la foi, pour être entièrement libres ? Et la conséquence n'est-elle pas que nous sommes à nouveau livrés aux dieux, aux puissances du commerce, à la convoitise, à l'opinion publique ? Dieu n'est pas l'adversaire de notre liberté, mais son fondement ; c'est ce que nous devrions réapprendre ces jours-ci. Seul l'amour, qui est tout-puissant, peut être la raison d'une Joie sans crainte.

35

Un temps pour rire, un temps pour faire pénitence

Mercredi des Cendres marque le début du Carême ; les jours précédents sont, eux, marqués par le carnaval. Les deux périodes nous posent leurs questions propres.

Ne devons-nous pas aujourd'hui, où l'on parle tant du catéchuménat, reconnaître à nouveau beaucoup plus sérieusement que le Carême se veut être un catéchuménat universel, au cours duquel nous rattrapons concrètement notre baptême dans notre vie ou, plutôt, où nous laissons rejoindre notre vie par l'exigence du baptême ?

Cela ne doit-il pas nous donner beaucoup à réfléchir que Jésus-Christ se soit préparé, sur les traces des prophètes, au désert et par le jeûne, à son service de héraut de la Parole ? Cela ne signifie-t-il pas qu'un peu de « désert », de recueillement dans la solitude et de renoncement corporel est nécessaire si un homme doit rencontrer Dieu ? [...]

L'appel du Carême n'est pas facile, mais il est bien clair pour celui qui est ouvert à la foi et à la prière de l'Église. Face à cela, il semble plutôt problématique d'évoquer le carnaval en une méditation théologique car il est, tout au plus, très indirectement, un temps de l'année liturgique. Mais ne sommes-nous pas ici un peu schizophrènes ? D'un côté, nous aimons dire que le carnaval a droit de cité précisément dans les régions catholiques ; de l'autre, nous l'éludons pourtant, spirituellement et théologiquement. Alors fait-il partie des choses que l'on ne peut s'approprier d'un point de vue chrétien, tout en ne pouvant pas non plus les éviter sur un plan humain ? Il faudrait alors se demander : dans quelle mesure le christianisme est-il humain, à vrai dire ?

8

9 mars

Le jeûne comme acte global

Le fait que le jeûne chrétien doive être une démarche qui nous libère de nous-mêmes s'accompagne aussi toujours de cette exigence : le jeûne doit être une époque prolifique pour les bonnes œuvres. « Les bonnes œuvres », le fait d'entendre ces mots aujourd'hui prête facilement à sourire ou bien à froncer le sourcil selon notre tempérament. Mais nous ne devrions pas le prendre autant à la légère. Nous devrions prendre en considération tous ces peuples qui souffrent de la faim dans le monde entier, ce sourire nous passerait alors bien vite. Car nous aurions alors pris conscience du fait que nous ne pourrons pas avoir un Dieu indulgent tant que nous sommes rassasiés alors que les autres meurent de faim autour de nous... Maintenant, il est vrai qu'on se met à jeûner de différentes manières de nos jours : pour des raisons de santé, pour des raisons d'esthétique ou pour d'autres raisons. Et c'est une bonne chose. Mais ce genre de jeûne n'est pas suffisant à lui seul pour faire du bien à l'humanité. Car l'objectif de ces jeûnes-là reste encore centré sur la personne qui le pratique. Il ne détache pas l'homme de lui-même, c'est encore quelque chose que l'homme fait pour lui-même. Il a par contre besoin d'un jeûne, d'un renoncement qui le libère de lui-même, qui le libère pour qu'il se donne à Dieu et pour qu'il se donne par là même aux autres. Cet appel au jeûne, ce renoncement qui nous est demandé en période de jeûne, est certes difficile à entendre. Mais si on est quelque peu à l'écoute de la condition de l'homme d'aujourd'hui, de sa propre condition, on sait aussi à quel point il est nécessaire d'inciter au véritable jeûne tourné vers les autres et non vers soi.

14

10 mars

Le cœur en marche

Je suis à chaque fois profondément touché par l'avant-dernière injonction du *Notre Père* (pardonnez comme nous pardonnons aussi) qui est la seule à laquelle le Seigneur ait ajouté son commentaire qui est en réalité une injonction, « comme nous pardonnons aussi ». Si vous ne vous pardonnez pas entre vous, c'est ce qui est sous-entendu, comment le Seigneur votre Père pourrait-il vous pardonner ? Mais dans saint Luc (1, 5-17), c'est de l'autre partie dont il est surtout question, le côté humain de cet acte : la famille, qui est la structure première de la communauté humaine. C'est au sein de cette famille qu'il faut apprendre quels rapports fondamentaux les hommes entretiennent entre eux, mais aussi comment utiliser notre aptitude à établir une relation avec Dieu. C'est seulement au sein de cette famille et à partir d'elle que la cohabitation dans l'amour pourra surmonter le choc de la différence et produire une vraie communauté. Les générations devront apprendre à se comprendre au sein de cette famille : l'aptitude du peuple à préserver la paix dépend de la survie de la famille. [...]

On a posé la question à des experts : qui doit aller vers qui dans ce cas ? Les pères vers les jeunes ? Ou bien les jeunes vers les pères ? On peut bien sûr en discuter longuement. Mais je crois que, si on lit correctement le texte de l'évangile et toute l'histoire qui l'a précédé dans l'Ancien Testament, alors il nous apparaîtra très clairement que ce ne sont pas les uns qui doivent aller vers les autres, mais plutôt tout le monde qui doit se mettre en marche dans le sens où tous ont le courage de croire en Dieu. Ce n'est qu'en procédant ainsi qu'ils apprendront à se comprendre et à s'accepter. Ce n'est que grâce à ces cœurs en marche vers Dieu que naîtront le courage de la communauté, la confiance en l'homme et donc la capacité à l'aimer et à supporter ses différences.

9

11 mars

Atteindre le vrai bonheur

À quoi sert la foi ? Elle sert à aider l'homme dans sa vie, dans ses joies et dans sa douleur. L'indignation contre la souffrance qu'on nous inculque aujourd'hui et qui se présente comme une délivrance ne met pas un terme à la douleur mais ne fait que la rendre insupportable. Même la foi ne peut arrêter la douleur, mais elle rend l'homme capable de la porter et de la supporter. L'homme n'a nul besoin de maîtres pour apprendre l'indignation (il sait s'indigner tout seul), mais il a besoin de maîtres pour apprendre la transformation, afin qu'ils lui révèlent la joie dissimulée au plus profond de la douleur et qu'ils lui permettent d'atteindre le vrai bonheur, qui commence là où le bien-être s'arrête. Celui qui lit le cantique du soleil de saint François, celui qui apprend à comprendre cet homme qui a sombré physiquement et psychiquement dans la nuit la plus sombre après avoir renoncé à ses attentes et qui a été capable de louer Dieu pour la mort de son frère, celui-là sait à quel point le « ciel », et lui seul, peut éclairer la terre. On peut donc résumer tout cela en une seule question, déjà évoquée ici : quel salut offre la foi ? Qu'espère-t-elle ? Elle n'espère pas un paradis politico-économique, de telles attentes sont le fruit d'une ruse du malin qui lui permet de tromper et d'asservir les hommes ; nous sommes tous bien placés pour savoir à quel point c'est vrai. Par rapport à la terre, la foi espère un monde qui serait toujours plein de tourments. Mais comme la foi croit en un nouveau monde à venir et l'espère aussi, elle sait que c'est toutefois gratifiant et beau de faire des efforts pour créer un monde où règnent la justice et la vérité. Et comme elle espère cet autre monde, elle peut aussi rendre dès à présent l'homme heureux en le laissant se battre pour créer ce monde qu'elle reconnaît comme durable.

5

12 mars

Dieu vient parmi les hommes

On ne devient pas chrétien en le décidant soi-même, ni grâce à un exploit personnel. Aussi étrange que cela puisse paraître encore aujourd'hui, il nous est nécessaire de nous ouvrir en toute confiance à l'action de Dieu. On ne devient pas chrétien tout seul, ce qui signifie également qu'on ne peut le devenir qu'au sein de la communauté des croyants, en recevant la confiance et la prière des autres et en offrant sa confiance et sa prière aux autres. Bien sûr le « petit coin » de prière fait aussi partie de la vie du chrétien, ainsi que la solitude du combat et de la foi de celui qui s'expose au jugement de Dieu. Mais il n'y a pas que cela. Il faut aussi la communauté. Dieu ne vient parmi les hommes qu'à travers d'autres hommes. L'homme est un être fondamentalement ouvert, même dans le domaine spirituel. Nous devrions enfin parvenir ici à surmonter l'illusion moderne qui veut que la religion soit la relation la plus intime que nous entretenions avec nous-mêmes et qui ne peut pénétrer dans le domaine public. En faisant ainsi disparaître la foi dans une spiritualité irréelle, nous la développons en premier mais nous retirons aussi à la communauté des hommes son bien le plus précieux. Il en résulte qu'on a d'un côté l'individu seul et de l'autre côté le collectif, seul. Une communauté dans laquelle l'individu reste lui-même et dans laquelle s'organise en même temps une rencontre entre les vrais humains parmi les humains, une telle communauté ne peut se former si l'homme garde pour lui ce qu'il a de plus profond en lui.

14

13 mars

L'amour de soi (1)

Non seulement l'égoïsme et le véritable amour de soi ne sont pas identiques, mais en plus ils s'excluent mutuellement. Un homme peut être un grand égoïste et pourtant ne pas être en paix avec lui-même. Bien sûr, l'égoïsme est justement souvent la conséquence de conflits intérieurs, d'une tentative visant à se créer un autre moi, tandis que la vraie relation avec soi-même se développe dans la liberté qu'on ressent vis-à-vis de soi-même. On pourrait parler ici d'un cercle anthropologique : plus quelqu'un se cherche lui-même, souhaite se réaliser lui-même et se fixe sur la réussite et l'accomplissement de son moi, plus ce moi deviendra désagréable, contrarié et frustrant. Il se disperse en mille formes différentes et il finit par se fuir lui-même, incapable de se supporter, il se réfugie dans la drogue ou dans d'autres formes multiples et variées d'égoïsme en contradiction avec lui-même. Déjà le « oui » qui m'est adressé par un « tu » me rend capable de me dire ce « oui » à moi-même de mon côté, dans le « tu » et avec le « tu ». Le « je » se réalise grâce au « tu ». Inversement, on admet que seule une personne qui se sera acceptée sera capable de dire un vrai « oui » à une autre. Apprendre à « aimer », s'accepter, exige de nouveau la vérité et réclame qu'on chemine sans cesse vers cette vérité.

1

14 mars

L'amour de soi (2)

De plus, comme dans le cas de l'espoir, une forme détournée de l'ascèse peut aussi détruire ici les principes de base de la véritable existence chrétienne [...]. Il existe avant tout une forme trompeuse de conscience qui détourne toute l'attention vers le « moi » propre, ses défauts et ses qualités, dans un désordre permanent de sa propre conscience et dans une recherche constante de sa propre perfection. On en arrive à un égoïsme religieux qui empêche l'homme de s'ouvrir simplement au jugement de Dieu et, de se séparer de lui-même pour regarder vers lui. Le fidèle obstiné, tout affairé à penser à lui, n'a plus le temps de chercher à se retrouver devant Dieu pour entendre son « oui » libérateur et rédempteur. Il existe le danger inverse, et pourtant si semblable, un désintéressement exagéré, une abnégation qui tend à la négation complète qui ne veut plus accepter le « moi » et qui le replace justement dans la position de puissance dominante dans un égoïsme subtil. Un « moi » anéanti et refoulé ne peut pas aimer. Et il est tout aussi vrai que la grâce n'élève pas la nature, mais qu'elle en est la condition. Rappelons-nous à ce propos les paroles de saint Paul : Le « surnaturel » ne fut pas là en premier (en grec : tò pneumatikón). Un « moi » anéanti et refoulé ne peut pas aimer. Même le surnaturel (1 Co 15, 46). L'amour surnaturel ne peut pas grandir parce qu'il lui manque ses principes humains. L'amour divin n'est pas la négation ni la destruction de l'amour humain, mais son approfondissement et sa radicalisation dans une nouvelle dimension.

1

15 mars

Les sens et le ressenti

Pour constater les mystères de Dieu, l'homme a besoin d'observer, de s'arrêter pour observer jusqu'à trouver le contact. Il doit monter à l'« échelle » du corps pour trouver en elle le chemin sur lequel l'invite sa foi. En se basant sur les problèmes du présent, on pourrait apporter des éclaircissements : la piété soi-disant objective des fêtes liturgiques n'est pas suffisante. L'extraordinaire profondeur spirituelle qui a produit le mysticisme du Moyen Âge et la grande piété religieuse de l'époque moderne ne peut pas être considérée comme dépassée ou même écartée au nom d'une redécouverte de la Bible et des Pères. La liturgie elle-même ne peut être célébrée que si certaines exigences sont respectées, si elle est préparée et accompagnée par un instant de méditation pendant lequel le cœur commence à observer et à comprendre et pendant lequel les sens sont également associés à l'observation du cœur, car « on ne voit bien qu'avec le cœur » faisait dire Saint-Exupéry à son Petit Prince qu'on peut aussi considérer comme un symbole pour ce retour à l'enfance qui permet, après la folie raisonnable du monde adulte, un retour à la véritable essence de l'être humain qui se soustrait tout simplement à la raison.

33

16 mars

La terre des prêtres (1)

Le célibat correspond à une parole du Christ. Il est dit : il y a ceux qui renoncent au mariage pour le royaume des cieux et qui consacrent leur vie tout entière à témoigner du royaume des cieux. L'Église en est venue très rapidement à la conclusion que le fait d'être prêtre signifie qu'on transmet ce témoignage du royaume des cieux. Elle put s'appuyer à ce propos sur un parallèle d'une autre nature, mais concret et analogue, tiré de l'Ancien Testament. Israël prend possession de ses terres. Les onze tribus reçoivent toutes leur terre, leur territoire. Seule la tribu de Lévi, la tribu des prêtres, ne reçoit pas de terre, ne reçoit pas d'héritage ; son seul héritage, c'est Dieu. Cela signifie d'un point de vue pratique que les membres de cette tribu vivaient d'offrandes cultuelles et non, comme les autres tribus, de l'exploitation d'une terre. Le point essentiel, c'est qu'ils n'avaient pas de patrimoine. Il est dit dans le Psaume 16 : tu es ma coupe, c'est toi que j'ai tiré comme lot, Dieu est ma terre. Ce cas de figure, le fait que la tribu des prêtres ne possède pas de terre dans l'Ancien Testament et vit pour ainsi dire de Dieu, témoignant de ce fait réellement de son existence, est ainsi repris et reformulé plus tard en relation avec la parole de Jésus : Dieu est la terre des prêtres.

Nous pouvons difficilement comprendre aujourd'hui cette sorte de renoncement parce que le rapport au mariage et aux enfants s'est nettement modifié. Autrefois, si on devait mourir sans laisser d'enfant, cela équivalait à avoir vécu inutilement : ma propre ligne de vie se tarit, et je suis définitivement mort. S'il reste des enfants de moi, je continue à vivre à travers eux, c'est une sorte d'immortalité que j'ai alors acquise par ma descendance.

32

17 mars

La terre des prêtres (2)

Le renoncement au mariage et à la famille peut donc être interprété comme suit : je renonce non seulement à ce qui est le plus normal pour l'homme, mais aussi à ce qui est le plus important. Je renonce à ajouter moi-même une autre vie à mon arbre généalogique, à posséder une terre propre et je vis dans la foi, persuadé que Dieu est ma vraie terre, et cette foi m'aide à rendre crédible aussi aux autres l'existence d'un royaume des cieux. Je suis là pour témoigner de Jésus Christ, non seulement par la parole, mais aussi par ce mode d'existence particulier, je suis là pour témoigner de l'Évangile et je mets ma vie à son service de cette manière-là.

Dans ce sens, le célibat a une dimension christologique et apostolique en même temps. Il ne s'agit pas seulement de gagner du temps – j'ai en fait un peu plus de temps à ma disposition parce que je ne suis pas père de famille –, ce serait une vision trop primaire et trop pragmatique. Il s'agit vraiment d'une existence qui mise tout sur Dieu et qui laisse de côté exactement tout ce qui pourrait constituer normalement une évolution ou un projet d'avenir pour une existence humaine. [...]

Ce n'est pas un dogme, c'est une forme de vie qui s'est développée au sein de l'Église et qui présente naturellement aussi en elle-même le risque d'un échec. Mais lorsqu'on vise si haut, il y a toujours des chutes. Je pense que ce qui pousse les gens d'aujourd'hui à se déclarer contre ce célibat, c'est qu'ils remarquent qu'un grand nombre de prêtres sont en réalité en intime désaccord avec ce principe et le vivent par conséquent soit de manière hypocrite, soit très difficilement, ou alors ils ne le respectent absolument pas ou bien le respectent mais en le vivant très douloureusement.

32

18 mars

Être attentif, avoir l'esprit ouvert, l'humilité

Lorsqu'on sait déjà que les grandes découvertes de la science ne se sont révélées qu'après de longs travaux de recherche minutieux et patients, que les chercheurs sont prêts à effectuer sans cesse de nouvelles corrections et à toujours perfectionner leurs connaissances, alors on comprend tout naturellement que les plus grandes vérités exigent une grande constance et une certaine aptitude à écouter humblement. « Il a élevé les humbles », moins les progrès ressemblent à un discours de lutte des classes, moins on a affaire à un moralisme primaire. C'est une question d'attitude générale de base pour l'homme. La grandeur de la vérité, et par conséquent l'accès à la véritable grandeur de l'être humain, ne se révèle qu'à un esprit humble qui ne se décourage pas devant les obstacles et qui ne se laisse pas distraire par les félicitations ou les critiques, ni par les désirs ou aversions de son propre cœur, seule une pensée aussi humble mérite une telle grandeur. Une telle ouverture pour l'infini et à l'infini n'a rien à voir avec la naïveté ; elle requiert bien au contraire une autocritique des plus attentives. Elle est plus ouverte et plus critique que cette limitation empirique dans laquelle l'homme fait de sa volonté souveraine son dernier principe pour accéder à la connaissance.

En réaction à tout cela se révèlent à nous ces attitudes que nous devons opposer à un agnosticisme replié sur lui-même, car elles seules sont à la hauteur de l'inévitable thématique de Dieu : il faut être attentif aux dimensions les plus profondes de la réalité ; il faut se poser des questions sur tous les aspects de notre existence humaine en général ; il faut être humble face à la grandeur de la vérité et il faut être prêt à se purifier pour elle et à se laisser purifier par elle.

1

19 mars

Joseph : « je dormais, mais mon cœur veillait »

J'ai vu récemment dans l'appartement d'amis une représentation de saint Joseph qui me laissa songeur. C'était un relief provenant d'un autel portugais de l'époque baroque qui relatait la nuit qui précédait la fuite en Égypte. Il y avait une grande tente ouverte dont s'approchait un ange venant d'en-haut. Joseph était étendu à l'entrée de la tente, il dormait, mais il était vêtu de l'habit d'un pèlerin, d'un voyageur et de grandes bottes à revers dont on se servait pour les expéditions difficiles.

Joseph dort, mais il est en même temps capable d'entendre l'ange (cf. Mt 2, 13f). De lui s'échappent ces mots, repris dans le *Cantique des cantiques*: *Je dormais, mais mon cœur veillait* (Ct 5, 2). Ses sens sont au repos, mais le fond de son âme est ouvert. La tente ouverte devient l'image de l'homme qui peut entendre profondément à l'intérieur de lui même ce qui vient d'en haut, l'homme qui est assez ouvert pour que la vie de Dieu et de ses saints anges pénètre jusqu'aux oreilles de son cœur. Chaque âme humaine entre profondément en contact avec Dieu. Il veut parler à chacun de nous de l'intérieur, il est proche de chacun d'entre nous. Mais nous sommes la plupart du temps submergés de courses, de soucis, d'attentes et de désirs en tout genre. Nous sommes tellement envahis d'images et de sollicitations dans la journée que nous avons perdu notre concentration intérieure à force de se concentrer sur l'extérieur, que nous n'arrivons plus à percevoir la voix qui nous vient du plus profond de notre âme. Notre âme est également tellement envahie de bric-à-brac, tant de murs ont été montés jusque devant Dieu qu'il ne peut plus se faire entendre, que sa voix douce ne peut plus se faire entendre.

22

20 mars

Au milieu de la nuit commence le nouveau jour (1)

Faute et rédemption

L'homme d'aujourd'hui ne connaît aucune mesure, et il ne veut pas qu'on lui en impose une parce qu'il voit dans la mesure une menace pour sa liberté. Cela devrait nous rappeler ces mots prononcés un jour par Simone Weil, philosophe française d'origine juive : « on n'acquiert l'expérience du bien qu'en faisant le bien... Si on fait le mal, alors on ne s'en rend pas compte, car le mal craint la lumière ». On ne reconnaît le bien que lorsqu'on le fait. On ne reconnaît le mal que lorsqu'on ne le fait pas.

Ainsi la question du péché est-elle devenue une question refoulée, mais on remarque partout d'un autre côté qu'elle est juste refoulée, qu'elle n'a pas perdu sa part de vérité. Cette agressivité prête à exploser à tout moment qu'on remarque dans notre société actuelle me paraît caractéristique, cette manie d'être toujours à l'affût pour insulter l'autre et le déclarer coupable de notre propre malheur, de stigmatiser la société et de vouloir changer le monde par des actions de force. Il me semble qu'il faut comprendre tout cela comme étant la simple expression de la vérité refoulée de la faute que l'homme ne veut pas reconnaître. Mais comme elle est là, il doit pourtant la combattre et l'anéantir. Et parce qu'il en est ainsi, c'est-à-dire parce que l'homme peut refouler la vérité mais pas la supprimer, et parce qu'il se rend malade en refoulant cette vérité, le Saint-Esprit a donc reçu pour mission entre autres d'« ôter le péché du monde » (Jn 16, 8f). Il n'est pas question ici de gâcher la vie des hommes ou de les étouffer avec des interdictions et des négations. Il est juste question de les guider vers la vérité et ainsi de les sauver. L'homme ne peut être sauvé que s'il devient vrai, que s'il cesse de refouler et de détruire la vérité.

23

Au milieu de la nuit commence le nouveau jour (2)

Rien ne nous paraît aujourd'hui plus étrange, plus absurde même, que d'affirmer qu'il y a un péché originel, parce que la faute ne peut être à nos yeux qu'une faute personnelle ; parce que Dieu ne contrôle pas un camp de concentration dans lequel il y a coresponsabilité, mais parce qu'il est le Dieu libre de l'amour qui appelle tout le monde par son nom. Que signifie donc « péché originel », comment l'interpréter correctement ?

Pour trouver une réponse à cette question, on n'a besoin de rien de plus que de mieux apprendre à comprendre l'homme. Nous devons avoir de nouveau clairement à l'esprit qu'aucun homme n'est totalement replié sur lui-même, qu'aucun homme ne peut vivre seul par lui-même ou pour lui tout seul. Nous ne recevons pas notre vie seulement au moment de notre naissance, nous la recevons tous les jours de l'extérieur, de l'autre, de ce qui n'est pas mon « moi » mais qui lui appartient quand même. L'homme a son « soi-même » non seulement en lui, mais aussi en dehors de lui. L'homme est relation, et il possède sa vie, son « soi » seulement dans le cadre de la relation. Être un homme véritable, c'est exister dans la relation d'amour, exister à partir de quelque chose et pour quelque chose. Mais le péché signifie : troubler ou détruire la relation. Le péché est la négation de la relation parce qu'il veut faire de l'homme un Dieu. Si je détruis la relation, alors ce processus touche aussi les autres supports relationnels, la totalité de l'être. C'est pour cette raison que le péché est toujours un péché contre quelqu'un, un péché qui atteint l'autre, qui change le monde et le bouleverse. Et parce qu'il en est ainsi, on sait que lorsque la structure relationnelle de l'être humain est perturbée dès le départ, cet homme entre d'office dans un monde imprégné de cette perturbation relationnelle.

23

22 mars

Au milieu de la nuit commence le nouveau jour (3)

Faute et rédemption

En plus de sa qualité d'être humain, qui est une bonne chose, on lui impose en même temps un monde perturbé par le péché. Chacun d'entre nous entre dans une interdépendance dans laquelle les relations sont faussées. Chacun est donc dès le départ gêné dans ses relations, ne les perçoit pas comme elles devraient être. Le péché s'empare de lui qui le commet en même temps. Il apparaît tout de même comme évident que l'homme ne peut pas se libérer seul du péché. S'il rate sa vie, c'est parce qu'il se veut pour lui tout seul. Nous ne pourrons nous libérer, c'est-à-dire devenir authentique que si nous arrêtons de vouloir devenir un dieu, que si nous renonçons à l'illusion de l'autonomie et de l'autarcie. Nous ne pouvons être délivré, c'est-à-dire devenir nous-mêmes, que si nous recevons et acceptons les bonnes relations. Nos rapports humains dépendent toutefois du fait qu'une part de créature est toujours comprise dans le lot, et c'est justement là que se situe l'élément perturbateur. Et parce que le rapport à la création est perturbé, il n'y a alors que le Créateur lui-même qui puisse être notre sauveur. Et nous ne pourrons être délivrés que lorsque celui dont nous avons été séparé reviendra vers nous et nous tendra la main. Seul le fait d'être aimé nous permet d'être sauvé, et seul l'amour de Dieu peut purifier l'amour perturbé de l'homme et remettre en place la structure relationnelle qui était devenue étrangère à ses propres fondements.

23

23 mars

Liberté de conscience : avançons en eaux profondes (1)

La question de la conscience est aujourd'hui, en particulier dans le domaine de la théologie morale, devenu le point central de la morale et de sa compréhension. Cette discussion tourne autour des notions de liberté et de norme, d'autonomie et d'hétéronomie, d'autodétermination et de détermination par un autre que soi, par l'autorité. La conscience apparaît alors comme le bastion de la liberté face aux restrictions de l'existence imposées par l'autorité. Deux conceptions de la catholicité s'affrontent alors : une compréhension renouvelée de son être, qui développe la foi chrétienne à partir du fondement de la liberté et comme principe de liberté ; et un modèle « préconciliaire » dépassé, qui soumet l'existence chrétienne à l'autorité, laquelle normalise la vie jusque dans les sphères intimes, cherchant par là à maintenir son pouvoir sur les hommes. Ainsi, morale de la conscience et morale de l'autorité semblent-elles se combattre l'une l'autre comme deux modèles opposés. La liberté du chrétien serait alors sauvée par la proposition originelle de la tradition morale que la conscience est la norme suprême, que l'homme doit suivre – même contre l'autorité. Lorsque l'autorité, c'est-à-dire dans ce cas le magistère de l'Église, se prononce en matière de morale, elle pourrait en conséquence fournir à la conscience les outils pour former son propre jugement, lequel devrait cependant avoir le dernier mot.

38

24 mars

Liberté de conscience : avançons en eaux profondes (2)

Sur ce point, à vrai dire, peut s'élever une contestation : toujours suivre une injonction claire de la conscience, du moins ne pas avoir le droit d'agir à son encontre, est indubitable. Mais déterminer si le jugement de la conscience ou ce que l'on considère comme tel a toujours raison, est un autre problème. Car s'il en était ainsi, cela voudrait donc dire qu'il n'existe pas de vérité – du moins en matière de morale et de religion, c'est-à-dire dans le domaine des fondements propres à notre existence. Car les jugements de la conscience se contredisent ; il n'y aurait donc qu'une vérité du sujet, qui se réduirait à sa véracité. Et à partir du sujet ne déboucherait aucune porte, ni fenêtre, sur le tout et le commun. Celui qui va au bout de sa pensée découvrira qu'il n'existe alors aucune véritable liberté et que les injonctions supposées de la conscience ne sont que des réflexes de présupposés sociaux. Cela devrait donc amener à penser que l'opposition entre liberté et autorité omet quelque chose, qu'il doit y avoir encore quelque chose de plus profond, si la liberté et, par conséquent, la condition humaine, doivent avoir un sens.

38

25 mars

Liberté de conscience : avançons en eaux profondes (3)

La question de la conscience nous amène au centre du problème moral et donc de la question de l'existence humaine par excellence. Je voudrais maintenant essayer d'exposer cette question non pas sous la forme d'une considération strictement conceptuelle et nécessairement abondamment abstraite, mais en procédant de manière « narrative », en racontant d'abord, dans son déroulement, comment j'ai abordé ce problème.

Il m'apparut pour la première fois dans toute son urgence au début de mon activité académique : un collègue plus âgé que moi, à qui la souffrance d'être chrétien à notre époque pesait sur le cœur, exprima lors d'une discussion l'opinion que l'on devait en réalité rendre grâce à Dieu d'offrir à tant d'hommes la liberté d'être incroyants en toute bonne conscience… Car si leurs yeux s'ouvraient et s'ils devenaient croyants, ils ne seraient pas en mesure de supporter dans notre monde le poids de la foi et ses obligations morales. Mais comme ils prenaient un autre chemin, la conscience tranquille, ils pourraient cependant parvenir au Salut.

Ce qui me choquait dans cette affirmation n'était pas d'abord l'idée d'une conscience erronée donnée par Dieu lui-même, afin de pouvoir sauver les hommes par ce subterfuge, pour ainsi dire l'idée d'un aveuglement envoyé par Dieu pour le salut de l'intéressé. Ce qui me gênait était la pensée qu'ainsi, la foi serait un poids à peine supportable et ne pouvant être maîtrisé que par les fortes natures, quasiment une sorte de punition.

38

26 mars

Liberté de conscience : avançons en eaux profondes (4)

Il devrait donc se réjouir, celui qui échapperait au fardeau de devoir croire et de se courber sous le joug de la morale de la foi de l'Église catholique. La conscience erronée, qui (nous) laisse vivre plus légèrement et montre une voie plus humaine, serait alors la vraie grâce, serait meilleure pour l'homme que la vérité ; ce n'est pas la vérité qui le rendrait libre, mais lui qui devrait en être libéré. L'homme irait mieux dans l'obscurité chez lui qu'à la lumière ; la foi ne serait pas un cadeau du Bon Dieu, mais plutôt une fatalité.

Comment, s'il en est ainsi, la joie de croire pourrait-elle jaillir ? Comment trouverait-on le courage de la transmettre à d'autres ? Ne serait-il donc pas mieux de la leur épargner, voire de les en écarter ? Des idées de ce genre ont paralysé de plus en plus la disposition à évangéliser, ces dernières décennies : celui qui voit la foi comme un fardeau pesant, une exigence morale excessive, ne peut y inviter les autres ; il préfère les laisser à la soi-disant liberté de leur bonne conscience.

38

27 mars

Liberté de conscience : avançons en eaux profondes (5)

Celui qui parlait ainsi était un croyant honnête et, je dirais, un catholique strict qui remplissait son devoir avec conviction et exactitude. Mais il exprimait ainsi une forme d'expérience de foi qui ne peut qu'inquiéter et dont la diffusion devrait être mortelle pour la foi. L'aversion carrément traumatique de beaucoup contre ce qu'ils considèrent comme le catholicisme « préconciliaire », repose – à mon sens – sur la rencontre avec une foi qui n'est plus que fardeau. Ici se posent en effet des questions des plus essentielles : une telle foi peut-elle véritablement être une rencontre de la vérité ? La vérité sur l'homme et Dieu est-elle si triste et si difficile, ou bien la vérité ne se trouve-t-elle pas justement dans le dépassement d'un tel légalisme ? Ne se trouve-t-elle donc pas dans la liberté ? Mais alors, où mène la liberté ? Quelle voie nous indique-t-elle ? Il faudra que nous revenions à ces problèmes fondamentaux de la vie chrétienne aujourd'hui ; il nous faut d'abord revenir au cœur de notre sujet : la conscience. Comme je le disais, ce qui, dans l'argument évoqué, m'avait d'abord effrayé était la caricature de la foi que je crus y trouver.

38

28 mars

Liberté de conscience : avançons en eaux profondes (6)

Dans une seconde démarche de réflexion, la notion de conscience, posée en préalable, m'apparut fausse. La conscience erronée protège l'homme des exigences de la vérité et le sauve grâce à cela – tel était l'argument. La conscience n'apparaissait pas ici comme la fenêtre qui ouvre à l'homme la vue sur la vérité commune qui nous fonde et nous porte tous, nous permettant ainsi une communion de volonté et de responsabilité à partir d'une connaissance commune. Ici, la conscience n'est pas l'ouverture de l'homme pour le fondement qui le porte, la force de perception des valeurs les plus élevées et de l'essentiel. Elle apparaît, au contraire, comme la protection de la subjectivité, sous laquelle l'homme peut se cacher de la réalité. Jusque-là, c'est à vrai dire une vision libérale qui était présupposée. La conscience n'ouvre pas la voie vers la route salvatrice de la vérité qui, soit n'existe pas du tout, soit nous dépasse. Elle en vient à justifier la subjectivité – qui ne souhaite pas se laisser remettre en question – tout comme le conformisme social qui, établi comme valeur moyenne entre les diverses subjectivités, doit nous permettre de vivre ensemble. L'obligation de chercher la vérité, ainsi que le doute concernant l'attitude médiane et à ses habitudes disparaît.

38

29 mars

Liberté de conscience : avançons en eaux profondes (7)

Dans cette discussion, ce dont je n'avais pris conscience qu'en passant s'avéra peu de temps après avec une clarté éblouissante lors d'une autre discussion avec mes collègues sur la force justificatrice de la conscience erronée. Quelqu'un objecta à l'encontre de cette thèse que si cela avait une valeur générale, on pourrait alors justifier même les SS, qui avaient accompli leurs forfaits avec une conviction fanatique et une assurance totale de leur conscience, et les chercher au ciel. Un autre rétorqua avec une grande évidence que c'était le cas, en effet. Il n'y avait absolument aucun doute qu'Hitler et ses complices, entièrement convaincus de leur affaire, ne pouvaient absolument pas agir autrement, et par conséquent – malgré toute l'horreur objective de leurs actes – auraient agi de façon morale. Étant donné qu'ils suivirent leur conscience – même fourvoyée – on devait reconnaître moraux, pour eux, leurs agissements et on ne pouvait donc douter de leur rédemption éternelle. Depuis cette discussion, je sais en toute certitude que quelque chose n'est pas juste dans la théorie de la force justificatrice de la conscience subjective ; qu'en d'autres termes, une notion de la conscience qui mène à de telles conclusions est fausse. Être fermement persuadé subjectivement et, en conséquence, l'absence de doute et de scrupule ne justifie pas l'homme.

38

30 mars

Liberté de conscience : avançons en eaux profondes (8)

Environ trente ans plus tard, je trouvai résumées en quelques mots chez le psychologue, Albert Görres, les conclusions que je tentai alors lentement de circonscrire et dont le développement doit constituer le cœur de nos réflexions. Görres souligne que le sentiment de culpabilité, la capacité de reconnaître sa faute, fait essentiellement partie de la vie intérieure de l'homme. Le sentiment de culpabilité, qu'une fausse tranquillité de conscience élimine, et la voix de ma conscience, qui s'élève contre mon autosatisfaction, sont aussi utiles à l'homme que la douleur physique comme signal permettant de reconnaître les perturbations de la fonction vitale normale. Celui qui n'est plus capable de voir sa faute est malade dans son âme, « un cadavre vivant, un masque de sa vraie nature », (Görres). « Les brutes, les monstres n'ont pas de sentiments de culpabilité. Peut-être qu'Hitler ou Himmler, ou Staline n'en avaient pas. Pas plus que les patrons de la mafia... mais probablement leurs cadavres sont-ils bien cachés à la cave. Les sentiments de culpabilité expulsés aussi... Or, tous les hommes ont besoin de sentiments de culpabilité. »

38

Liberté de conscience : avançons en eaux profondes (9)

À ce stade de notre réflexion, il est possible de tirer les premières conclusions en réponse à la question sur la nature de la conscience. Nous pouvons dire à présent : il n'est pas admissible d'identifier la conscience de l'homme avec la conscience de soi du Je, avec sa certitude subjective sur soi et son comportement moral. Cette conscience peut, pour une part, être un simple réflexe du milieu social et des opinions qui y sont répandues. Elle peut, par ailleurs, révéler un manque d'autocritique et d'écoute de la profondeur de l'âme. Ce diagnostic confirme ce qui se produisit après la chute des systèmes marxistes en Europe de l'Est. Les esprits les plus éveillés et les plus purs des peuples libérés parlent d'un grand abandon moral, survenu au cours des années de déformation des esprits ; d'un émoussement du sens moral, qui pèse plus lourd comme perte et comme danger que les dommages économiques survenus. Le patriarche de Moscou souligna ceci de façon impressionnante au début de son action, l'été 1990 : la perception de l'homme qui a vécu dans un système de mensonge s'est obscurcie. La société a perdu la capacité de compassion, et les sentiments humains ont disparu. Toute une génération est perdue pour le bien et les actions d'humanité. « Nous devons ramener la société aux valeurs morales éternelles », c'est-à-dire redévelopper l'écoute presque éteinte des exhortations de Dieu dans le cœur de l'homme.

38

AVRIL

Retrouver des signes de vie pascale dans un monde temporel

1er avril

« Que dois-je faire... ? » (1)

Luc 10, 25-37

La conversation entre Jésus et le maître de la loi porte sur une question qui nous regarde tous : comment vivre bien ? Que dois-je faire pour réussir ma condition humaine ? Il ne suffit pas pour cela de gagner de l'argent et avoir de l'influence. On peut être très riche et passer à côté de la vraie vie, rendre soi et les autres malheureux. On peut être puissant tout en détruisant plus que l'on ne bâtit. Comment puis-je alors apprendre à être humain ? Qu'est-ce que cela implique ?

Le maître des lois cite déjà dans sa question une condition à laquelle nous ne pensons souvent plus aujourd'hui : pour réussir *ma* vie, je dois prendre comme but la vie *éternelle*. Je dois penser que Dieu a prévu une tâche pour moi dans ce monde et qu'il me demandera un jour ce que j'ai fait de ma vie. Aujourd'hui, beaucoup prétendent que penser à la vie éternelle empêche l'homme de faire ce qui est juste. Mais c'est le contraire qui est vrai. Quand nous perdons des yeux la référence à Dieu, la référence à l'éternité, alors il ne reste plus que l'égoïsme comme principe. [...] En revanche, si nous bâtissons notre vie de telle façon qu'elle soutienne le regard de Dieu, alors elle rendra visible aux autres aussi un éclat de la bonté de Dieu. Voilà une première règle : ne vis pas pour toi tout seul. Vis sous le regard de Dieu. Vis de telle façon qu'il puisse te contempler et que tu pourras être un jour pour l'éternité bienvenue en sa compagnie et celle de ses saints.

1

2 avril

« Que dois-je faire... ? » (2)

Luc 10, 25-37

Cela peut être parfois très difficile. Il est possible par exemple, qu'un homme soit affligé de nombreuses maladies ou handicaps. Pour un autre, c'est la pauvreté qui lui rend la vie insupportable. Un autre perd les êtres, de l'amour desquels dépendait toute sa vie. Il peut ainsi arriver toutes sortes de malheurs. Le danger est grand alors que l'homme devienne amer et se dise : Dieu ne peut pas être bon sinon il n'agirait pas ainsi envers moi ; si Dieu m'aimait, il m'aurait créé différent, avec d'autres qualités et d'autres conditions de vie. Une telle rébellion envers Dieu est compréhensible, l'accord avec Dieu paraît parfois impossible. Mais celui qui s'abandonne à cette révolte empoisonne sa propre vie. Le poison du refus, de la colère envers Dieu et le monde le dévore de l'intérieur. Dieu exige pour ainsi dire une avance en confiance de notre part. Il nous dit : je sais, tu ne me comprends pas maintenant. Mais fais-moi pourtant confiance, crois que je suis bon et ose vivre avec cette confiance. Alors tu découvriras que derrière ta souffrance, derrière le poids de ta vie se cache l'amour. Alors tu comprendras qu'ainsi justement je t'ai fait du bien. Il y a de nombreux exemples de saints et de grands hommes qui ont osé cette confiance et qui ont justement trouvé dans la nuit obscure le vrai bonheur pour eux-mêmes et pour beaucoup d'autres.

1

« Que dois-je faire… ? » (3)

Luc 10, 25-37

L'Écriture sainte utilise pour la description de l'amour du prochain des mots très sages et très profonds : « aimer comme soi-même ».

Elle n'exige pas d'héroïsme faux et aventurier. Elle ne dit pas : tu dois te renier toi-même et exister seulement pour les autres, tu dois te diminuer toi-même et d'autres choses de ce genre. Non, comme toi-même. Ni plus ni moins. Un homme qui n'est pas en paix avec lui-même ne peut être bon envers les autres. Celui qui ne s'accepte pas tel qu'il est, se heurte aussi aux autres. L'amour vrai est juste. Il conduit à s'aimer soi-même en tant qu'un des membres du corps du Christ, soi-même comme les autres –, se libérer de la perspective faussée avec laquelle nous naissons tous et selon laquelle le monde tournerait autour de notre moi.

Nous devons tous accomplir par la foi une sorte de révolution copernicienne. Copernic a découvert que ce n'est pas le soleil qui tourne autour de la Terre, mais que la Terre et les autres planètes tournent autour du soleil. Chacun de nous se voit d'abord comme une petite terre autour de laquelle tous les soleils doivent tourner. La foi nous enseigne à sortir de cette erreur et à entrer fraternellement avec tous dans la ronde d'amour autour de ce centre qui est Dieu. Ce n'est que si Dieu existe, seulement s'il est devenu le centre de ma vie que cet « aimer comme moi-même » devient possible. Mais s'il existe, s'il est devenu le centre de ma vie, alors il m'est aussi possible d'atteindre cette liberté intérieure de l'amour.

1

4 avril

Les souffrances de la transformation

Je pense à Matthieu 5, 38 et 41 : « Vous avez aussi entendu qu'il a été dit : œil pour œil et dent pour dent. Eh bien, moi je vous dis de ne pas vous venger de celui qui vous fait du mal. Si quelqu'un te gifle sur la joue droite, laisse-le te gifler aussi sur la joue gauche. » Pour bien comprendre ce texte, il nous faut d'abord garder à l'esprit que le principe de l'Ancien Testament « Œil pour œil, dent pour dent » (Ex 21, 24 ; Lv 24, 20 ; Dt 19, 21) ne correspond en aucun cas à une légitimation de la vengeance, mais veut au contraire remplacer le principe de la vengeance par celui de justice. Le principe des fils de Caïn était (est toujours !) : « Caïn sera vengé sept fois. Lémec par contre soixante-dix-sept fois. » À ce principe répond ici le principe de réciprocité : le délit et la punition doivent s'équilibrer. La justice doit être respectée mais son application ne doit pas se tourner en vengeance.

Jésus ne refuse en aucun cas le principe de réciprocité comme principe de justice, il ne veut que présenter aux hommes une nouvelle dimension de son action. Une justice isolée et rendue absolue devient un *circulus vitiosus,* une chaîne sans fin des représailles sans issue finale. Dieu a rompu ce cycle dans sa relation avec nous. [...] Pour qu'une transformation se produise, il nous précède et prend sur lui les souffrances de la transformation. La croix du Christ est la réelle contrepartie de ces mots : non pas œil pour œil, dent pour dent, mais transformer le mal par la force de l'amour. [...] En communauté avec Lui, cela devient aussi une possibilité pour notre propre vie.

1

5 avril

La mesure du bonheur

Dans ce monde, la souffrance ne provient pas seulement des inégalités dues aux différences de richesses et de pouvoir. La souffrance n'est pas seulement une charge dont les hommes doivent se débarrasser. Pour le faire, il faut fuir dans le monde de l'illusion des drogues, pour finir par se détruire soi-même et tomber dans le paradoxe de la réalité. Ce n'est qu'en endurant son destin et en se libérant par la souffrance de la tyrannie de l'égoïsme que l'homme se trouve et qu'il trouve sa vérité, sa joie, son bonheur. Il sera d'autant plus heureux qu'il est prêt à prendre sur lui les hauts et les bas du destin avec toutes leurs épreuves. La mesure du bonheur dépend de la mesure des primes payées, de la mesure de disponibilité à vivre complètement la passion de la condition humaine. Chercher à la fuir, faire croire que l'on peut devenir un homme sans se vaincre soi-même, sans la patience du renoncement et l'effort de se surpasser soi-même, donner l'illusion qu'il n'est pas nécessaire de tenir ses engagements et de supporter patiemment les tensions entre ce que l'on devrait être et ce que l'on est vraiment, voilà ce qui est, pour une grande part, responsable de la crise actuelle. Un homme à qui on ôte toute peine et qui s'échappe au pays de cocagne perd son identité et se perd lui-même. De fait, l'homme ne peut être sauvé que par la Croix. Toutes les offres qui promettent le salut à meilleur prix échoueront et se révéleront trompeuses.

12

6 avril

« Goût » pour le divin

Ce qui doit se passer concrètement pour le renouveau chrétien dépend de la question : qu'est-ce qui est vraiment chrétien ? Et non de la question : que demande l'époque actuelle ? La chrétienté n'est pas un magasin où l'on est craintif et soucieux d'adapter sa publicité au goût et à l'humeur du public parce qu'on veut fourguer aux clients une marchandise dont ils ne veulent pas et dont ils n'ont pas besoin. C'est pourtant ce qui se produit assez souvent. Si cela était, alors il faudrait accepter calmement la faillite de l'entreprise. En vérité, la foi chrétienne est bien plutôt (pour employer une image partiale et plutôt faible) la médecine divine, qui ne doit pas s'orienter aux désirs des clients et à ce qu'ils aiment, si elle ne veut pas les achever. Elle doit, de son côté, exiger que les hommes se détournent de leurs besoins imaginaires, qui représentent leur vraie maladie, et qu'ils se fient aux directives de la foi. À partir de cette image, nous pouvons déjà séparer renouveau véritable et mauvais renouveau, en se disant : la véritable réforme est celle qui s'efforce de chercher ce qui, masqué, est vraiment chrétien et de le laisser l'encourager et la former. La mauvaise réforme est celle qui court derrière les hommes au lieu de les conduire, et qui transforme la chrétienté en un bazar sur son déclin appelant le chaland. Ce qui précède ne concerne en rien ce que l'on appelle aujourd'hui le « soutien moral d'accompagnement »

6

7 avril

Variantes de la présomption humaine (1)

La première variante de « présomption » dont il sera question, c'est le pélagianisme bourgeois-libéral, qui repose à peu près sur la réflexion suivante : si Dieu existe et s'il s'occupe vraiment de l'homme, il ne peut pas être aussi terriblement exigeant que le sous-entend la foi de l'Église. Finalement, je ne suis pas pire que les autres ; j'accomplis mon devoir et les petites faiblesses humaines ne peuvent pas être si dangereuses. Dans cette attitude de vie si répandue, il y a [...] une autosuffisance de l'homme par rapport à l'amour infini dont il pense pouvoir se passer. Peut-être est-il possible de vivre longtemps ainsi dans les périodes calmes. Mais dans les moments de crise, soit on quitte cette attitude soit on tombe dans le désespoir.

1

8 avril

Variantes de la présomption humaine (2)

L'autre face du même vice, c'est le pélagianisme des pieux. Ils ne veulent pas de « pardon » et, en fait, ils ne veulent aucun don de Dieu. Ils veulent être en règle et obtenir non pas le pardon, mais leur juste salaire ; ils ne désirent pas l'espérance mais la sécurité. Ils veulent se procurer un droit à la béatitude par le rigorisme dans les exercices religieux, par des prières et des actions. Ils leur manquent l'humilité nécessaire à tout amour, l'humilité d'être comblés largement au-dessus de leurs mérites et de leurs actions. Le refus de l'espérance au profit de la sécurité devant lequel nous nous trouvons, repose sur l'incapacité de supporter la tension vers ce qui vient et de s'abandonner à la bonté de Dieu. Un tel pélagianisme est donc une apostasie, un abandon de l'amour et de l'espérance, et plus profondément encore un abandon de la foi. Le cœur de l'homme s'endurcit envers lui-même, envers les autres et enfin envers Dieu. Il n'a plus besoin que de la déité de Dieu, non de son amour. Il se donne raison à lui-même et un Dieu qui ne va pas dans ce sens devient son ennemi. Les pharisiens du Nouveau Testament sont la représentation toujours valable de cette déformation de la religion. Le noyau de ce pélagianisme est une religion sans amour, qui se dénature ainsi en caricature de religion.

1

Variantes de la présomption humaine (3)

Lorsque nous parlons du rapport entre l'espérance et l'amour, le thème de la crainte doit aussi être abordé. Le pélagianisme des pieux est un enfant de la crainte, d'une espérance paralysée, qui ne peut supporter la tension que provoque l'attente d'un cadeau que l'on ne peut obtenir par la force. Alors l'espérance se transforme en peur qui fait naître à son tour le besoin de sécurité où nulle incertitude ne doit subsister. Maintenant, l'amour ne l'emporte plus sur la crainte car l'égoïste ne veut pas se confier à cette sorte de certitude uniquement dialoguée. À ce point, la crainte doit être conjurée, indépendamment de l'autre, avec ce qu'il a à sa disposition, par son action, son « œuvre ».

Un tel besoin de sécurité repose sur une totale affirmation du moi, qui refuse de prendre le risque de sortir de lui-même et de se fier aux autres. C'est justement là la preuve du manque d'amour véritable. Face à cela, il est à noter une sorte de crainte, qui est non seulement en accord avec l'amour, mais qui en découle obligatoirement : la crainte de blesser l'être aimé, de détruire les bases de l'amour par sa propre faute. Le libéralisme et les Lumières veulent nous faire croire à un monde sans peur ; ils promettent l'abolition totale de toute espèce de peur. Ils voudraient faire disparaître chaque « pas encore », chaque dépendance envers les autres avec les tensions intérieures qui y sont liées et qui justement sont des composantes importantes de l'espérance et de l'amour. Celui qui « libère » de cette façon l'homme de la peur, le « libère » de l'espérance et de l'amour.

1

10 avril

Variantes de la présomption humaine (4)

À notre époque, qui a enlevé à l'homme la peur du péché et du salut et qui l'a soi-disant libéré de la peur, de nouvelles angoisses prolifèrent et prennent souvent la forme de psychoses collectives : angoisse devant les fléaux des grandes maladies décimant les hommes, angoisse devant les conséquences du pouvoir de la technique, peur devant le vide et l'absurdité de l'existence. Il suffit de penser aux réactions surexcitées après Tchernobyl pour voir que la peur irrationnelle enfouie au fond du cœur humain peut exploser à chaque instant. Toutes ces peurs ne sont que des masques de la peur de la mort, l'effroi devant la finitude de notre existence. Cette peur et cet effroi s'installent lorsqu'on a accueilli l'infini avec peur et non avec amour et lorsqu'on croit s'être débarrassé de cette peur en la niant. Mais la peur de la finitude est plus effrayante et désespérante que ne pourrait jamais l'être la peur refoulée de l'infini, dans laquelle est toujours caché le mystère de la consolation qui nous attend.

1

11 avril

Le monde moderne ne peut se passer du christianisme (1)

La chrétienté n'a pas vraiment installé le messianisme dans le politique en dépit des retournements qu'elle a provoqués. Au contraire, elle a voulu dès le début laisser le politique dans le domaine de la raison et de l'éthique. Elle a enseigné et rendu possible l'acceptation de l'imparfait. Autrement dit : dans le Nouveau Testament, on trouve de l'éthique politique, mais pas de théologie politique. C'est au niveau de cette distinction que passe la ligne séparant la chrétienté de l'exaltation utopique, tracée par Jésus lui-même et que l'on retrouve ensuite catégoriquement exprimée dans les lettres des Apôtres. Aussi fragmentaires et fortuites que soient les différentes allusions concernant le domaine politique que l'on trouve dans le Nouveau Testament, elles coïncident dans leur ensemble avec cette décision fondamentale. Que l'on considère le récit des tentations de Jésus avec leurs implications politiques, l'histoire de la monnaie de l'impôt, qui est à l'empereur, les rappels à l'ordre sur la politique dans les lettres de Pierre et de Paul ou bien encore à l'Apocalypse – à de nombreux égards tout à fait différente –, l'exaltation, qui cherche à faire du royaume de Dieu un programme politique est toujours rejetée. Il est toujours affirmé que la politique n'est pas du domaine de la théologie, mais de l'éthique qui, bien sûr, elle-même ne se justifie à la fin que théologiquement.

37

12 avril

Le monde moderne ne peut se passer du christianisme (2)

La foi chrétienne éveille la conscience et justifie l'éthique. Elle donne à la raison pratique un contenu et une direction. Le véritable danger de notre époque, le noyau de la crise de notre culture, c'est la déstabilisation de l'éthique qui repose sur le fait que nous ne savons plus comprendre la raison morale et que la raison a été ramenée à ce qui peut se mesurer. La tentative de rendre stable ou de libérer les hommes et les choses humaines du dehors, à l'aide du quantitatif et du praticable ne peut qu'échouer de par son essence. Par son point de départ, elle soumet le spirituel au quantitatif, la liberté à la contrainte. L'abandon de la morale ne peut donc, par essence, que mener à la tyrannie. Confiner la morale dans le subjectif et la supprimer ainsi officiellement en tant que force publique effective n'est pas non plus une solution. Ce ne serait pas plus une solution de convertir la morale en manœuvre politique, car alors la morale en tant que telle serait abolie. Il n'y a pas d'autres voies possibles que de revenir à une notion élargie de la raison. En ce qui concerne l'État, cela signifie que la société n'est jamais finie, qu'elle doit être en permanence rebâtie à partir de la conscience et ne peut être garantie que par celle-ci. Cela signifie encore que l'acte fondamental pour le développement et pour la survie d'une société juste repose sur une éducation morale où l'homme apprend l'usage de la liberté.

37

Le monde moderne ne peut se passer du christianisme (3)

Mais l'éthique ne se fonde pas d'elle-même. L'éthique éclairée qui solidarise encore nos États vit du retentissement du christianisme qui lui a conféré les fondements de sa raison et de sa cohérence interne. En tout lieu où l'on retire totalement le fondement chrétien, rien ne tient plus. Nous pouvons le constater aujourd'hui dans la dissolution progressive du mariage comme forme fondamentale de la cohabitation des personnes de sexe opposé. La conséquence en est la dégradation de la sexualité, transformée en une sorte de drogue du plaisir facilement accessible. Il en découle inévitablement un conflit de générations, un conflit des sexes, la séparation de l'esprit et de la matière. Nous constatons ce même processus de dissolution dans notre rapport à la vie. En effet, si nous parvenons à une sorte de consensus sur le fait qu'il vaudrait mieux avorter plutôt que de donner naissance à un enfant handicapé – pour lui éviter, à lui-même, et à son entourage, la lourde charge d'une existence difficile – n'est-ce pas là, un mépris considérable pour toutes les personnes handicapées? N'est-ce pas une autre façon de leur dire: vous n'existez que parce que les progrès de la science étaient encore insuffisants le jour où vous êtes né? C'est là, la seule conclusion possible. La raison qui s'isole d'elle-même devient déraison; de même, un État qui se veut parfait devient tyrannique. Pour pouvoir produire son effet de raison, celle-ci a besoin de la Révélation. C'est précisément parce qu'il entend demeurer un État et rester pluraliste que la référence au fondement chrétien d'un État est indispensable pour ce dernier.

37

14 avril

Le monde moderne ne peut se passer du christianisme (4)

En l'espèce, nous touchons au point névralgique du rang du christianisme et de la démocratie pluraliste. Personne, parmi nous, ne conteste au christianisme le droit, à l'image des diverses catégories de la société, de défendre ses valeurs et de développer des formes de vie qui lui sont propres, c'est-à-dire d'agir comme une force sociale parmi d'autres. Mais, ce retrait dans la sphère privée, cette entrée dans le panthéon de tous les systèmes de valeurs possible est contraire à la prétention à la vérité de la foi qui, en tant que telle, est une prétention à la chose publique. Dans ce contexte, Robert Spaemann parle du penchant fatal de l'Église à se considérer elle-même comme une partie de l'ensemble des « forces sociales », ce qui induit automatiquement un retrait de sa prétention à la vérité, et supprime donc, le cœur même de ce qui est l'essence même de l'Église et de ce qui la rend si précieuse, y compris pour l'État. Spaemann oppose à cet argument que l'Église n'a pas le droit de se contenter de représenter un « besoin religieux », mais qu'elle doit se considérer elle-même « comme le lieu d'une présence publique absolue, supérieure à l'État par la revendication légitimante de Dieu. En disant cela, Robert Spaemann a parfaitement conscience que cette évidence ne saurait précisément trouver de représentation adéquate dans la sphère du droit étatique. Nous sommes confrontés à une aporie : d'une part, que l'Église renonce à cette prétention, et elle ne réalisera manifestement plus ce que l'État en attend, par nécessité, et d'autre part, que l'État accepte cette prétention, et il abrogera son pluralisme ; ce faisant, l'Église et l'État se perdront eux-mêmes.

37

15 avril

Une culture qui doit faire du prêtre un être humain droit

La formation à la prêtrise doit être plus qu'une simple formation ; elle doit être une culture lui offrant l'opportunité de devenir un être humain droit. Il faut pour cela, avant tout et surtout, faire l'apprentissage fondamental de toutes les vertus sans lesquelles aucune famille ne peut rester souder durablement. C'est important pour le prêtre, parce qu'il doit, d'une part, être capable d'être dans le *Mitsein* (l'être avec) de la famille du presbyterium, de l'Église locale et de l'Église universelle. D'autre part, sa mission consiste à conduire des hommes qui, de par leurs origines, leur culture, leur tempérament et les circonstances de leur vie, sont étrangers les uns aux autres, à les rassembler au sein de la communauté de foi et à faire en sorte qu'ils demeurent au sein de cette communauté. Il doit conduire les hommes à développer leur capacité à la réconciliation, au pardon et à l'oubli. Il doit, entre autres, enseigner aux hommes à se supporter les uns les autres, et la générosité. Il doit les aider à supporter l'autre dans sa manière d'être différent, à faire preuve de patience les uns envers les autres, de confiance, d'intelligence, de discrétion et d'ouverture, dans les proportions appropriées à la situation. Il doit également être capable d'être solidaire de l'être humain dans sa souffrance – dans sa souffrance physique, mais aussi dans toutes les déceptions, humiliations, et craintes dont nul n'est épargné. Comment le pourrait-il, s'il n'en a pas fait, lui-même l'apprentissage au préalable ? La capacité à accepter la souffrance et à y résister est une condition fondamentale pour réussir à devenir un être humain. Faute d'en faire l'apprentissage, il connaîtra immanquablement l'échec dans son existence. S'indigner de tout et de tous pollue, pour ainsi dire, le fond de l'âme et en fait une terre de désolation. Surmonter la douleur : chacun sait qu'il n'y a pas de succès, sans entraînement, ni sans le dépassement de soi qui y est attaché.

16

16 avril

La Croix, un effroyable symbole ?

D'une certaine façon, et c'est une évidence, la Croix est quelque chose d'effroyable qu'il faut nous garder de nier. En effet, ne s'agit-il pas de la forme d'exécution la plus cruelle qu'ait connu l'Antiquité dont il était interdit qu'elle fût appliquée aux Romains, sous peine de souiller, par là même, l'honneur des Romains ? Constater, pas conséquent, que l'homme le plus pur, qui était bien plus qu'un homme, a pu être ainsi exécuté avec autant de cruauté, ne peut que nous effrayer de nous-mêmes. Mais, nous avons besoin de cet effroi de nous-mêmes pour être capables de nous sortir du confort dans lequel nous nous installons. Et, en effet, Luther a raison d'affirmer que c'est, dans un premier temps, une nécessité pour l'homme d'éprouver de l'effroi à l'égard de lui-même, pour qu'il puisse, dans un second temps, revenir sur le bon chemin.

Cependant, il se trouve que nous ne nous contentons pas d'en rester là : la croix n'est pas qu'effroi, parce que celui qui nous contemple depuis cette croix, n'est pas qu'une personne mise en échec, un désespéré, une effroyable victime de l'humanité. Le message du Crucifié est différent de celui de Spartacus et de ses disciples tenus en échec, en ce sens que du haut de la Croix, nous contemple une bonté qui, de l'effroi, fait renaître la vie. La bonté de Dieu lui-même porte sur nous Son regard : un Dieu qui nous tend la main, qui se livre entièrement à nous, et qui, pour ainsi dire, porte avec nous tout le poids de l'effroi de l'Histoire. Plus profondément, ce signe nous permettant d'entrevoir la dangerosité de l'essence de l'Homme et toute son abomination, nous montre en même temps la force dans la faiblesse de Dieu, le plus fort, et dans l'être aimé de Dieu. En ce sens, il s'agit là d'un signe du pardon qui nous donne l'espérance, jusque et y compris, dans les profondeurs abyssales de l'Histoire.

32

17 avril

La sagesse véritable (1)

Luc 12,16-21

L'homme riche de cette parabole était, sans aucun doute, intelligent et s'y entendait en affaires. Il savait calculer la valeur marchande de ses biens, tenir compte des facteurs-risques de la nature et du comportement humain. Ses réflexions étaient pleines de bon sens et le succès lui donne raison. Si nous élargissons un petit peu cette parabole, nous pouvons dire que cet homme était bien trop intelligent pour être athée. Cependant, il avait adopté le mode de vie d'un agnostique « agissant comme si Dieu n'existait pas ». En effet, un homme tel que lui ne se préoccupe pas de questions aussi incertaines que l'existence ou non de Dieu. Il s'occupe de certitudes, de ce qui est prévisible par les calculs. C'est pourquoi, le but de sa vie est aussi très intramondain : le bien-être et le bonheur. Mais voilà, il est confronté précisément à ce qu'il n'avait pas pris en compte dans son calcul : Dieu lui parle et Il lui parle d'une chose qu'il avait éliminée de son calcul, la considérant comme trop incertaine et sans importance.

1

18 avril

La sagesse véritable (2)

Luc 12, 16-21

L'homme que tous connaissaient comme intelligent et brillant, n'est aux yeux de Dieu qu'un imbécile : « insensé » lui dit-il, et face à l'essentiel, il apparaît dans toute la folie et la vision à court terme dans lesquels le jette son étrange calcul. En effet, dans tous ses calculs, il a oublié l'essentiel : il a oublié que son âme réclamait non seulement la possession et la jouissance mais, qu'elle aurait à se tenir devant Dieu. Cette folle intelligence me paraît être l'image très précise du comportement général de notre monde moderne. Nos capacités techniques et économiques nous poussent vers ce qui était, autrefois encore, invraisemblable. La précision de nos calculs est admirable. En dépit de toutes les horreurs de notre temps, beaucoup continuent de penser qu'ils sont désormais tout proche de parvenir au bonheur le plus grand pour un nombre maximal de gens et de s'ouvrir enfin à une nouvelle ère de notre histoire, celle d'une civilisation dans laquelle tous pourront manger et boire de tout leur cœur et s'en réjouir. Or, c'est précisément dans cette approche apparente du salut gagné par l'homme lui-même que surviennent les explosions les plus terribles, émergeant des profondeurs de l'âme humaine affamée et réduite à l'esclavage pour nous dire : « Fou que tu es, tu t'es oublié toi-même, tu as oublié ton âme et son intarissable soif, sa langueur de Dieu. » Notre époque agnostique, apparemment si raisonnable, laissant Dieu être Dieu, pour faire de l'homme un homme, apparaît comme une époque insensée où dominent les perspectives à courte vue. Notre but devrait être d'entendre Dieu nous adresser la parole, de percevoir l'appel de notre âme pour redécouvrir, sur le fondement de celle-ci, le mystère de Dieu.

1

19 avril

L'homme, image de Dieu

Que signifie Jésus-Christ pour moi ? À partir de Jésus-Christ, qu'est ce que je crois pouvoir pressentir de ce qu'est Dieu et de ce qu'est l'Homme ? Dieu est tel qu'Il s'est révélé en Jésus-Christ. Dieu n'est pas seulement une profondeur abyssale et une immense hauteur qui porte tout mais, qui ne pénétrerait jamais dans le fini. Dieu n'est pas seulement une distance sans fin, mais il est aussi une infinie proximité. On peut se confier à lui, on peut lui parler : il entend, voit et aime. Bien qu'il ne soit pas le temps, il a du temps : du temps pour moi. À vrai dire, il se révèle en cet homme qu'est Jésus-Christ sans pour autant se dissoudre en lui, car Jésus est un en lui, alors que, dans le même temps, Jésus s'adresse à lui en l'appelant Père. Dieu reste celui qui domine éternellement tout ce qui est visible. Cependant, ce n'est que dans la solitude de Jésus priant, par le fait même qu'il prononce le mot de Père, qu'il se laisse connaître. Simultanément, c'est dans ce même mot de Père, qu'il noue avec nous un lien d'une incroyable proximité. Par conséquent, le revers de la médaille ressemble à ceci : l'Homme est ainsi fait qu'il ne peut supporter l'homme vraiment bon, celui qui est juste en vérité, aimant en vérité, qui ne fait de tort à personne. Ce n'est que l'espace d'un instant qu'il semble que, dans ce monde, la confiance récompense la confiance, la justice récompense la justice, l'amour récompense l'amour. Et aussitôt l'homme détruit celui qui personnifie à lui seul, l'unique pureté. L'homme crucifie l'homme, celui qui est homme en vérité. L'homme est ainsi. Je suis ainsi. Telle est l'effroyable vérité qui nous vient du Crucifié. Or, dans le même temps, l'homme prend conscience qu'il est aussi cet être capable d'être l'image de Dieu lui-même.

14

20 avril

Les passions de notre temps

Dans les grandes œuvres de la *Passion* de Jean-Sébastien Bach, que nous entendons chaque année pendant la Semaine sainte avec une émotion toujours renouvelée, le fait mystérieux du Vendredi saint est plongé dans une beauté transfigurée et transfigurante. Certes, les Passions ne parlent pas de la résurrection, elles se terminent par l'ensevelissement de Jésus. Mais dans la pureté de leur dignité, elles vivent de la certitude du matin de Pâques. Depuis l'époque de leur composition, la tranquille et consolante assurance que donne la foi nous est devenue quelque chose de totalement étrange.

C'est le Vendredi saint de notre siècle : l'Homme lui-même méprise le visage de l'Homme, lui crache au visage, le roue de coups. L'instant le plus fécond de la passion du Christ est bien celui où, à la limite de l'extrême souffrance de la Croix, il s'écrie : « Père, Père, pourquoi m'as-tu abandonné ? » Si nous entendons placer le Vendredi saint de notre siècle dans le Vendredi saint du Christ, nous devons transfigurer l'appel au secours de notre siècle en un appel au secours adressé au Père. Nous devons le convertir en prière adressée au Père pourtant si proche et nous devrons apprendre qu'il existe outre la présence réelle du Christ dans l'Église, dans le sacrement, une seconde présence réelle du Christ dans les plus petits, dans ceux qui sont foulés au pied de ce monde, dans les derniers, dans ceux dans lesquels il nous demande de le trouver. L'exigence déterminante que nous adresse, année après année, le Vendredi saint, est de recueillir ce qui est nouveau en nous.

14

21 avril

Les ténèbres divines

Le Samedi saint, jour de l'ensevelissement de Dieu, n'est-il pas, de manière mystérieuse, aussi notre jour ? Notre siècle n'est-il pas en train de devenir un grand Samedi saint ? Un jour d'absence divine au cours duquel un enseignement aigre et indigeste frappe les disciples au cœur, au point qu'ils éprouvent de la honte et qu'ils s'en retournent pleins de crainte, renfermés et bouleversés, s'enfonçant dans leur désespérance sur leur propre chemin d'Emmaüs sans s'apercevoir que celui qu'il croyait mort est au milieu d'eux ? Dieu est mort et nous l'avons tué. Nous sommes-nous aperçus que cette phrase est reprise au mot près de la tradition chrétienne, que dans les prières de nos propres chemins de croix nous avons très souvent balbutié des propos semblables sans prendre conscience de l'effroyable sérieux de la réalité mystérieuse de nos paroles ? [...]

Les ténèbres divines de ce jour, de ce siècle, qui ne cesse de se transformer en Samedi saint parlent à notre conscience. Elles nous concernent aussi. Et pourtant, elles ont, malgré tout quelque chose de consolant : la mort de Dieu en Jésus-Christ est aussi l'expression de la solidarité radicale de Dieu avec nous. Le mystère le plus obscur de la foi est en même temps le signe le plus lumineux d'une espérance sans limites. Mieux encore, ce n'est que par l'échec du Vendredi saint, qu'à travers le silence de la mort du Samedi saint que les disciples parviennent à comprendre ce que Jésus était vraiment, ce que son message signifiait en vérité. Il a fallu que Dieu meure pour eux, pour qu'il puisse vivre en vérité en eux.

29

22 avril

Nous laisser submerger par une possibilité immense

L'Église essaie, en cette Sainte nuit, de dire dans sa propre langue, la langue des symboles, ce que signifie le mystère pascal – la résurrection du Seigneur; trois grands symboles dominent cette liturgie de la nuit de la résurrection: la lumière, l'eau, et « le Cantique nouveau: l'Alléluia ». En effet, lorsque dans l'obscurité de la nuit de l'Église, nous attendons la lumière pascale, cela doit nous submerger comme une consolation: Dieu connaît le prix de cette nuit et c'est au milieu de cette nuit qu'il a déjà fait resplendir sa lumière: « Lumen Christi » – « Deo Gratias! ». La nuit nous permet d'abord d'intérioriser ce qu'est la lumière. Elle est sainteté, chaleur et vie, elle est une prévision de la grande fête eschatologique de la lumière, une anticipation des noces de l'Agneau. Serai-je convié au banquet des noces? Au jour des noces de l'Époux, ma lampe aura-t-elle de l'huile?

Le deuxième élément pascal est l'eau qui épouse, en quelque sorte, la lumière par la plongée, à trois reprises, du cierge pascal dans cette eau. L'eau symbolise la saveur de la Terre. La nuit de Pâques nous dit qu'a jailli du côté transpercé du Seigneur la source la plus savoureuse que la Terre ait jamais connue! Par le baptême, cette source coule, en un puissant torrent, dans toute l'Église et « réjouit la Cité de Dieu » (Ps 45,5).

Le troisième élément pascal est le « Cantique nouveau: l'Alléluia ». L'alléluia est simplement l'indicible chant de la joie qui transforme ce dernier en une jubilation, jubilation qui est le son de ce que le cœur veut annoncer sans pouvoir trouver les mots... mots indicibles...

14

23 avril

Réponse à une aspiration passionnée (1)

« Voici le jour que le Seigneur a fait.
Qu'il soit notre bonheur et notre joie ! »

C'est ce que nous chantons dans un psaume d'Israël, dans l'attente tout intérieure du Ressuscité, qui doit ainsi devenir le chant de Pâques des chrétiens. Nous chantons l'alléluia, dans lequel un mot de la langue hébraïque est devenu l'expression intemporelle de la joie des rachetés.

Mais pouvons-nous vraiment nous réjouir ? Ou bien la joie n'est-elle pas presque cynisme, dérision dans un monde si plein de souffrances ? Sommes-nous rachetés ? Le monde est-il racheté ?

Les coups de feu par lesquels l'archevêque de San Salvador fut assassiné pendant la Consécration ne sont qu'un flash éblouissant sur le déchaînement de la violence, la barbarie de l'homme, répandue sur toute la planète. Au Cambodge, disparaît lentement tout un peuple – et personne n'y prête attention. Et partout l'on constate que des hommes souffrent à cause de leur foi, de leurs convictions, que leurs droits sont piétinés. [...] Dans le pressentiment de son incarcération prochaine, un prêtre russe, Dimitri Dudko, a adressé à tous les chrétiens un message, disant qu'il s'exprimait depuis le Golgotha et de l'endroit où le Seigneur ressuscité était apparu toutes portes fermées.

35

24 avril

Réponse à une aspiration passionnée (2)

Celui qui regarde le monde peut bien se demander si nous avons vraiment le temps de penser à Dieu et aux choses divines, ou si nous ne devrions pas plutôt tendre de toutes nos forces à ce que la terre aille mieux. Bertolt Brecht a écrit dans ce même état d'esprit : « Ne vous laissez pas séduire, vous mourrez avec tous les animaux et il n'y a rien après. » Il voyait dans la foi en l'Au-delà, en la résurrection, une séduction de l'homme, qui l'empêche de saisir pleinement ce monde et cette vie. Mais celui qui oppose à la ressemblance divine de l'homme sa ressemblance animale, ne tarde pas à le considérer aussi comme un animal. Et si – comme le dit un autre poète moderne – nous mourons comme des chiens, alors nous ne tarderons point à vivre comme des chiens et à nous traiter comme les chiens, ou plutôt, comme on ne devrait pas traiter un chien.

Le philosophe juif Theodore Adorno, qui s'est demandé et a toujours cherché – à partir de l'aspiration messianique passionnée de son peuple – comment l'on pouvait, à vrai dire, créer un monde juste, faire régner la justice dans le monde, eut une vue plus profonde de cela. Il comprit finalement ceci : pour qu'il y ait vraiment la justice dans le monde, il faudrait que la justice soit pour tous et pour toujours ; c'est-à-dire justice aussi pour les défunts. Il devrait y avoir une justice qui réfute la souffrance passée irréfutable et la répare. Mais pour que cela puisse être, il devrait y avoir la résurrection des morts.

35

25 avril

Réponse à une aspiration passionnée (3)

Dans ce contexte nous pouvons – je crois – percevoir le message pascal de façon nouvelle. Christ est ressuscité ! Oui, la justice existe pour le monde ! Toute la justice existe pour tous, elle est en mesure de récuser le passé irrécusable, parce que Dieu existe et qu'il en a le pouvoir. Dieu ne peut pas souffrir, c'est vrai, mais compatir – comme l'a formulé un jour saint Bernard de Clairvaux. Il peut compatir parce qu'il sait aimer. Ce pouvoir d'empathie, tiré de la puissance de l'amour, est le pouvoir de réfuter l'irréfutable et de faire régner la justice. Christ est ressuscité – c'est-à-dire la puissance capable d'accomplir la justice et qui la crée, existe. C'est pourquoi le message de la résurrection est non seulement un hymne à Dieu, mais un hymne à la puissance de son amour, et donc un hymne à l'homme et à la terre, et à la matière. Tout est sauvé. Dieu ne laisse pas une partie de sa création sombrer sans bruit dans ce qu'elle a été. Il a tout créé, pour que cela soit – comme le dit le *Livre de la Sagesse*. Il a tout créé, pour que tous soit un et lui appartienne, pour que se réalise : Dieu, Tout en tous.

35

26 avril

Réponse à une aspiration passionnée (4)

Mais à présent se pose la question : comment pouvons-nous répondre à ce message de résurrection ? Comment peut-il s'introduire chez nous et devenir réalité ? Pâques est pour ainsi dire la lumière de la porte ouverte, par laquelle on sort de l'iniquité du monde et invitation à suivre cette lumière, à la montrer aux autres, sachant que ce n'est pas de la rêverie, mais la vraie lumière, la véritable issue. Mais comment pouvons-nous y entrer ? La lecture du lundi de Pâques, où Paul écrit aux Colossiens : « Christ est ressuscité », fournit la réponse. *« Recherchez ce qui est haut, là où se trouve le Christ ; c'est en haut qu'est votre but, non sur la terre. »* (Col 3, 1 et s.).

Celui qui écoute avec des oreilles modernes cette injonction de saint Paul dans le sens du message pascal, de la réalité pascale, sera probablement tenté de dire : c'est donc bien une fuite dans le ciel, une fuite loin du monde. Mais c'est un grossier malentendu. À la vie humaine s'applique la loi fondamentale : seul celui qui se perd se trouve. Celui qui ne veut pas lâcher prise, ne se dépasse pas, celui-là ne se trouve pas lui-même. Celui qui ne veut posséder que lui-même et ne se donne pas, ne se reçoit pas non plus. Cette loi fondamentale de l'existence humaine, qui découle de la loi fondamentale de l'amour trinitaire, de la nature de l'être de Dieu lui-même qui, Amour, est la véritable réalité et la vraie puissance dans le don de soi, vaut dans tous les domaines de notre rapport à la réalité.

35

27 avril

Marche vers l'intérieur et vers le haut (1)

Le premier message du Ressuscité qu'il fait transmettre aux siens par les anges et par les femmes est : Suivez-moi, je vous précède ! La foi en la résurrection est une marche, elle ne peut être autre chose que de marcher derrière le Christ, à la suite du Christ. Où il s'en est allé, de quelle manière, où nous devons le suivre : saint Jean l'a exprimé très clairement dans son Évangile de Pâques : *« Je monte vers mon Père qui est votre Père, vers mon Dieu qui est votre Dieu »* (Jn 20, 17). Il dit à Marie-Madeleine qu'elle ne peut pas le toucher maintenant, mais seulement lorsqu'il se sera élevé. Nous ne pouvons le toucher en le retenant dans ce monde, mais nous pouvons le toucher en le suivant, en montant avec Lui. C'est pourquoi la tradition chrétienne ne parle pas simplement de suivre Jésus, mais de suivre le Christ. Nous ne suivons pas le Mort, mais le Vivant. Nous ne cherchons pas à imiter une vie passée ou à la transformer en un programme avec toutes sortes de compromis et interprétations différentes [...].

Cela signifie alors en même temps de trouver cette réserve de joie, dont le monde a un si urgent besoin. C'est non seulement notre droit, c'est notre devoir de nous réjouir, parce que le Seigneur a fait don de la Joie, et parce que le monde l'attend.

35

28 avril

Marche vers l'intérieur et vers le haut (2)

Un petit exemple récent illustrera ce propos : la doctoresse britannique Sheila Cassidy, qui entra en 1978 dans l'Ordre de saint Benoît, se retrouva en détention au Chili en 1975 après avoir subi la torture, parce qu'elle avait soigné un révolutionnaire. Peu après la torture, elle fut transférée dans une autre cellule, dans laquelle elle trouva une bible usée. Elle l'ouvrit et tombe sur une image représentant un homme complètement brisé par la foudre, le tonnerre et la grêle, qui s'abattent sur lui. Instantanément, elle s'identifia à cet homme, se reconnut en lui. Mais elle continue alors à le regarder et découvre, dans la moitié supérieure de l'image, une main puissante, la main de Dieu, et la signature du 8e chapitre de la *Lettre aux Romains*, issue du cœur de la foi en la Résurrection : « Rien ne pourra nous séparer de l'Amour du Christ » (8, 39). [...]

Elle fut emprisonnée avec des femmes marxistes pour qui elle prépara des célébrations, et qui découvrirent avec elle cette liberté face à la haine. Elle dit : nous savions que cette liberté que nous avions derrière des murs épais n'était pas imaginaire, mais tout à fait réelle. Au bout de huit semaines, elle fut relâchée. Mais depuis, elle trouve continuellement le Christ au quotidien dans les hommes et les choses, de sorte qu'elle a pu comprendre alors la parole de Chesterton, « que les hommes, marqués de la Croix du Christ, avancent joyeusement dans l'obscurité ».

35

29 avril

Marche vers l'intérieur et vers le haut (3)

J'ai été secoué en lisant il y a quelque temps une missionnaire indienne qui écrivait que nous ne pouvions pas encore montrer le Christ aux Indiens, parce que la plupart des missionnaires, tout tournés vers l'extérieur dans l'action, n'étaient pas vraiment capables de prier selon les critères indiens. Cette incapacité avait pour effet qu'ils ne pouvaient pas du tout percevoir la relation intérieure entre Dieu et l'homme ; on ne pouvait donc réussir à montrer au monde le mystère de Celui qui s'était incarné et l'amener à la liberté qui découle de ce mystère. Ici se situe l'appel le plus profond de l'Orient : il nous invite à nous mettre en marche vers l'intérieur et vers le haut, vers la vraie réalité cachée, que nous devons découvrir comme telle. Nous ne pouvons croire le Ressuscité que si nous l'avons rencontré. Nous ne pouvons le rencontrer que si nous avons marché à sa suite. Ce n'est que si nous avons fait les deux, que nous pouvons témoigner de lui et apporter sa lumière en ce monde.

Un des psaumes d'Israël, que l'Église comprend comme le psaume de la Passion de Jésus Christ et a longtemps prié au début de chaque messe, s'écrit : « Dieu, rends-moi justice ! » C'est l'appel d'un monde tout entier dans la Passion. Rends justice, ô Dieu ! Et Il a dit OUI. Christ est ressuscité ! L'irréfutable est réfutable. La puissance de la transsubstantiation est là. Vivons dans cette perspective ! Cherchons ce qui est d'En-Haut !

35

30 avril

Celui qui rend brûlant le cœur obtus

Regardons de plus près l'histoire des disciples d'Emmaüs [...] ! Elle donne tout d'abord l'impression qu'une idée de la résurrection extrêmement forte et temporelle est à l'œuvre ; que rien ne subsiste du mystérieux et de l'indescriptible que nous trouvons dans les récits pauliniens. On dirait que la tendance à décrire, à concrétiser par des légendes, à l'appui de l'apologétique visant l'immédiateté, l'emporte complètement et ramène totalement le Seigneur ressuscité dans l'histoire terrestre. Mais, déjà, cela est contredit par son surgissement mystérieux et sa disparition non moins mystérieuse. Ce qui le contredit encore davantage est qu'ici aussi il reste non reconnaissable au regard habituel. Il ne se révèle pas comme au temps de sa vie terrestre ; il se découvre seulement par la foi ; en interprétant les Écritures, il rend tout brûlant le cœur des deux marcheurs, et en rompant le pain il leur ouvre les yeux.

C'est une indication des deux éléments fondamentaux de la messe des premiers chrétiens, qui comporte la célébration de la Parole (lecture et interprétation de l'Écriture) et la fraction du pain eucharistique. De cette manière, l'évangéliste rend manifeste que la rencontre avec le Ressuscité se situe sur un plan tout à fait nouveau ; par les chiffres des réalités de la liturgie il essaie de décrire l'indescriptible. [...] On rencontre le Ressuscité dans la Parole et l'Eucharistie ; la messe est la façon dont il se laisse toucher, reconnaître par nous comme le Vivant. Et inversement : la liturgie repose sur le mystère pascal ; elle se comprend comme le Christ qui vient au-devant de nous, devenant ainsi notre compagnon de route, rend brûlant notre cœur obtus et ouvre nos yeux.

15

MAI

De la grande espérance du petit grain de moutarde, symbole des aspirations humaines

1er mai

Le Royaume de Dieu est semblable à une graine de moutarde

Le sens historique des paraboles de Jésus dites de la croissance (ici Mt 13, 31 et s.) est pour nous aujourd'hui plus clair que pour les générations précédentes (comme nous le croyons en tout cas), mais leur message actuel nous échappe d'autant plus. En ce qui concerne la parabole du grain de moutarde, d'après les exégètes, il s'agissait à l'origine d'une parabole de contraste censée répondre à l'inquiétude des apôtres au sujet de la pauvre figure que présentait à ses débuts le Royaume de Dieu annoncé par Jésus : ils devaient faire confiance à la graine de moutarde, le secret de l'espérance, contenu dans ces débuts terrestres si misérables. Dans la tradition évangélique, on croit entendre un autre ton s'y ajoutant : les apôtres avaient pu être les témoins de la résurrection du grain de blé mort, et sous leurs yeux, grâce à l'action de la mission chrétienne, le pauvre grain se transformait peu à peu en un arbre dont les branches couvraient la terre entière. Il s'y mêle alors un certain accent triomphal, une joie émanant de la certitude née de l'expérience vécue.

Aujourd'hui, nous nous retrouvons bien plus du côté de ceux qui posent des questions et sont inquiets ; la réponse de Jésus n'offre plus vraiment de sens pour nous. Certes, l'arbre sorti du grain de moutarde est encore debout, mais il nous paraît comme un arbre en automne, sans force et ayant perdu ses feuilles. [...]

La parabole se résoudrait-elle donc à l'envers ? Ou bien devons-nous la reprendre à ses débuts pour la comprendre ? Jésus met l'accent non sur l'arbre, mais sur le grain de moutarde qui, dans son insignifiance, représente l'espérance. En vérité, l'Église reste toujours un grain de moutarde : pour elle, Vendredi saint, Pâques et la Pentecôte coexistent en permanence (cf. Hans Urs von Balthasar).

8

2 mai

La course vers le Ressuscité

Le premier grand moment du récit johannique de la nuit de Pâques (Jn 20,1-18) est constitué par l'étrange histoire de la course entre les deux apôtres pour rejoindre le tombeau de Jésus. Au fond, que signifie cette course ? Il ne faudrait pas que notre connaissance de la particularité littéraire du quatrième Évangile nous empêche d'y voir aussi l'expression d'un souvenir réel du bouleversement suscité par les événements ce matin-là : la tombe vide sans avoir été pillée – comme l'avait annoncé Marie. Qu'est-ce que cela voulait dire ? Devait-on y croire ? Espérance et résignation, volonté de croire et réalisme né de l'expérience s'affrontent, la curiosité incite à la hâte et de plus, il fait encore nuit [...].

Le deuxième apôtre reste anonyme tout au long de l'Évangile. Anonyme, il incarne tous ceux qui, sans être nommés, connaissent Jésus, comme l'amour le connaît, et qui représentent la force rémanente de l'Église. Les deux apôtres font la course pour rejoindre le tombeau du Seigneur. L'apôtre qui n'est pas nommé laisse entrer Pierre en premier, il ne lui conteste pas son rang, sa « primauté » est d'un autre ordre. Tous deux gagnent la course, chacun à sa manière. Ce texte ne nous concerne-t-il pas particulièrement aujourd'hui, quand la rivalité entre le sacerdoce et l'esprit est si volontiers mise en avant ? Il y a différentes missions dans l'Église. Il existe une primauté du sacerdoce et une primauté de l'amour anonyme, non lié au sacerdoce. Mais la seule rivalité légitime au sein de l'Église est celle de la course vers le Seigneur. La course pour plus de proximité avec Lui, pour assurer la relève, pour faire croître la foi, pour vivre davantage dans la foi.

8

3 mai

Un signe fort d'attente fervente

À l'époque du dialogue et de la rencontre entre les différentes religions, la question de la prière en commun s'est obligatoirement posée. Aujourd'hui, on distingue prière multi-religieuse et prière interreligieuse. Le modèle d'une prière multi-religieuse a été offert lors des deux jours de prières pour la paix dans le monde qui ont eu lieu à Assise en 1986 et en 2002.

Des adeptes de plusieurs communautés religieuses se rassemblent. Ils ont en commun la souffrance face à la misère dans le monde et l'absence de paix, en commun également l'attente fervente d'une aide venant d'en-haut contre les puissances du mal, afin que la paix et la justice puissent régner dans le monde. De tout cela est née l'intention de faire un geste public montrant cette attente pour secouer l'humanité et renforcer les bonnes volontés nécessaires à faire régner la paix.

Les personnes rassemblées le savent bien : leur conception du « Divin » et donc leur façon de s'adresser à lui sont tellement différentes qu'une prière commune serait une illusion et n'aurait pas de réelle authenticité. Ils se rassemblent pour donner un signe de leur ferveur partagée, mais s'ils prient en même temps, ils le font cependant à des endroits différents et chacun à sa façon. Bien sûr « prier », dans le cas d'une conception divine impersonnelle – souvent liée au polythéisme – est tout à fait autre chose que la prière dans la foi en un Dieu personnifié. La différence apparaît mais de telle façon qu'elle devient un appel pour faire tomber nos séparations [...], un signe pour des situations exceptionnelles lors desquelles monte un appel au secours commun, censé bouleverser le cœur des hommes et le cœur de Dieu lui-même.

43

4 mai

Il suffit d'une bougie

Lors des deux grandes nuits saintes de l'année liturgique, Noël et Pâques, la symbolique de la lumière s'unit à celle de la nuit. Chaque fois, l'Église met en scène symboliquement dans le contraste du jour et de la nuit le sens de la fête : la rencontre de Dieu avec le monde, l'irruption victorieuse de Dieu dans le monde qui ne veut pas lui faire de place et qui, pourtant, à la fin, ne peut lui refuser cette place. Ce drame christique entre lumière et obscurité, Dieu et le monde, leur rencontre, commence à Noël lorsque Dieu frappe à la porte du monde, qui ne le reçoit pas, bien qu'il soit sa propre création (cf. Jn 1, 5-11). Mais le monde ne peut pas l'empêcher de venir. Il devient lui-même partie du monde en devenant homme. C'est comme une défaite de la lumière devenant obscurité, et pourtant, sa première victoire cachée : quoiqu'il ait fermé soigneusement toutes les auberges, le monde n'a pu empêcher Dieu de venir. Il fait encore nuit, et même celui qui a la foi prend souvent peur devant l'apparente absence de Dieu, car il ne se laisse pas trouver dans l'agitation du monde... Qui ne saurait prier dans une nuit profonde avec le cardinal John Henry Newman : « Ô Dieu, Tu peux illuminer l'obscurité. Toi seul le peux » ? Et qui ignore combien les hommes se heurtent entre eux et sont des obstacles les uns pour les autres dans cette nuit du monde, qui nous cache si souvent ce qui nous est proche (le prochain !) ? Oui, le monde est dans les ténèbres. Mais il suffit d'une bougie pour éclairer l'obscurité la plus profonde. Dieu ne nous a-t-il pas donné lors de notre baptême une bougie et le nécessaire pour l'allumer ?

14

5 mai

Avec les yeux du cœur (1)

Récemment, j'ai lu cette phrase dans une homélie : « Le Christ est mort pour la chose la plus noble de l'humanité. » Non, il n'est pas mort pour une chose, et là se situe la victoire de Dieu et la victoire pour l'homme. Les choses ne demeurent pas nobles lorsque les hommes sont tués pour elles. Le Ressuscité est la Victoire de la Personne. Celle-ci est plus que les choses, car Dieu est une Personne et a appelé l'Homme dans son Amour infini, pour qu'il soit éternel et que son amour devienne éternel. La résurrection de Jésus signifie en outre la supériorité de l'Esprit sur la matière. Nous osons à peine le dire aujourd'hui, car nous sommes honteux de l'abus de l'esprit sur la matière, et sur la création. Mais un tel abus repose justement sur ce point : la chose est placée au-dessus de la personne. Ainsi l'esprit devient « matériel » et cruel : lorsqu'il se soumet à la matière, alors, précisément, il la viole, parce que l'ordre interne de la réalité est détruit. Les exemples où l'esprit, aujourd'hui au service de la matière, bouleverse et détruit les deux, ne manquent pas [...].

De cette manière, notre siècle est devenu un siècle de grands malheurs moraux et matériels pour l'homme.

35

6 mai

Avec les yeux du cœur (2)

Ainsi la foi en la résurrection est le refus radical et dramatique de toute forme de matérialisme. Mais nous devrions – avant de montrer du doigt le matérialisme marxiste – prendre conscience que nous lui donnons sa chance – à lui et à ses idéaux (qu'il a malgré tout) – seulement parce que nous vivons dans un matérialisme sans idéal de consommation et de jouissance ; nous adorons la matière, la détruisant et la violant par là même. [...]

Finalement, la résurrection de Jésus Christ est la reconnaissance de la primauté de l'Amour et de la Vie, face aux stratégies de la lutte des classes et d'une prise de conscience qui vise l'éveil de l'envie. Mais c'est une stratégie de mort. Jésus Christ n'est pourtant pas mort contre quelqu'un, mais pour tous. Son sang ne réclame pas le sang, mais la réconciliation et l'amour, la fin de l'hostilité et de la haine. Sa résurrection est la vérité personnifiée de la phrase : l'amour est plus fort que la mort. [...]

Les disciples de Jésus ont dormi au Mont des Oliviers. Mais nous aussi nous dormons au milieu du jour de Pâques et passons à côté de ce qui est essentiel. À l'heure qu'il est, nous devrions laisser la grandeur du message rejoindre notre cœur, afin qu'à notre tour, nous nous mettions en marche pour propager sa lumière.

35

7 mai

Qui peut le voir? (1)

La foi au Ressuscité est la foi en un événement réellement accompli. Aujourd'hui encore, le christianisme n'est ni légende ni littérature, simple appel ou vaine promesse: la foi se situe sur le fondement solide d'une réalité survenue; dans les paroles de l'Écriture, nous pouvons en quelque sorte, aujourd'hui encore, toucher les stigmates transfigurées du Seigneur et dire avec Thomas, reconnaissants et joyeux: « Mon Seigneur et mon Dieu! » (Jn 20, 28).

Là, en effet, une question ne cesse de surgir: tous n'ont pas vu Jésus le Ressuscité. Et pourquoi? Pourquoi n'est-il pas allé triomphant vers les pharisiens et vers Pilate, pour leur montrer qu'il est Vivant et les laisser, eux justement, toucher ses plaies? Se poser de telles questions, c'est oublier que Jésus n'était pas un mort revenu sur terre, comme Lazare ou le jeune homme de Naïm, qui purent encore une fois revenir à la vie biologique. Celle-ci devait inéluctablement et définitivement finir plus tard par la mort à un moment donné. Ce qui s'est produit avec Jésus fut différent: il n'est pas revenu à la vie ancienne mais il a ouvert une brèche dans une vie nouvelle et définitive, qui n'est plus soumise à la loi de la mort de la nature, mais située dans la liberté de Dieu: c'est pourquoi elle est définitive. [...]

On ne voit pas le Ressuscité comme on voit un morceau de bois ou de pierre. Seul le voit celui auquel il se révèle. Et il ne se révèle qu'à celui qu'il peut envoyer. Il ne se révèle pas à la curiosité, mais à l'Amour, "organe" indispensable pour voir et percevoir cette révélation.

35

8 mai

Qui peut le voir ? (2)

Celui qui est interpellé par le Seigneur ne doit pas déjà à tout prix être croyant. Paul ne l'était pas ; Thomas ne l'était pas ; même les onze ne l'étaient pas, car eux aussi étaient enfoncés dans le doute et le deuil. Pour eux, la victoire de Jésus ne pouvait être que la construction du royaume messianique ; sinon, celui-ci s'écroulait. La résurrection, telle qu'elle se présenta à eux, ne faisait pas partie de ce qu'ils pouvaient imaginer et attendaient. Ce n'est pas le fait d'avoir déjà la foi qui permet de « voir » la résurrection, non : la réalité du Ressuscité crée la foi, là où est l'incroyance et là où la foi est petite. Mais ce que le Seigneur présuppose est une disposition du cœur qui attend, ouvert, de se laisser mettre par lui à son service. Voir ne suffit pas ; la vision doit se transformer en amour et en témoignage.

Une autre réalité importe : Jésus se montre – de la façon la plus évidente dans l'histoire d'Emmaüs et chez Marie de Magdala – en partant. Il appelle à marcher à sa suite. La résurrection n'est pas réponse à la curiosité, mais envoi : elle veut transformer le monde. Elle veut une joie active, la joie de celui qui prend lui-même le chemin du Ressuscité. Cela est également vrai aujourd'hui : Il ne se montre que si l'on marche avec Lui. Le premier mot de l'ange aux femmes fut : « Il n'est pas ici ; il vous précède ; là vous le verrez » (Mc 16, 6 s.). Ainsi le lieu du Ressuscité est décrit pour toujours ainsi que la manière de le rencontrer : il nous précède. En nous précédant, il est là. En le suivant, nous pouvons le voir.

35

9 mai

Le voile gris du doute

Le voile gris du doute et de sa tristesse s'est étendu au-dessus du cœur de la chrétienté ; jusqu'au centre de la communauté des croyants, il paralyse la joie pascale. Rudolf Bultmann a exprimé l'angoisse de la chrétienté moderne en des accents très dramatiques. Il ne pouvait imaginer qu'avec Jésus mort, quelque chose s'était vraiment passé ; mais il ajouta : même si quelque chose s'était passé, quel sens cela aurait-il ? À qui – selon ses propres mots – « le miracle d'un cadavre ranimé » pourrait-il être utile ? Exprimé de façon moins érudite, la question est : que signifie donc un ressuscité en regard de l'armée de morts tout au long de l'histoire du monde ? Étant donné toutes ses horreurs, la lumière pascale semble fondre dans l'insignifiant.

Pâques est-il donc dépassé, une parole sans espérance ? Pour reconnaître la place véritable du jour de Pâques, nous devons poser, une fois, la question inverse : qu'en serait-il si Pâques, si la résurrection de Jésus n'avait effectivement pas eu lieu ? N'y aurait-il alors qu'un mort de plus, ce qui – compte tenu du nombre de morts de l'histoire du monde – ne voudrait pas dire grand-chose, ou bien cela va-t-il plus loin ? Eh bien, s'il n'y avait pas la résurrection, alors l'histoire de Jésus prendrait fin au Vendredi saint. Il serait décomposé et un homme qui a été dé-fait. Mais cela signifierait que Dieu n'intervient pas dans l'histoire, que soit il ne peut, soit ne veut rejoindre notre monde, notre vie et notre mort humaines.

35

10 mai

Une porte spécialement fabriquée pour nous (1)

D'une certaine façon, le message de la résurrection du Christ semble curieusement dépasser notre imagination. Il est loin de pouvoir pénétrer notre cœur aussi immédiatement que le message de Noël. La naissance fait partie de notre domaine d'expérience, et elle comporte toujours de l'espoir et de la joie. Ainsi, l'histoire du Fils de Dieu, né dans l'étable comme enfant des hommes, peut-il saisir notre cœur et encore avoir un sens, même pour celui qui ne croit pas à la divinité de l'Enfant. Mais la résurrection se situe hors du champ de notre expérience ; nous ne connaissons que la vie, qui implique la mort. [...] Même si les "choses" s'étaient passées ainsi, qu'aurait donc à nous dire le miracle d'un cadavre ranimé ?

La question est celle-ci : la résurrection de Jésus n'est-elle qu'un miracle abscons qui ne change rien à la constitution de l'homme lui-même, s'il a eu lieu ? La liturgie de l'Église nous aide à y voir plus clair, en traduisant l'inconcevable en images et représentations qui nous sont familières ou, du moins, nous offrent des points d'ancrage qui mettent notre cœur en chemin vers la foi pascale. Elle travaille à l'aide de symboles tels que l'eau et la lumière ; mais surtout elle puise dans le grand trésor de la souffrance humaine, de la prière, du doute, de la lutte et de l'espérance, contenu dans l'Ancien Testament.

35

11 mai

Une porte spécialement fabriquée pour nous (2)

Sur la multitude de paroles bibliques dont la liturgie éclaire le mystère pascal depuis les origines, je n'en prendrai qu'une, qui relie à la fois Noël et Pâques, rendant ainsi visible l'unité du christianisme. Elle se trouve dans le psaume 24 (23) :

« Portes, levez vos frontons,
Élevez-vous, portes éternelles,
Qu'il entre, le Roi de Gloire ! » (v. 7)

Notre chant de l'Avent « Levez la porte » est un développement de ce verset du psaume. À l'origine, tout ce psaume faisait partie d'une liturgie des portes, liturgie de l'entrée en procession et des portes. On chantait cela lors de l'entrée solennelle de la sainte Arche d'Alliance dans le temple. On voulait inviter Dieu à habiter dans cette maison, à s'établir parmi les hommes, à devenir leur voisin et cohabitant. Il devait entrer dans une maison humaine, en faire la maison de Dieu et y transformer le monde des hommes en monde divin. En même temps, on ressentit à quel point une telle chose était peu compréhensible, voire devait paraître à vrai dire impossible : aucune maison d'homme n'est assez grande pour laisser entrer Dieu. Il dépasse les dimensions de nos rêves humains.

Où et comment allait-il pouvoir entrer ?

35

12 mai

Une porte spécialement fabriquée pour nous (3)

Le monde des hommes n'a pas de portes vers Dieu, semble-t-il. Il est enfermé en lui-même. Il est une prison, une maison mortuaire. Les hommes de l'Ancien Testament et d'autres civilisations anciennes n'ont d'abord appliqué l'idée de la prison qu'au monde des morts : celui qui meurt ne revient pas. On imaginait les enfers comme une immense prison obscure, où la mort règne en tyran inflexible. C'est une maison sans retour. Mais, de plus en plus, le sentiment se fit jour que si notre route à tous mène à la prison, qui n'a que des entrées mais aucune sortie, nous sommes tous des prisonniers. Alors déjà ce monde-ci est une maison mortuaire, antichambre d'un horrible cachot. En effet : si la mort a le dernier mot, alors le monde est l'antichambre vers le Néant.

Les poètes de notre siècle ont représenté ce sentiment en d'effrayantes visions. Celui qui est descendu le plus profondément dans ce gouffre d'angoisse est bien le poète juif Franz Kafka qui, en imaginant le monde soumis au règne totalitaire, interprète aussi la vie humaine elle-même. [...] Dans *Le Procès*, la vie se présente elle-même comme un procès, qui se termine par l'exécution. L'histoire finit par la parabole de l'homme qui attend toute la vie devant une porte et ne peut la franchir, bien qu'elle soit fabriquée spécialement pour lui...

35

13 mai

Pâques devrait être une brèche

Finalement, en reconnaissant la résurrection, il s'agit tout simplement de savoir si Dieu est ou n'est pas. Il ne s'agit pas d'un vieux miracle, antérieur à deux mille ans ; il s'agit de savoir si Dieu est. La foi en la résurrection, la confesser, est simplement notre foi que Dieu existe, qu'il a assez puissamment fourni de preuves pour être Dieu et pour « descendre » et rejoindre notre histoire humaine. La résurrection est simplement la réalisation, la forme tangible de la foi d'Israël au Dieu d'Abraham, qui est le Dieu des vivants, le Dieu qui a pouvoir sur notre monde et notre vie. Certes, l'image moderne du monde part du principe que ne se produit que ce que nous pouvons calculer et que, donc, Dieu n'agit pas. Dans leurs limites, les sciences naturelles sont entièrement respectées. Car elles reposent sur le principe que dans le monde "est" la Raison, reflet de la raison créatrice de Dieu. Mais là où l'on dit, de son point de vue et au-delà des limites de sa méthode, que Dieu ne peut pas agir, nous opposons tout simplement la réalité : il a agi. [...]

La Parole de la Vie éternelle a été prononcée à voix trop basse dans l'Église, comme si nous en avions honte. Mais nous n'avons pas besoin d'en avoir honte. C'est ce qui fait la grandeur et la richesse de l'homme et lui donne à la fois la responsabilité et l'espérance. Pâques devrait être pour nous la brèche qui nous permet de vivre à nouveau sans peur et joyeux, dans la perspective de la vie éternelle et d'en témoigner en ce monde...

MKK

14 mai

Une piété colorée et sonore (1)

L'expression "prière mariale" du mois de mai évoque pour moi – comme pour la plupart des chrétiens catholiques, sans aucun doute – de nombreux souvenirs. Je revois l'église décorée, emplie du parfum des fleurs printanières : les lumières en font partie ainsi que les chants, d'où montent la chaleur, la cordialité et la confiance. Ce ne sont pas les règles formelles strictes de la liturgie qui règnent, mais la simple piété du peuple, qui aime la couleur et la sonorité, et les sentiments forts. L'atmosphère du printemps se retrouve dans l'Église : le bourgeonnement de la nature, l'air tiède des soirs de mai, la gaieté des hommes dans un monde en renouvellement – tout cela vibre à l'unisson. Dans cette ambiance tout à fait particulière, la vénération de Marie a sa place, parce qu'elle, la vierge, dans sa jeunesse, représente la foi, comme le recommencement de Dieu dans un monde vieilli ; elle incarne la vie du chrétien comme la jeunesse du cœur, la beauté et l'attente de ce qui va venir.

Naturellement, on peut dire que tout cela est sentimentalité, mais peut-être notre époque souffre-t-elle d'un puissant refoulement des sentiments, non seulement de l'incapacité de faire le deuil, mais aussi d'une inaptitude à la joie. Un tel refoulement des sentiments mène à la froideur de l'esprit et à la "rugosité" du cœur. Selon une autre objection, ce qui est païen pénétrerait ce qui est chrétien. À vrai dire, c'est une religion de la nature qui est pratiquée là, le culte du printemps, qui se trouve résumé dans la figure de la Vierge, à qui l'on n'a fait qu'attribuer le nom de Marie.

35

15 mai

Piété colorée et sonore (2)

Il me semble qu'il faudrait ici aussi considérer les choses du point de vue inverse : en Marie, la terre a reçu visage humain. Davantage : un visage chrétien, le visage de la Mère de Jésus. Dans la dévotion qu'elle lui porte, la piété naturelle se transfigure en foi, en une rencontre avec l'incarnation de Dieu. Ainsi peut-on dire aussi tout naturellement qu'en Marie, la foi et la piété naturelle sont réconciliées. Il me semble qu'une crainte étriquée de ce qui est païen pèse autant sur notre foi que celle de la sentimentalité, qui s'est depuis longtemps retournée en un complexe rationaliste.

Naturellement, le réflexe païen existe, qui s'oppose au Christ et asservit l'homme sous la forme d'une crainte de puissances inquiétantes ou d'adoration des créatures. Mais il existe aussi une piété naturelle, où s'exprime la vraie nature de l'homme et où se fait la réponse à la nature de la création. Refouler ce type de religion naturelle revient à piétiner l'attitude d'attente du Christ dans le cœur humain et, par là, à couper les racines humaines de la foi.

35

16 mai

Un espace pour tous (1)

C'est la curieuse histoire des cent cinquante-trois poissons (Jn 21, 1-14).

On peut vraiment être certain que saint Jean n'a pas pris ce nombre dans son Évangile par pur plaisir de l'anecdotique. Son évangile et, plus encore, l'Apocalypse nous parlent sans cesse du symbolisme du nombre, de sorte que les Pères de l'Église ont bien eu raison de chercher le sens que l'évangéliste a voulu coder derrière des nombres. On ne pourra cependant gagner ici aucune certitude sur une juste interprétation ; cela contredirait précisément la nature du message symbolique, qui veut éveiller le regard sur ce qui ne se laisse pas fixer en notions exactes. [...]

L'une des interprétations, déjà défendue par les Pères, indique que le chiffre 153 repose sur le chiffre 17. Mais 17 est le chiffre des peuples qu'évoque le récit de la Pentecôte chez saint Luc. C'est le chiffre de l'abondance, de la plénitude. Comme ces dix-sept peuples du récit de Pentecôte renvoient à l'Église de tous les peuples, ainsi les cent cinquante-trois poissons renvoient-ils aussi à l'immensité de l'Église de Jésus Christ, qui doit abriter toutes sortes de poissons, leur faire place. C'est une image de la catholicité de l'Église, où se trouvent plusieurs demeures : de l'espace pour tous. L'Église des nombreuses demeures – l'Église des nombreux poissons qui menacent de déchirer les filets – quelle belle et exigeante image à la fois ! Car cela signifie d'abord que la première pensée de Dieu concernant l'Église est non pas la communauté locale, mais l'Église catholique dans sa totalité !

9

17 mai

Un espace pour tous (2)

Voilà très clairement le message du récit de la Pentecôte par Luc: Avant qu'il y ait des communautés, l'Église catholique existait déjà, l'Église de tous les peuples, nous dit saint Luc. Le filet avec les 153 poissons nous répète la même révélation dans le langage symbolique de saint Jean. D'abord il y a l'unité, elle donne naissance à la multitude et lui donne du sens.

C'est en fait aussi très clair lorsque l'on réfléchit sur l'origine intrinsèque de l'Église. Le Christ n'est pas pour l'Église ce qu'est un fondateur pour son association. Ce n'est pas une association qu'il a fondée, comme nous le montre l'exégèse d'aujourd'hui. Il ne l'a pas instaurée par des actes isolés mais à travers sa mort comme meurt le grain de blé. Ce qui signifie alors une toute autre relation. Le Christ n'est pas un fondateur d'association dont on se rappelle de temps en temps l'intention. Il est dans l'Eucharistie source aujourd'hui de l'Église.

C'est pourquoi l'Église n'est pas d'abord liée à lui par toutes sortes de prescriptions légales, mais par la communion à son être. Paul va même plus loin lorsqu'il dit: il n'y a qu'un seul élu, mais nous sommes tous un dans la communion avec le Christ (Ga 4, 15-29).

C'est la même chose en ce qui concerne l'origine extrinsèque de l'Église: elle n'est en aucun cas une création nouvelle de Jésus. Le peuple de Dieu est en route depuis Abraham et est toujours resté le même. Jésus ne fait que porter les bornes frontières jusqu'à l'extrémité de la terre ainsi que les planter plus profond – jusque dans l'amour militant de Dieu.

9

18 mai

Le vrai Lazare (1)

La lumière et la joie sont liées pour la majorité d'entre nous à l'idée de Pâques, cela n'empêche pas que la signification propre de ce jour est pour nous bien plus difficile à comprendre que celle de Noël. La naissance, l'enfance, la famille, tout cela fait partie de notre univers personnel. [...]

L'incroyable curiosité avec laquelle ont été accueillis ces dernières années les récits de personnes mortes cliniquement, et qui prétendent avoir connu l'inconnaissable et pouvoir dire ce qu'il y a derrière la porte obscure de la mort – cette curiosité montre combien le sujet de la mort nous taraude tous. Mais malgré tous ces récits, il reste une insatisfaction, car ces témoins ne sont pas vraiment morts, ils ont seulement expérimenté un certain état extrême de la vie et de la conscience humaine. Personne ne peut dire si leur expérience se serait confirmée s'ils avaient été vraiment morts. Mais celui dont il est question à Pâques, Jésus Christ, est vraiment « descendu aux enfers ». Jésus a répondu à la prière de l'homme riche : « Envoie quelqu'un du monde des morts sur la terre et nous croirons » (cf. Lc 16, 27 et s.). C'est lui, le vrai Lazare qui est venu pour que nous croyions. Croyons-nous maintenant ? Il n'est pas venu avec des révélations et des descriptions passionnantes sur l'« au-delà ». Mais il a dit qu'il nous « préparait des demeures » (Jn 14, 23). N'est-ce pas la nouvelle la plus palpitante de l'histoire, même si elle est annoncée sans frisson ?

33

19 mai

Le vrai Lazare (2)

Pâques traite de l'impensable : cet événement nous touche d'abord seulement par la parole et non par les sens. Il est d'autant plus important de se laisser emporter par la grandeur de cette parole. Mais comme nous pensons une fois de plus avec nos sens, la foi de l'Église a traduit depuis toujours le récit de Pâques en symboles laissant entrevoir le non-dit de cette parole. Le symbole de la lumière (et celui du feu) y joue un rôle particulier. La salutation du cierge pascal qui devient signe de vie dans l'église plongée dans l'obscurité, s'adresse au vainqueur de la mort. L'événement du passé se traduit ainsi aujourd'hui : là où la lumière est victorieuse, c'est un peu de la résurrection qui se reproduit. La bénédiction de l'eau fait passer au premier plan un autre élément de la création comme symbole de la résurrection : l'eau peut avoir quelque chose de menaçant, devenir un instrument de mort. Mais l'eau vivante de la source représente la fertilité, qui crée des oasis de vie au milieu du désert. Un troisième symbole est d'un tout autre ordre : le chant de l'Alléluia, tous les chants de la liturgie pascale montrent que la voix humaine ne sait pas seulement crier, gémir, réclamer, parler mais aussi chanter. Le fait que l'homme sache transformer les sons en harmonie ne nous laisse-t-il pas pressentir de manière merveilleuse les transformations dont nous-mêmes ainsi que toute la création sommes capables ? N'est-ce pas un signe d'espérance merveilleux dans lequel nous pouvons pressentir ce qui vient et en même temps le percevoir en tant que possible et déjà présent ?

33

20 mai

Le vrai Lazare (3)

Pâques nous invite donc non seulement à écouter Jésus, mais aussi en écoutant à apprendre à voir de l'intérieur. La plus grande fête de l'année liturgique nous pousse à découvrir en rapport avec Lui, le Mort et Ressuscité, la brèche ouverte dans le ciel. Si nous saisissons le message de la Résurrection, nous comprenons que le ciel au-dessus de la terre n'est pas tout à fait fermé. Alors un rayon de la lumière de Dieu, encore timide mais souverain, pénètre dans notre vie. Alors monte en nous la joie que nous attendons sinon en vain et chacun, ayant reçu un peu de cette joie, peut devenir à sa manière une brèche par où le ciel se révèle à la terre et vient à elle. Ainsi peut se réaliser la prophétie de l'Apocalypse : toutes les créatures dans le ciel, sur la terre et sous la terre, sur la mer, tout ce qui est dans le monde est empli de la joie de la délivrance (cf. Ap 5, 13). C'est dans la mesure où nous comprenons cela que s'accomplit la parole de Jésus : « votre deuil se transformera en joie » (Jn 16, 20). Et comme Sarah ceux qui ont la foi pascale peuvent dire : « Dieu m'a fait rire de joie. Tous ceux qui en entendront parler riront avec moi » (Gn 21, 6).

33

21 mai

La « folie du mystère » (1)

Le poème pascal de Reiner Kunze de 1984 exprime, avec des mots d'une grande précision, les sentiments de notre époque quant au message pascal :

Les cloches sonnèrent, se retournant de joie
Au-dessus du tombeau encore vide
De ressentir une telle consolation
dans un tel étonnement depuis deux mille ans.
Mais si les cloches martelaient aussi fort
contre minuit qui venait de sonner,
l'obscurité n'en resta pas moins sombre.

En méditant ces vers, je pense au Faust de Goethe qui, dans une autre langue, dit déjà la même chose. Au moment du désespoir dû à la misère de la condition humaine, à l'impossibilité de s'approcher du divin, il veut mettre un terme à sa vie. Toutes les contradictions de l'existence humaine lui deviennent insupportables : c'est une nostalgie de l'infini, du sublime qu'on ne peut rejeter, qui s'accompagne de l'incapacité de franchir les limites de notre connaissance et de voir ce qui est réellement, de voir s'il est un “à quoi bon ?” de notre existence. Le même Faust expérimentera plus tard que son assistant Wagner réussit à fabriquer des hommes dans une éprouvette. Mais cet élargissement du pouvoir humain ne peut battre en brèche le désespoir, face à l'obscurité de notre existence. Il ne peut que l'augmenter. Car le pouvoir aveugle est encore plus effrayant et surtout plus dangereux que l'aveuglement dans l'impuissance. [...] La suppression de l'homme paraît donc être la meilleure solution, et Faust la prend symboliquement en main, en cherchant l'ivresse du breuvage mortel : s'il ne peut l'emporter sur la mort, alors, du moins, il la produira lui-même.

3

22 mai

La « folie du mystère » (2)

Au moment même où Faust, désespéré, se met à fabriquer la mort comme planche de salut, retentissent les cloches de Pâques, retentit le message: Christ est ressuscité. À l'écoute de la nouvelle se produit précisément ce que décrit Kunze: la joie qu'une telle consolation réussisse et que l'étonnement demeure depuis deux mille ans. Même Faust n'est pas capable de croire au message; mais dirait-il aussi: « L'obscurité n'en resta pas moins sombre? » Il ne croit pas, mais le souvenir de l'étonnement remue son âme; le souvenir de ce qu'était la foi lui fait retrouver le courage de vivre. L'obscurité ne s'est-elle donc pas quelque peu dissipée? Même après la perte de la foi, n'a-t-il donc pas gardé une "réminiscence" de la flamme qu'il avait ravivée? N'en est-il pas ainsi: que même dans le doute et l'incroyance, l'étrange message du tombeau vide laisse une secrète inquiétude, que nous dénions parce que, tout de même, nous sommes des hommes éclairés? [...]

Les Pères ont désigné l'Église comme une femme et Jean a peut-être déjà vu en Marie de Magdala, qui vit le ressuscité la première, une image de l'Église même. Aujourd'hui aussi, elle vient dans la simplicité clairvoyante de son cœur dans notre monde totalement matérialiste et lui dit ce qui semble ne pas du tout lui convenir: Christ est ressuscité. Et, d'une certaine façon, personne ne peut plus passer tout à fait à côté de ce message. Et s'il était vrai... Qui pourrait l'exclure, depuis que la science la plus en pointe nous enseigne que tout est possible, à vrai dire, et que par ailleurs rien n'est vraiment certain et fiable?

3

23 mai

La « folie du mystère » (3)

Que devons-nous faire dans une telle situation, sinon célébrer Pâques ? Le doute de toutes les certitudes, qui ne peut plus rien, il est vrai, considérer comme impossible, mais rien non plus comme définitivement certain, ne nous fait pas sortir du désespoir de Faust ; il ne fait plus que lui enlever tout pathos. Certes, c'est déjà appréciable, quand s'effondrent les murs des certitudes dures comme fer, avec lesquels l'esprit des temps modernes avait voulu encercler définitivement le monde et l'homme. Mais le scepticisme n'est pas une base de vie. « On ne joue pas son propre destin avec les dés d'une hypothèse », dit un jour Georges Bernanos, afin d'éclairer la tragédie d'un théologien pour lequel l'hypothèse était devenue l'unique source de son analyse. Comment pouvons-nous nous approcher de la foi pascale, comment aller chercher le message, aller jusqu'à lui, pour qu'un peu d'obscurité s'estompe et que nous réapprenions à vivre ? [...]

La réponse de l'Église primitive était : il faut se mettre en route, prendre la Parole comme chemin, s'immerger en elle, afin d'arriver à l'expérience de la réalité en expérimentant la vie. C'est la raison pour laquelle le catéchuménat a été créé. Cela veut dire : la foi n'a pas été proclamée sur un plan purement intellectuel, comme une simple information, mais a été graduellement testée et acquise, dans un processus d'accoutumance et de compagnonnage.

3

24 mai

La « folie du mystère » (4)

Ce que nous dit le message pascal atteint une profondeur que l'on ne peut atteindre en quelques manœuvres intellectuelles. Ce qui est passionnant et nouveau, c'est que Dieu – selon la formule de Jean Corbon, théologien de Beyrouth – ne nous prêche pas l'Évangile de "sa" hauteur, mais – comme il nous le dit – en buvant le calice de la mort. Alors, nous non plus ne pouvons l'écouter de haut, mais devons le rencontrer, comme lui nous a rencontrés : avec tout le réalisme de notre existence livrée à la mort. [...] La « Folie du mystère », dont parle saint Paul (1 Co 1, 17-25), consiste à entrer dans la mort. À cela s'ajoute ce qu'indique également Corbon : tous les événements empiriques passent ; ils sont liés à un certain moment de l'histoire qui s'écoule puis ils sont dépassés, même si chacun d'entre eux laisse une trace plus ou moins profonde dans la figure de l'histoire. Mais l'événement de la mort se détache du processus du "meurs et deviens". C'est un trou dans le mur de l'éphémère qui reste ouvert. Il ne sombre pas simplement dans le passé. Il s'est en effet produit une fois, mais – comme le dit la *Lettre aux Hébreux* – ce "une fois" est Une fois pour toutes, elle ouvre un Toujours. Ainsi en est-il depuis. Ce qui s'est passé demeure, et nous devons chercher l'accès à ce présent, à ce Toujours, pour que nous puissions alors aussi reconnaître le "Une fois" – et non l'inverse.

3

25 mai

La « folie du mystère » (5)

Comment s'approche-t-on de ce présent du passé, vers le Toujours de l'Unique, de l'Aujourd'hui de Pâques ? Comme première règle fondamentale, nous pouvons dire : sur ce chemin, nous avons besoin de témoins. Ce fut ainsi dès le début : cela fait partie de la structure de cette connaissance. Le Ressuscité ne se montre pas aux masses dans un grand spectacle public. Ce n'est absolument pas la manière de percevoir comment l'approcher. Il se montre à des témoins qui ont fait avec lui un bout de son chemin de mort ; en marchant à leur côté, on peut rencontrer la Vérité. Ce chemin a de multiples degrés et indications. J'aimerais, à titre d'exemple, rappeler seulement un chemin de conversion de notre époque, celui de Tatiana Goritchewa. Elle avait appris que le but de la vie était de se distinguer, « être plus intelligent, plus capable, plus fort que les autres »... « Jamais, toutefois, quelqu'un ne m'avait dit que le *summum* dans la vie consiste non pas à rattraper les autres et à les vaincre, mais à aimer. » Dans sa rencontre progressive avec Jésus, elle reconnaît cela de l'intérieur, jusqu'à ce qu'un jour, en priant le Notre Père, elle vive une nouvelle naissance et prenne conscience, dans une découverte bouleversant tout son être, « non pas avec ma "stupide intelligence", mais avec tout mon être – qu'il existe ». C'est une découverte tout à fait réelle, une expérience, expérience que l'on peut reconstituer et par conséquent vérifiable – non pas en spectateur, mais seulement en entrant dans l'expérience de la vie avec Dieu. [...]

3

26 mai

Selon sa parole (1)

Jean 21, 1-14

L'évangéliste a entrelacé dans les images du souvenir qu'il déploie devant nous tout un portrait de l'Église qui est promesse et panneau sur la route à la fois. Ce portrait est très dense ; je voudrais essayer d'en éclairer deux traits seulement : tout d'abord la rencontre avec Jésus après la longue nuit infructueuse. Il se tient sur la rive – ayant traversé les eaux du temps et de la mort ; il est donc sur la rive de l'éternité, mais c'est justement de là qu'il voit les siens, qu'il est avec eux. Et il demande aux disciples quelque chose à manger.

Cela fait partie du mystère de Jésus le Ressuscité, de l'humilité de Dieu : il demande aux hommes leur engagement. Il en a besoin. Le Seigneur nous demande de partir au large pour lui. Il nous demande de devenir pêcheurs (d'hommes) pour lui. Il nous demande de lui faire confiance et d'agir selon sa Parole. Il nous demande de prendre sa Parole plus au sérieux que nos expériences et nos découvertes. Il nous prie d'agir sur sa Parole et d'en vivre.

Mais c'est alors que se produit quelque chose de curieux. Lorsque les disciples reviennent, Jésus n'a pas besoin de leurs poissons. Il a déjà préparé le petit-déjeuner, et invite les disciples ; il est l'hôte qui leur donne à manger. Le don est mystérieux et pourtant pas difficile à déchiffrer. Le pain, c'est lui-même : « Je suis le pain de Vie. » Il est le grain de blé tombé en terre qui porte à présent un fruit au centuple et il est riche pour tous jusqu'à la fin des temps. [...]

Seul l'Amour peut opérer la véritable multiplication des pains.

Les dons matériels, le quantitatif ne fait que diminuer en se divisant.

9

27 mai

Selon sa parole (2)

Jean 21, 1-14

Ainsi se manifeste une première idée de l'Église : l'Église est avant tout une communauté eucharistique. C'est là que se produit l'inouï, ce qui distingue l'Église de toutes les autres communautés. Dieu vient à nous. Dieu se donne à nous. Dieu se fait notre pain, de sorte que nous commençons à vivre de lui et ainsi à vivre vraiment. L'instant et l'éternité se fondent l'un dans l'autre : ce qui est plus fort que la mort intervient dans notre temps. Nous recevons une nourriture qui est en dehors du cycle du « meurs et deviens » ; nous recevons une nourriture éternelle et qui nous mène vers l'éternité. C'est ainsi que nous devenons communauté, par l'Eucharistie, par le secret pascal du grain de blé qui meurt.

Mais qu'est-ce que cela veut dire ? Comment cela se produit-il ? Si nous voulons répondre correctement à cette question pratique, le paradoxe que nous avons brièvement considéré auparavant me paraît très important. D'abord Jésus demande aux apôtres de lui donner à manger – il faut qu'ils se mettent en route, qu'ils agissent selon sa parole pour répondre à cette demande. Lorsqu'ils reviennent, il s'avère que c'est lui qui offre. Ce paradoxe apparent n'est pas dû à un manque de logique du narrateur ou à un manque de logique du Seigneur lui-même. Au contraire il met à jour la dimension intrinsèque de l'Eucharistie et donc de toute vie chrétienne. Il ne s'agit pas ici d'une sorte de tracasserie : vous devez d'abord donner pour recevoir. Il s'agit bien plutôt d'un rapport intrinsèque essentiel.

9

28 mai

Selon sa parole (3)

Jean 21, 1-14

Lorsque Jésus demande à manger aux apôtres, ceux-ci ne le connaissent pas encore. Ils doivent donner à manger à l'inconnu qui a faim. C'est seulement lorsqu'ils ont appris à donner que l'amour mûrit en eux et leur permet de recevoir la nourriture nouvelle, le tout autre pain, celui que devient Dieu pour nous dans le Christ lui-même. La dimension sociale n'est pas ajoutée accessoirement à l'Eucharistie, mais elle en est la demeure, sans laquelle l'Eucharistie ne pourrait même pas avoir lieu.

De même, lors de la multiplication des pains : d'abord le jeune garçon doit donner les mets délicieux offerts par sa mère, puis chacun doit partager avec les autres ce qui paraissait ne pouvoir suffire que pour un seul. C'est ainsi que s'est déroulée la multiplication des pains. C'est ainsi qu'elle se déroule encore. Il se passe là quelque chose d'encore plus profond : les apôtres qui partent pour pêcher des poissons pour Jésus doivent en fait s'offrir eux-mêmes. Seul celui qui se donne, découvre que tout lui est déjà donné, qu'il ne fait que donner « de tuis donis ac datis » ce qu'il a reçu lui-même. Nous devons nous donner d'abord nous-même pour recevoir le don de Dieu. À la fin tout vient de Dieu. Et pourtant, le don de Dieu ne peut pas nous atteindre si nous ne sommes pas d'abord devenus nous-mêmes des donneurs. À la fin tout est grâce – car les grandes choses du monde, la vie, l'amour, Dieu – ne peuvent être produites. On ne peut que les recevoir en cadeau. Mais nous ne pouvons recevoir de cadeaux que lorsque nous en faisons nous-mêmes. C'est seulement en donnant que nous serons comblés, c'est en suivant que nous devenons libres, c'est en renonçant que nous recevons ce que nous ne pourrions gagner d'aucune autre façon.

9

29 mai

Selon sa parole (4)

Jean 21, 1-14

Nous avons déjà dit que dans sa nouvelle réflexion sur les images du souvenir, s'éveillent chez Jean les images de l'essentiel et de l'éternel. Dans les images du matin en Galilée, il nous fait connaître l'image de l'Église, la nature de toute vie chrétienne. La première image de l'Église que nous avons pu trouver, c'est l'indication de son centre eucharistique. L'Église est communauté eucharistique. Elle est une avec le Seigneur. En même temps, nous sont montrées les profondeurs de réalité humaine et divine incluses dans la simple parole du Ressuscité : Venez et mangez !

Recevoir l'Eucharistie signifie parcourir toutes les dimensions de la condition humaine. Nous la recevons seulement si nous effectuons tout le chemin du mystère pascal de Jésus, tel qu'il nous le révèle. Cela concerne non seulement la liturgie, non seulement la spiritualité, mais apparemment aussi quelque chose de tout à fait profane : notre disponibilité à veiller à ce que ceux que nous ne connaissons pas mais qui ont besoin de notre aide puissent manger. C'est uniquement parce que l'Eucharistie comprend l'être entier de la personne humaine ainsi que la pleine réalité de Jésus Christ qu'elle peut bâtir une Église qui ne serait pas seulement un club de loisir, mais une communauté allant jusqu'à l'éternité.

9

30 mai

La paix des religions

Le problème de l'œcuménisme se pose aujourd'hui dans un monde qui, d'une part, rétrécit et devient de plus en plus un lieu unitaire de l'histoire humaine et qui, d'autre part, est secoué par les guerres, les tensions croissantes entre riches et pauvres, et est menacé dans ses fondements mêmes par l'usage abusif de l'exploitation technique de la terre. À partir de cette triple menace s'est développé un nouveau système de valeurs morales cherchant à définir, dans un triple accord paix, justice et préservation de la création, le devoir moral essentiel de l'humanité à ce moment de son histoire. La religion et la morale ne sont pas identiques, mais liées l'une à l'autre de manière indissoluble.

Il est donc évident qu'au moment où l'humanité acquiert de plus en plus la capacité de se détruire et de détruire la planète, les religions sont mises devant une responsabilité commune pour résister à cette tentation. On leur assigne comme mission commune la défense de ce système de valeur et, ce faisant, on trouve la formule qui les réunit. Hans Küng, en tant que porte-parole d'un grand nombre, a lancé cette phrase à la face du monde : « Pas de paix mondiale sans paix des religions ». Il a ainsi fait de la paix entre les religions, l'œcuménisme, une obligation pour toutes les communautés religieuses.

13

31 mai

Être chrétien : simple et bouleversant

Aimer chrétiennement, ce n'est pas seulement aimer celui qui nous est sympathique, qui nous plaît, nous convient ; c'est encore moins aimer celui qui a quelque chose à nous offrir ou dont nous pouvons attendre des avantages. Aimer chrétiennement, cela veut dire aimer comme le Christ, c'est-à-dire être bons envers celui qui a besoin de notre bonté, même s'il ne nous est pas sympathique ; cela signifie s'engager sur le chemin de Jésus-Christ, opérant ainsi une sorte de conversion copernicienne de notre propre vie. Car en un certain sens, nous vivons tous comme avant Copernic, non seulement parce que nous croyons ce que nous voyons : que le soleil se lève et se couche et tourne autour de la terre, mais en un sens beaucoup plus profond. En effet, nous portons tous en nous cette illusion innée, selon laquelle chacun se prend pour le centre du monde, autour duquel doivent tourner le monde et les hommes. Et nous devons tous découvrir que nous ne construisons et ne voyons les choses et les êtres que par rapport à notre moi, les considérant comme des satellites évoluant autour du point central de notre ego. Devenir chrétien est donc très simple et pourtant très bouleversant. C'est précisément opérer cette conversion copernicienne et ne plus se considérer comme le centre du monde, autour duquel les autres doivent graviter pour, au contraire, commencer d'affirmer avec le plus grand sérieux que nous sommes une des nombreuses créatures de Dieu, évoluant ensemble autour de Dieu qui est le centre de l'univers.

36

JUIN

Opportunités et défis de l'époque dans laquelle nous vivons

1er juin

Le cœur de l'homme interpellé (1)

Dans le récit de l'Ascension du Christ, l'évangéliste Luc a inséré une remarque qui me semble toujours étonnante chaque fois que j'ai tenté de me l'expliquer d'un point de vue théologique. Luc dit notamment dans son évangile que les disciples étaient remplis d'une grande joie en revenant du Mont des Oliviers vers Jérusalem. Cela ne cadre pas très bien avec notre psychologie habituelle : l'Ascension du Seigneur fut la dernière apparition du Ressuscité ; les disciples savaient qu'ils ne le verraient plus en ce monde. Certes, cet adieu n'est pas comparable à celui du Vendredi saint ; car alors Jésus avait manifestement échoué, et toutes les espérances précédentes durent apparaître comme une grande erreur.

Par contre, le quarantième jour après la résurrection a, en soi, quelque chose de triomphal et de confiant : Jésus, cette fois-ci, n'est pas parti dans la mort mais dans la Vie. Il n'est pas vaincu, mais Dieu lui a donné raison. Il y a donc tout lieu de se réjouir. Mais si l'intelligence et la volonté se réjouissent, le sentiment ne suit pas encore absolument. Il pourrait, tout en comprenant pleinement la victoire de Jésus, souffrir de la perte de sa proximité humaine.

3

2 juin

Le cœur de l'homme interpellé (2)

La peur d'être abandonné pourrait grandir, qui plus est en regard de l'immense tâche qui nous attend : sortir dans l'inconnu et témoigner de Jésus devant un monde qui ne pouvait voir dans les disciples que de petites gens de Judée « dans tous leurs états ».

Mais la Parole est là, immuable : ceux qui s'en retournaient étaient dans la Joie. Nous ne pourrons jamais tout à fait éclaircir cette parole, tout comme nous ne sommes pas capables de comprendre la joie des martyrs : un Maximilien Kolbe, chantant dans le bunker de la faim ; la joyeuse louange de Dieu d'un Polycarpe sur le bûcher, et bien d'autres encore... Chez les saints de la charité, nous trouvons la même joie immense, précisément dans les moments où ils rendaient les services les plus difficiles aux malades et aux souffrants – et, Dieu merci, ce ne sont pas uniquement des histoires passées. Ainsi nous pouvons ressentir un peu, à de telles expériences, que la joie de la victoire du Christ touche non seulement l'intelligence, mais peut aussi se communiquer au cœur et, par là, est reçue vraiment. Et lorsqu'une ouverture se fait aussi en nous-mêmes, alors nous comprenons la fête de l'Ascension du Christ. Ce qui s'est passé ici est l'accueil du caractère définitif du Salut dans le cœur de l'homme, de sorte que la compréhension devienne Joie.

3

3 juin

Le cœur de l'homme interpellé (3)

L'Ascension du Christ n'est donc pas un spectacle pour les disciples, mais un événement auquel eux-mêmes participent. C'est un *sursum corda*, un mouvement vers le haut, auquel nous sommes tous appelés. Il nous dit que l'homme doit vivre tourné vers les choses d'En-Haut, qu'il est capable de s'élever. Bien plus : l'élévation, seule adaptée aux dimensions de l'humanité, est celle de Dieu lui-même. À cette hauteur, l'homme peut vivre, et nous ne le comprenons bien qu'à cette hauteur. L'image de l'homme est élevée, mais nous avons la liberté de la tirer vers le bas, ou bien de nous laisser soulever. On ne comprend pas l'homme si l'on se pose uniquement la question de savoir d'où il vient. On ne le comprend que lorsqu'on se demande aussi où il peut aller. Ce n'est que depuis sa hauteur que s'éclaire vraiment son être. Et lorsque l'on prend conscience de cette hauteur, alors seulement s'ensuit un respect absolu de l'homme, qu'on tient encore pour sacré malgré ses bassesses. De là seulement, on peut apprendre à aimer vraiment l'humanité, en soi-même et dans les autres. C'est pourquoi la plainte ne doit pas devenir la parole essentielle sur l'homme.

3

4 juin

La parole mordante de Blaise Pascal

Je crois que le cœur de la crise de notre époque repose sur l'obscurcissement de la grâce du pardon. Mais notons d'abord ce qui est positif dans le présent : la moralité revient peu à peu à l'honneur. On reconnaît, il est même devenu évident, que toute avancée technique pose question et finit par être destructrice si elle ne correspond pas à un progrès moral. On reconnaît qu'il n'y a pas de réforme de l'homme et de l'humanité sans renouvellement moral. Mais l'appel à la morale reste finalement sans effet, parce que les critères se noient dans un nuage de discussions. En réalité, l'homme ne peut supporter la simple morale et en vivre : elle devient pour lui une « loi » qui soulève l'objection et qui crée le péché. C'est pourquoi la morale – là où l'on ne reconnaît ni ne croit au pardon, le vrai pardon, tout-puissant – doit être taillée sur mesure, de façon à ce que les conditions pour qu'il y ait péché ne puissent jamais vraiment exister pour l'individu. La discussion actuelle sur la morale revient à libérer l'homme de la culpabilité en faisant en sorte que les conditions de son éventualité ne puisent jamais être réunies. La parole mordante de Blaise Pascal vient à l'esprit : *Ecce patres, qui tollunt peccata mundi!* (voici les pères, qui enlèvent les péchés du monde). Selon ces moralistes, la culpabilité n'existe plus, tout simplement.

41

5 juin

Il s'agit de métamorphose

Eugène Ionesco, l'un des pères du théâtre absurde, déclara en 1975 lors d'une interview, avec toute la passion d'un homme assoiffé en recherche de notre époque : « L'Église ne veut pas perdre sa clientèle, elle veut gagner de nouveaux clients. Cela produit une sorte de sécularisation qui est vraiment désolante... Le monde se perd, l'Église se perd dans le monde, les curés sont stupides et médiocres (ce qu'il dirait sûrement tout autant des évêques !) ; ils sont heureux de n'être que des hommes comme tous les autres petits-bourgeois médiocres de gauche. » Dans l'Église, j'ai entendu dire un curé : « Soyons joyeux, serrons-nous les mains... Jésus vous souhaite cordialement une bonne journée ! » Bientôt, on installera un bar pour communier au pain et au vin, et on y servira des sandwiches et du beaujolais ! Cela me semble être d'une incroyable bêtise et d'un manque total de spiritualité. La fraternité n'est ni médiocrité ni fraternisation. Nous avons besoin de ce qui échappe au temps. Car qu'est la religion sans le sacré ? Il ne nous reste rien, rien de solide, tout est en mouvement. Et nous, pendant ce temps, avons besoin d'un roc. »

Je crois que si l'on entend ces voix d'hommes dans le monde actuel debout, conscients, vivants, souffrant et aimant, il devient clair que l'on ne peut servir ce monde par la seule attention banale. Il n'a pas besoin de confirmation, mais de transformation, et de la radicalité de l'Évangile.

9

6 juin

Le problème de la drogue (1)

Je me souviens d'une discussion que j'ai eue chez Ernst Bloch avec quelques amis. Nous avons abordé le problème de la drogue, qui commençait à se poser à l'époque, à la fin des années soixante. On se demandait comment cette tentation pouvait prendre soudain autant d'ampleur et pourquoi elle ne s'était apparemment jamais posée au Moyen Âge, par exemple. Tous s'accordèrent à dire que l'explication par le trop grand éloignement des zones de culture n'était pas satisfaisante. Des phénomènes tels que l'apparition de la drogue ne s'expliquent pas par de telles conditions extérieures ; ils relèvent de besoins ou de manques plus profonds, également liés à la façon d'aborder les problèmes concrets d'approvisionnement. J'avançai donc la thèse que, manifestement, ce vide spirituel que l'on cherche à combler avec la drogue n'existait pas à ces époques reculées. Autrement dit : la soif de l'âme, inhérente à l'homme, trouva une réponse que la drogue ne vint pas combler. Je me souviens encore de la réaction de Madame Bloch, qui sursauta, décontenancée par cette hypothèse ! Du point de vue de l'histoire du matérialisme dialectique, l'idée qu'une époque révolue pouvait avoir été supérieure à la nôtre dans des domaines non négligeables était pour elle un scandale. Au Moyen Âge, époque d'oppression et de préjugés religieux, il était impensable que les masses privées de leurs droits vivent plus heureuses et équilibrées intérieurement qu'à notre époque, déjà bien avancée sur la voie de la libération… Toute la logique de la « libération » s'en trouverait écroulée !

Alors, comment expliquer ce processus ?

Ce soir-là, la question resta sans réponse.

40

7 juin

Le problème de la drogue (2)

Ne partageant pas la conception matérialiste du monde, je considère que ma thèse de l'époque reste juste. Elle demande évidemment à être explicitée. Pour ce faire, la pensée de Ernst Bloch pourrait offrir un bon début. Pour Bloch, le monde de la réalité est un monde mauvais. Le principe de l'espérance signifie que l'homme conteste énergiquement la réalité; il se sait dans l'obligation de dominer le monde mauvais de la réalité pour en créer un meilleur. Je dirais: la drogue est une forme de protestation contre la réalité. Celui qui en prend refuse le monde tel qu'il est. Il recherche un monde meilleur. La drogue résulte du désespoir en un monde ressenti chez l'homme comme une prison, insupportable à la longue. Naturellement, bien d'autres facteurs s'y ajoutent: la quête d'aventure, le conformisme de faire comme les autres, l'affairisme, etc. Mais le cœur du problème reste la protestation contre une réalité ressentie comme une prison. Le « grand voyage » que les hommes entreprennent avec la drogue est une forme pervertie de mysticisme, perversion du besoin humain d'infini, le refus d'atteindre la réalité en elle-même et la tentative de faire sauter les barrières de son existence pour entrer dans l'infini. L'aventure patiente et humble de l'ascète, qui avance à petits pas vers Dieu qui s'abaisse, laisse place au pouvoir magique, à la clé magique de la drogue, et la voie morale et religieuse à la technique.

40

8 juin

Le terrorisme : problème moral (1)

Le résultat du terrorisme est étroitement apparenté à celui de la drogue. Ici aussi, il s'agit d'une protestation contre le monde tel qu'il est et de l'aspiration à un monde meilleur. Le terrorisme est, à sa base, un moralisme, mais un moralisme dévié, qui devient une cruelle parodie des véritables objectifs et moyens de la morale. Ce n'est pas un hasard que le terrorisme a débuté dans les universités et ce, dans le domaine de la théologie moderne, chez des jeunes issus de traditions religieuses fortes. Le terrorisme de la première heure était un enthousiasme religieux dévié vers le temporel, une attente messianique transmuée en fanatisme politique. La croyance en l'Au-delà avait volé en éclats ou, en tout cas, était devenue insignifiante, mais la force de cette attente eschatologique n'avait pas été abandonnée ; elle s'appliquait désormais au monde présent. Dieu n'était plus perçu comme un être agissant, mais on continuait d'exiger l'accomplissement de ses promesses tout comme par le passé. « Dieu n'a pas d'autres bras que les nôtres » : cela voulait dire que l'acquittement de ces promesses était entre nos mains. Le dégoût devant le vide moral et spirituel de notre société, l'aspiration au Tout-Autre, voilà pour ainsi dire la composante religieuse du phénomène terroriste, qui lui a donné l'élan d'une passion axée sur le tout, son inconditionnalité et sa prétention à l'idéalisme.

41

9 juin

Le terrorisme : problème moral (2)

La tromperie dans les promesses du terrorisme a été, pour le participant moyen, recouverte par l'attente religieuse liée à l'intellectualisme moderne. Celui-ci consiste avant tout à traîner devant le tribunal de la raison positiviste tous les critères moraux traditionnels, à les remettre en question et les passer au crible comme étant non prouvés. La morale ne se situe pas dans l'être, mais dans le futur. L'homme doit se concevoir par lui-même. La seule valeur morale qui existe est la société future, dans laquelle tout ce qui n'existe pas encore se réalisera. La morale actuelle consiste par conséquent à œuvrer pour cette société future. Le nouveau critère moral est donc celui-ci : est moral ce qui sert à mettre en œuvre la société nouvelle. Mais ce qui la sert peut être déterminé par les méthodes scientifiques de la stratégie politique, par la psychologie et la sociologie. La morale devient « scientifique » : elle n'a plus pour but un « fantôme », le ciel, mais un but réalisable : l'ère nouvelle. Ainsi, le moral et le religieux sont-ils devenus réalistes et « scientifiques ». Que veut-on de plus ? Est-il étonnant que des jeunes gens idéalistes se sentent interpellés, provoqués par ces promesses ?

40

10 juin

Le terrorisme : problème moral (3)

De près, on perçoit la griffe du diable dans tout cela, et le ricanement de Méphistophélès. « Est moral ce qui est créateur d'avenir » : selon ce critère, la Morale peut aussi être « morale » ; sur la voie de l'humanité, l'inhumain peut aussi servir... Dans le fond, la même logique s'applique pour des « résultats scientifiques vraiment à la pointe », et on peut bien sacrifier des embryons ! En effet, la notion de liberté n'est pas différente de celle qui nous enseigne que la femme doit éliminer son enfant dès lors qu'il entrave sa réalisation personnelle. Ainsi le terrorisme se poursuit-il aujourd'hui sur des champs de bataille un peu plus subtils, avec l'entière bénédiction de la science et de l'esprit des Lumières. Certes, le terrorisme pur et dur des réformateurs de la société a été endigué dans les sociétés occidentales : il a trop menacé les habitudes de vie de ces sociétés ; et l'immoralité de sa morale saute aux yeux. Mais on ne s'est pas encore véritablement détourné de ses principes fondamentaux. On le voit dans le fait que l'on continue à le conseiller sans vergogne aux pays du tiers-monde, assez loin de nous. Aujourd'hui comme hier, celui qui n'approuve pas pour le tiers-monde les mots d'ordre qu'il n'aimerait pas voir appliqués dans son entourage, passe quasiment pour immoral.

40

11 juin

Éveillés pour la force issue du silence : la Pentecôte (1)

Les propos sur l'Esprit Saint sont multiples, jusqu'à l'espoir de construire le royaume de l'Esprit comme analogue à un royaume de la matière. Mais qu'est donc le message de la Pentecôte ? Quelle réponse, point de départ de notre sujet, apporte l'Église aux variations dont les effets se retournèrent contre elle la plupart du temps ? A-t-elle quelque chose à dire sur ce sujet d'importance, aujourd'hui aussi, et qui peut avoir un sens au-delà du cercle de ses proches fidèles ? Une réponse qui demeure dans la tradition originelle de la foi est difficile, parce qu'on ne peut rien opposer de directement évident aux espérances et aux programmes concrets. [...]

Pourquoi le Ressuscité est-il donc resté uniquement parmi les siens, au lieu d'entrer puissant devant ses ennemis, écrasant ainsi tous les doutes ? Pourquoi ne se laisse-t-il approcher qu'avec peine tout au long de l'histoire par la Parole de l'Évangile, au lieu d'établir sans ambiguïté un royaume de l'Esprit et de l'Amour ? La réponse de Jésus dans l'Évangile de saint Jean est très codée. Saint Augustin l'a formulée ainsi : cela vient de ce que seul peut voir l'Esprit celui qui a l'Esprit. Il rappelle ce que disait le philosophe Plotin, qu'il vénérait, et que Goethe traduisit en langue allemande : « Si l'œil n'était pas éclairé par le soleil, il ne pourrait reconnaître le soleil. »

35

12 juin

Éveillés pour la force issue du silence : la Pentecôte (2)

Demandons-nous encore une fois : qu'en est-il, à vrai dire, de la Pentecôte et de l'Esprit Saint ? Comme on ne peut le présenter en direct, on ne peut qu'essayer, à partir d'images, d'en arriver à ce dont il est question.

La liturgie de l'Église a trouvé, depuis fort longtemps, une image utile dans le Psaume 68 (67), que la *Lettre aux Éphésiens* (4, 7) a comprise comme un chant triomphal sur l'Ascension du Christ et, par là, comme description du lien entre Pâques et la Pentecôte. Le verset 19 de ce psaume est : « Tu es monté sur la hauteur ; tu as fait des prisonniers, tu as pris des dons parmi les hommes... » Dans l'interprétation des Actes des Apôtres, cela signifie : le Christ en tant que Messie est un roi victorieux, qui a livré et remporté la bataille décisive de l'histoire du monde : le combat avec la mort, ennemi de la vie depuis toujours. À présent, il fait usage du droit du vainqueur de distribuer le butin. Mais quel est le butin qu'il partage ? La réponse est : le don de Dieu est Dieu lui-même, l'Esprit Saint.

Pour les hommes, c'était et c'est trop et trop peu à la fois. Certes, Israël avait attendu un vainqueur qui livrerait des batailles et ramènerait un butin d'une valeur jamais connue au peuple élu. Mais cette bataille, la Croix, et ce butin, l'Esprit Saint, comme puissance chez le croyant, déçurent l'attente. Ce n'était pas précisément ce que l'on avait souhaité.

35

13 juin

Éveillés pour la force issue du silence : la Pentecôte (3)

Et qu'en est-il de la chrétienté, de nous, ici et maintenant ?

Nous aussi attendrions d'un sauveur des cadeaux bien différents de ceux dont parle saint Paul. Ce que nous attendons, c'est une maison, de l'argent, de bons repas, de beaux voyages, le succès, la réputation, le confort, notre tranquillité, la sécurité. Mais pas l'Esprit Saint. Car il est, en vérité, à l'opposé de tout cela : il nous déstabilise dans nos possessions, notre confort, notre réputation, qui repose si souvent sur de douteux compromis. [...]

Mais une question se pose : n'y a-t-il pas contradiction ? D'une part, nous apprenons que l'Esprit Saint est quelque chose que l'on ne peut montrer ; que, dans un sens très profond, il est invisible, comme l'amour, qui touche l'homme en profondeur et le transforme, mais qu'on ne peut pourtant pas présenter, comme on « parade » avec une nouvelle voiture. D'autre part, on dit que l'Esprit saint est tempête, métamorphose au point qu'on le qualifie de puissance de la nouvelle création, dont l'intervention dans la réalité n'est pas moins fondamentale que la « Création ». Qu'en est-il ? Le cœur de la réponse est déjà donné par l'indication de l'amour que l'on ne peut montrer et qui est pourtant la force fondamentale de la vie humaine, de la réalité.

35

14 juin

Éveillés pour la force issue du silence : la Pentecôte (4)

Ce que j'ai voulu dire peut s'éclairer sans doute davantage par une parabole. Il y a quelques années, on a pu voir un film impressionnant sous le titre « Migration des Âmes ». Il s'agissait de deux pauvres diables qui ne pouvaient avancer dans la vie à cause de leur bon cœur. N'ayant plus rien à perdre, l'un eut un jour l'idée de vendre son âme. On la lui prend à bas prix et elle est enfermée dans une boîte. À partir de cet instant, tout change dans sa vie, à son grand étonnement. Il gravit rapidement les échelons, devient de plus en plus riche, parvient à de grands honneurs et meurt comme consul, doté de grands biens. Dès l'instant où il se débarrassa de son âme, aucun égard, aucune humanité ne compta plus. Il agit sans scrupule, tourné uniquement vers le gain et le succès. L'homme ne compte plus. Lui-même est sans âme. Le film montre de façon bouleversante comment se cache une existence vide derrière la façade de la réussite. En apparence rien n'est perdu – mais l'âme fait défaut, et tout manque en son absence.

Or, l'homme ne peut certainement pas, au sens propre, jeter son âme, jeter ce qui fait de lui un homme. Il reste un homme. Et, pourtant, il a l'effrayante capacité d'être un monstre tout en étant homme. [...] Il me semble que c'est là une parabole qui permet de comprendre beaucoup de choses, et notamment ce qu'il en est à la Pentecôte.

35

15 juin

La force de la souffrance et de l'espérance (1)

Quel effondrement s'est donc produit au cours des années 1989 et 1990 ?

On peut d'abord dire simplement que le marxisme, comme interprétation globale de la réalité et indication d'un agir historique, a échoué. Sa promesse de liberté, d'égalité et de bien-être pour tous n'a pas fait ses preuves dans la réalité ; elle a été démentie par les faits politiques et économiques. Aussi justes que soient ces constatations, on reste à la surface des choses, si l'on s'en contente. Nous devons faire un pas de plus et nous demander : qu'y a-t-il de faux dans cette interprétation du monde et dans la pratique qui en résulte ? Une observation exacte des phénomènes conduit droit au cœur du problème : la force de l'esprit, des convictions, de la souffrance et des espoirs a bouleversé les structures existantes. Cela signifie que ce matérialisme, qui voulait rabaisser l'esprit au rang de pure conséquence des structures matérielles, à la simple superstructure du système économique, a échoué. Or, au lieu de cela, nous ne parlons déjà plus seulement du problème du marxisme, mais de nous-mêmes. Car le matérialisme est un problème qui nous concerne tous. Et son échec nous oblige à un examen de conscience.

40

16 juin

La force de la souffrance et de l'espérance (2)

C'est pourquoi il est utile de s'attarder encore un peu sur ce point et de se demander ce qui est vraiment au cœur d'une idéologie matérialiste.

Celle-ci ne consiste pas à nier l'esprit : même le matérialisme admet qu'en un lieu quelconque de l'Histoire l'esprit est apparu, et doit être distingué du matériel pur. L'essence du matérialisme moderne est plus subtile : il consiste en la manière dont est pensée la relation entre matière et esprit. La matière est par conséquent ce qui est premier et originel. Au commencement se trouve la matière et non pas le Logos. À partir d'elle tout se développe en une chaîne de hasards, qui devient processus des nécessités. L'esprit n'est jamais que le produit de la matière. Si l'on en connaît les lois et que l'on sait les appliquer, on peut alors infléchir la démarche de l'esprit. On change l'esprit en modifiant ses conditions matérielles. C'est ainsi que l'on peut, mécaniquement, par la transformation et le développement les structures, transformer et développer l'Histoire elle-même.

Cet orgueil matérialiste s'est avéré une erreur. L'esprit dépend, certes, pour une bonne partie des conditions matérielles, et pourtant, il les domine. On ne peut affranchir l'homme de sa liberté en bétonnant les canaux dans lesquels elle doit se mouvoir. La prétention de pouvoir construire par des recettes structurelles l'homme parfait et la société parfaite est au cœur du matérialisme moderne, et ce cœur s'est avéré une erreur.

40

17 juin

La force de la souffrance et de l'espérance (3)

Un troisième aspect de ces phénomènes me semble être évident. Les événements mettent en question une certaine conception de l'idée de progrès. Le mot progrès est entré dans l'orbite de la philosophie de l'histoire post-hégélienne. Il suppose cette interprétation mécanique de l'histoire que nous venons de critiquer. « Le progrès » sert de slogan partisan qui fonctionne. Dans le camp socialiste, le progrès passait tout simplement pour servir à l'avancement du socialisme. Mais il existe aussi un libéralisme superficiel qui n'est pas moins partisan. La liberté s'identifie à l'absence d'obligation, et tout ce qui supprime celles-ci apparaît comme progrès. Finalement, il existe une variante techniciste de la foi dans le progrès qui voit déjà dans l'accroissement du savoir technique en tant que tel un progrès de l'homme. Dans ce contexte, Romano Guardini a parlé du « non-sens de la foi dans le progrès ». Lorsque le progrès est considéré comme un processus nécessaire de l'évolution des lois de l'histoire, il se situe au-dessous de l'humain et est foncièrement conçu contre l'homme. On ne peut alors considérer liberté personnelle et responsabilité morale que comme des facteurs gênants de ces lois. L'apparition massive de ce « facteur gênant » ces dernières années est un phénomène porteur d'espoir, en même temps qu'un fait qui nous oblige à réfléchir et à reconsidérer notre façon de voir.

40

18 juin

La force de la souffrance et de l'espérance (4)

Dans ce contexte, le deuxième facteur à mentionner est la force de la religion. On avait prédit que la religion disparaîtrait d'elle-même si le contexte social qui a provoqué un recours au religieux changeait. Depuis longtemps déjà, on avait admis avoir surestimé la rapidité de ce processus. Puis on finit par entrevoir l'éventualité que la religion ne disparaîtrait pas complètement. Enfin, une chose surprenante se produisit : la question de Dieu ressurgit précisément à propos des sciences naturelles. Une science consciente de ses limites reconnut que les vraies réponses se situaient en dehors de ce qu'elle pouvait représenter en elle-même. En même temps que ce jaillissement de la question de Dieu au sein de la plus stricte rationalité, la soif d'infini s'exprima à nouveau du tréfonds de l'existence humaine, inscrite au plus profond de notre âme. Nous savons par divers témoignages combien Dieu est devenu un sujet brûlant, précisément au sein de la jeunesse universitaire ayant grandi dans un milieu tout à fait athée. Cela n'a pas toujours conduit à la conversion, à une foi chrétienne concrète ; mais une nouvelle réceptivité au message mystérieux des icônes, à la proximité du divin dans la liturgie orthodoxe toute dédiée au mystère se développa pourtant comme de soi-même à partir de ces questions... La religion... réapparut comme une puissance officielle, que le pouvoir régnant relativisa. Et elle donna une force morale qui finit par l'emporter sur le pouvoir extérieur.

40

19 juin

Refus de la foi dans le progrès (1)

Une première thèse doit s'opposer au mythe du progrès, qui gaspille les forces du présent pour un lendemain imaginaire, ne servant ainsi ni à l'un ni à l'autre. Augustin a confessé dans les larmes qu'aucune institution politique ne peut promettre l'éternité et que, par conséquent, malgré ses réalisations positives, son pouvoir et son droit, même l'empire romain pouvait s'effondrer. Aujourd'hui aussi, aucune forme politique et culturelle ne peut prétendre être éternelle. Même l'Europe, même la culture européenne peuvent tomber en décadence. Cela ne veut pas dire qu'il faut se résigner, mais rester sobres. Car l'essentiel de cette affirmation n'est pas de constater une fin possible, mais de reconnaître que personne ne peut construire une forme définitive et parfaite de l'humanité. L'avenir reste toujours ouvert, parce que la vie en commun est toujours sous le signe de la liberté humaine et, par là, toujours aussi d'un refus possible. Cela signifie que le terrain de l'action politique n'est pas l'avenir, mais le présent. L'homme politique n'est pas l'organisateur d'un monde meilleur devant advenir à un moment quelconque, mais il porte la responsabilité que le monde soit bon, pour pouvoir le rester demain.

40

20 juin

Refus de la foi dans le progrès (2)

Le monde soi-disant meilleur de demain est un *fata morgana*, qui enlève à aujourd'hui sa force et sa dignité, sans pourtant être au service du lendemain. Car l'idée que l'on peut, en souscrivant aux lois de l'Histoire – résultat, finalement, de toutes les voies et de tous les détours – construire une sorte de paradis terrestre, est contraire à la liberté, et donc inhumaine. Elle suppose qu'un jour, l'histoire ne reposera plus sur la liberté, mais sur des structures définitives. Le double paradoxe de cette attente consiste à ce que l'on veut libérer l'homme non pas dans le sens de la liberté, mais de le libérer de sa liberté ! Il consiste en ce que l'on cherche à éliminer des critères absolus, Dieu, pour atteindre ainsi l'absolu, la société définitive. Hölderlin disait à juste titre de ce genre d'efforts : « En voulant faire de l'État un paradis, l'homme en a fait un enfer. » Nous savons aujourd'hui plus que jamais à quel point c'est vrai. Nous devons apprendre à dire adieu au mythe des eschatologies terrestres. Nous servons demain de la meilleure façon en étant bons aujourd'hui, et lorsque nous le façonnons en nous sentant responsables de ce qui est bien aujourd'hui et demain.

40

21 juin

La Fête-Dieu : stations de l'unité (1)

L'Eucharistie n'est pas une affaire privée entre amis, au sein d'un club de gens partageant les mêmes idées. Mais comme le Seigneur s'est laissé publiquement crucifier devant les murs de la ville, à la vue du monde entier et étend les mains sur tous les hommes, de même la fête de l'Eucharistie est-elle le service divin officiel de tous ceux que le Seigneur appelle, quelles que soient leurs origines. La vie exemplaire du Seigneur sur la terre fait donc essentiellement partie de la célébration de l'Eucharistie : que des hommes de différents partis, différentes classes et différents points de vue, se rassemblent autour de sa Parole et de son amour qui les dépassent.

Dans le monde méditerranéen, où pénétra d'abord le christianisme, cela faisait partie de l'Eucharistie que l'aristocrate ayant découvert le christianisme se retrouve assis à côté de l'ouvrier du port de Corinthe, de l'esclave misérable, que le droit romain n'autorise même pas à considérer comme un homme mais qui relève du droit des choses. Cela faisait partie de l'Eucharistie que le philosophe soit assis à côté de l'analphabète, la prostituée et le douanier convertis à côté de l'ascète qui a trouvé sa voie en se tournant vers Jésus-Christ. Nous voyons encore, à la lecture des textes du Nouveau Testament, comment les hommes ne cessèrent d'être réticents à ce côtoiement, voulant s'enfermer sur leur milieu, et nous voyons d'autant plus tout le sens de l'Eucharistie.

35

22 juin

La Fête-Dieu : stations de l'unité (2)

Lorsque le christianisme se répandit, il devint impossible de se limiter à un seul autel et une seule eucharistie dans les villes. Déjà au temps des persécutions, les églises officielles de Rome se constituèrent, précurseurs des futures paroisses. Certes, là aussi l'officialité et la désaffection du service religieux continuaient à rassembler des hommes qui, sinon, ne se seraient pas réunis. Mais l'ouverture par-delà un lieu n'était plus suffisamment visible. C'est pourquoi fut créée l'institution de la *statio*, c'est-à-dire que le Pape, en qualité de premier évêque de Rome, célèbre la messe pour toute la ville de Rome dans chacune des églises officielles, en particulier au cours du Carême. Les chrétiens se rassemblent, se rendent ensemble en procession à l'Église ; ainsi le tout se fait visible dans les différentes églises, et le tout pénètre dans le particulier.

La Fête-Dieu reprend cette idée des origines. C'est *statio urbis* : nous ouvrons les églises paroissiales, nous nous ouvrons partout dans la ville pour nous rassembler auprès du Seigneur et être unis par lui. Nous sommes ensemble, ici aussi, par-delà les frontières de partis et de milieux, gouvernants et gouvernés, hommes à l'activité manuelle et intellectuelle, de diverses orientations. Et c'est là l'essentiel : que nous soyons rassemblés par le Seigneur, qu'Il nous réunisse.

35

23 juin

La Fête-Dieu : stations de l'unité (3)

Nos villes sont, nous le savons tous, devenues des lieux d'une solitude jamais connue autrefois. Nulle part les hommes ne sont si seuls et si abandonnés que dans les grands immeubles, là où ils sont le plus entassés. Un ami m'a raconté qu'il occupait un appartement d'un tel immeuble dans une grande ville d'Allemagne du nord. Sortant de son immeuble, il salue un habitant du même bâtiment. Ce dernier le regarde étonné et lui dit : « Vous vous trompez ! » Là où les hommes ne forment qu'une masse, se saluer devient une erreur. Mais le Seigneur nous rassemble et nous ouvre, pour que nous nous accueillions mutuellement, dans un sentiment d'appartenance, et qu'en nous réclamant de Lui, nous réapprenions à nous réclamer les uns des autres. (La) Marienplatz de Munich, elle aussi, expérimente de cette manière sa destination la plus intérieure. Comme nous y passons vite les uns à côté des autres ! Aujourd'hui, elle doit être un lieu de rassemblement, mission et cadeau sur notre route.

Certes, il y a beaucoup de rassemblements, mais si souvent, ce qui nous lie est plus ce à quoi nous nous opposons que ce que nous défendons. Et, presque toujours, il se trouve qu'un intérêt rassemble quand il s'oppose à d'autres intérêts. Or, aujourd'hui, ce n'est pas un intérêt privé de tel ou tel groupe qui nous lie, mais l'intérêt que Dieu a pour nous et dans lequel nous plaçons sereinement tous nos intérêts.

35

24 juin

Jean le Baptiste (1)

Luc 1, 57 s.

La figure de saint Jean-Baptiste, dont nous célébrons la fête aujourd'hui, peut nous aider à comprendre un peu mieux le nouveau service de l'auxiliaire pastoral dans l'Église, même si sa mission est incomparable et unique. Le Baptiste est là pour appeler les hommes à aller vers Jésus. Son service se différencie nettement de celui des Apôtres et de leurs successeurs. Il lui ouvre la porte ; il crée l'espace où il pourra être entendu. Il rassemble, purifie, prépare le peuple, pour qu'il soit possible de Le rencontrer. Il met les hommes sur la route vers Lui. Une telle charge a pu reculer dans un monde devenu chrétien ; à une époque qui vit toujours plus éloignée de Lui, où les "organes" pour Dieu et pour le Christ menacent de dépérir un tel service préparant au catéchuménat, qui ouvre l'espace pour qu'Il puisse être entendu, est d'une urgence nouvelle.

22

25 juin

Jean le Baptiste (2)

Luc 1,57 s.

Jean le Baptiste n'est-il pas notre représentant à tous ? Ne sommes-nous pas, tous autant que nous sommes, de la même façon, sourds-muets devant Dieu, à commencer par notre intelligence ordinaire, par l'esprit du siècle et limités en ce que nous trouvons juste et compréhensible ?... Et ne sommes-nous pas souvent aussi, dans l'interprétation des Saintes Écritures et dans nos soigneuses analyses de textes, notre érudition historique et philosophique, des auditeurs durs d'oreille, qui n'entendons rien de ce qui nous y est dit, mais restons à la surface d'un savoir qui n'atteint pas le mystère de Dieu ? La langue de Zacharie se délie à l'instant même où il entre dans la Parole donnée de la promesse. Et nous ne pouvons tous vraiment parler du Seigneur que si nous nous laissons saisir par lui, si nous nous laissons arracher à notre propre pensée et à notre propre compréhension. Ce n'est que si nous osons pénétrer la Parole qui nous est adressée, que nous pourrons peu à peu parler à notre tour, entendre et ouvrir l'oreille des autres aux mystères divins. L'intelligence seule – aussi importante soit-elle – même celle d'une décennie ou d'un siècle, est trop petite pour Dieu. La Parole de Dieu requiert davantage. Elle a besoin que nous éclations des limites de notre monde et ayons le courage de confier notre cœur à la grandeur de la foi de toutes les générations.

22

26 juin

La discrétion de Dieu (1)

1 Rois 19, 4-13

Élie arrive à l'Horeb, montagne de Dieu. La Révélation doit à nouveau advenir et elle l'entraîne dans une nouvelle phase. Car il s'avère maintenant que Celui qu'il avait cherché dans le feu n'est pas dans la tempête et n'est pas dans la violence. Dieu est dans le souffle léger et silencieux de l'Esprit Saint. Il s'avère que Dieu a une autre manière d'être, légère en comparaison de tout ce qu'il y a de bruyant dans notre monde.

Et c'est ainsi que l'expérience d'Élie mène directement au Nouveau Testament, à l'Évangile, à la figure du Christ, en qui la parole à propos du serviteur de Dieu est accomplie : *Il ne criera pas sur la rue, il ne brisera pas le roseau plié, n'éteindra pas la mèche qui se consume faiblement.* En lui apparaît définitivement ce Dieu qu'Élie avait dû pressentir sur l'Horeb, le Dieu qui n'est pas bruyant, qui ne peut pas être compté parmi les puissances de ce monde ; le Dieu « pauvre », le Dieu qui n'a que les humbles armes de l'amour et de la vérité, qui, pour cette raison, a toujours l'air d'être le vaincu et qui est pourtant la seule puissance véritable et salvatrice de ce monde.

Nous devrions, je crois, nous arrêter à ce passage. Nous aussi faisons l'expérience de cette impuissance de Dieu, qui semble en quelque sorte être toujours le vaincu ; et nous souhaiterions qu'il soit plus fort, plus tangible, plus puissant face à tout ce qu'il y a de déchu, de dangereux et de menaçant en ce monde. Nous devons en quelque sorte nous-mêmes réapprendre ce mystère de l'Horeb qui a pris la figure du Christ, apprendre que les grandes choses arrivent dans le silence de ce qui est à peine décelable.

13

27 juin

La discrétion de Dieu (2)

1 Rois 19, 4 – 13

Pour que cela ne reste pas trop creux, Paul nous donne un message concret, aussi concret que Dieu l'a fait : *Aimez-vous les uns les autres, comme le Christ nous a aimés et s'est donné pour nous en sacrifice qui plaît à Dieu.* Nous imitons Dieu, nous vivons de Lui, avec Lui, comme Lui, en entrant dans la façon de vivre du Christ, qui s'est dessaisi de sa divinité, s'est rendu semblable à nous, s'est fait l'un des nôtres, s'est donné et ne cesse de se donner.

Enfin, Paul rend encore plus concrets cette petitesse, cette discrétion de Dieu – qui est justement la vraie divinité –, pour que cela ne reste pas enferré dans des spéculations élevées qui n'atteignent pas notre quotidien.

Paul énumère les attitudes à avoir pour vivre à la manière de Dieu : *Amertume, irritation, colère, éclats de voix, injures, tout cela doit disparaître de chez vous, comme toute espèce de méchanceté. Soyez bons les uns pour les autres, ayez du cœur ; pardonnez-vous mutuellement, comme Dieu vous a pardonné en Christ* (Ep 4, 31).

Ces petites vertus quotidiennes, par lesquelles nous sortons de notre amertume, de l'agacement au sujet de l'autre, du refus d'accepter l'altérité, par lesquelles nous nous ouvrons aux autres par le pardon, tous ces petits riens sont la concrétisation d'une vie comme le Christ et comme Dieu, d'imitation de Dieu et, ainsi, de la mise en œuvre du miracle de la manne. Il s'est donné à nous, pour que nous puissions nous donner à Lui et les uns aux autres.

13

28 juin

Paul : combattant et souffrant (1)

Au siècle dernier, le pape Pie IX a érigé, dans la montée vers la basilique Saint-Pierre, deux figures puissantes des apôtres Pierre et Paul, toutes deux aisément reconnaissables à leurs attributs : les clés dans la main de Pierre, l'épée dans celle de Paul. Celui qui contemple la puissante figure de l'Apôtre des Gentils sans connaître l'histoire du christianisme pourrait bien être amené à croire qu'il s'agit d'un grand général, d'un guerrier devenu célèbre grâce à son épée et qui a soumis des peuples. Il serait donc l'un de ceux, nombreux, qui se sont acquis renommée et richesse au prix du sang des autres. Le Christ sait que l'épée aux mains de cet homme a une signification inverse : elle est l'instrument de son exécution. En tant que citoyen romain, il ne pouvait, comme Pierre, être crucifié : il mourut donc par l'épée. [...]

« *J'ai combattu le bon combat* », dit-il à Timothée, son élève préféré, en affrontant la mort, regardant en arrière le chemin parcouru (2 Tm 4, 7). On a aimé décrire saint Paul en ces termes comme combattant, homme d'action, forte nature. Et un regard superficiel sur sa vie semble lui donner raison : en quatre grands voyages, il a traversé une partie importante du monde connu à l'époque. Devenant ainsi un véritable enseignant des nations, il porta l'Évangile de Jésus Christ « jusqu'aux confins de la terre ».

3

29 juin

Paul : combattant et souffrant (2)

Tout cela n'est pas faux, mais ce n'est pas complètement Paul : oui, ne voir que cela en lui fait passer à côté de l'essentiel de sa figure. D'abord, nous devons retenir que le combat de saint Paul n'est pas celui d'un carriériste, d'un homme de pouvoir, encore moins d'un dominateur et d'un conquérant. [...] Le combat de saint Paul fut celui d'un martyr, dès le départ. Ou plus exactement : au début de son cheminement, il était du côté des persécuteurs et avait exercé la violence contre les chrétiens. Dès le moment de sa conversion, il passa du côté du Christ crucifié et choisit le chemin de Jésus Christ. Il n'était pas diplomate : chaque fois qu'il faisait des tentatives diplomatiques, il remportait peu de succès. Sa seule arme était le message de Jésus Christ et l'engagement de sa propre vie pour ce message. Déjà dans la *Lettre aux Philippiens* (2, 17), il parle de sa vie qui serait versée en libation ; au soir de sa vie, dans ses dernières paroles à Timothée (2 Tm 4, 6), cette formulation revient encore une fois. Paul était un homme prêt à se laisser blesser, et ce fut là sa véritable force. Il ne s'est pas ménagé, n'a pas tenté de se soustraire aux contrariétés et aux désagréments et encore moins de se ménager une belle vie.

3

30 juin

Paul : combattant et souffrant (3)

Le fait qu'il ait fait face, justement, ne se soit pas ménagé, se soit présenté aux coups et laissé user pour l'Évangile, l'a rendu crédible et a construit l'Église : « *Pour moi, bien volontiers je dépenserai et me dépenserai moi-même tout entier pour vous* ». Cette parole de la *Deuxième Épître aux Corinthiens* (12, 15) met à jour la nature la plus profonde de cet homme. Paul n'était pas d'avis que la tâche principale de la pastorale fût d'éviter les contrariétés, et il ne pensait pas qu'un apôtre dût avant tout avoir bonne presse. Non, il voulait secouer, réveiller les consciences endormies, dût-il lui en coûter la vie. Nous savons par ses épîtres qu'il était tout sauf un grand orateur. Ce manque de talent oratoire, il l'avait en commun avec Moïse et Jérémie, qui se défendaient tous les deux devant Dieu d'être totalement aptes à la mission prévue, n'ayant pas le don d'orateur. « *Mais, quand il est là, c'est un corps chétif, et sa parole est nulle* » (2 Co 10,10), dirent de lui ses adversaires. Il raconte lui-même les débuts de sa mission en Galatie : « *Vous le savez bien, ce fut à l'occasion d'une maladie que je vous ai, pour la première fois, annoncé la bonne nouvelle* » (Ga 4, 13). Paul n'a pas eu d'impact grâce à une brillante rhétorique et à des stratégies raffinées, mais par l'engagement de sa personne et en s'exposant pour sa mission. L'Église, elle aussi, ne pourra convaincre les hommes que dans la mesure où ses prédicateurs sont prêts à se laisser blesser.

3

JUILLET

Certitudes et doutes de la foi à notre époque

1er juillet

Lieu de la réelle humanité

La compétence centrale de la vie d'aujourd'hui est maintenant en fait celle des innovations économiques et techniques. C'est là – et tout spécialement dans le monde de divertissement des médias – que la langue est constituée, que les comportements sont formés. C'est là, en quelque sorte, le domaine des moyens de l'existence humaine dont on se préoccupe dans les grands mouvements de masse. La religion n'a pas pour autant disparu, mais elle a migré dans le domaine du subjectif. La foi est alors tolérée comme une des formes religieuses subjectives; ou bien c'est en tant que facteur culturel qu'elle conserve, au bout du compte, un espace déterminé.

Mais d'un autre côté, le christianisme proposera d'une nouvelle façon des modèles de vie et se présentera dans le désert de l'existence technique comme un lieu de réelle humanité. Cela est déjà en train de se produire. J'entends par là qu'on peut bien soulever des objections à l'endroit de mouvements particuliers de néocatéchumènes, de Focolari, et ainsi de suite, mais qu'on peut en tout cas y observer des tentatives innovatrices. Le christianisme est ici une expérience de nouveauté et est soudainement ressenti par des gens qui reviennent souvent de très loin comme une chance de vivre et de pouvoir vivre en ce siècle. Il en ressort que la fonction publique de l'Église ne sera plus la même que celle qu'elle avait jusqu'ici sous la figure d'une fusion entre l'Église et la société, mais qu'elle continuera d'être visible, même publiquement, en tant que nouvelle chance pour l'être humain.

32

2 juillet

« Est-ce bien toi ? »

C'est dans la vie de Jésus, dans la radicalité de son existence pour les hommes, que le sens du monde est une présence ; il s'offre comme l'Amour qui m'aime, moi aussi, et rend la vie digne d'être vécue grâce à un tel cadeau inconcevable, celui d'un amour que ne trouble ni l'éphémère, ni l'égoïsme. Le sens du monde est cet Autre, qui n'est pas lui-même une question ouverte, mais la Raison du Tout qui n'a pas besoin d'une autre raison. La foi, c'est donc trouver un Tu qui me porte et m'offre au sein de l'inaccomplissement de la rencontre humaine la promesse d'un Amour indestructible, qui non seulement brigue mais accorde l'Éternité. La foi chrétienne vit de ce qu'il n'y a pas un simple sens objectif, mais que ce sens me connaît et m'aime, que je peux me confier à lui avec le geste de l'enfant qui sait que toutes ses questions sont en sécurité dans le cœur de sa mère. Ainsi, la foi, la confiance et l'amour sont un, et tous les contenus autour desquels gravite la foi, ne sont que des concrétisations du tournant qui porte tout, du « je crois en toi », de la découverte de Dieu dans le regard de l'Homme de Nazareth. Certes, cela ne supprime pas la réflexion. Est-ce bien toi ? Le croyant passera toujours par cette obscurité, où la contradiction du doute l'enveloppe comme une prison lugubre à laquelle il ne peut échapper.

15

3 juillet

Croire, pour quoi faire? (1)

Être chrétien, cela veut dire aimer. C'est à la fois incroyablement difficile et incroyablement simple. Mais, aussi difficile que cela puisse être à maints égards, en faire l'expérience est une découverte profondément libératrice. Vous allez sans doute dire : très bien, voilà donc la mission de Jésus, et c'est consolant et bon ; mais qu'en avez-vous fait, vous les théologiens et les prêtres, qu'en a fait l'Église? Si l'amour suffit, alors pourquoi vos dogmes, pourquoi donc la foi, en perpétuelle concurrence avec la science? L'opinion des érudits libéraux n'est-elle donc pas vraie : ce qui a « perverti » le christianisme, c'est d'avoir échafaudé une doctrine du Christ au lieu de s'entretenir avec le Christ de Dieu le Père et d'être des frères les uns pour les autres? D'avoir inventé un dogme intolérant, au lieu d'inciter au service mutuel? Et au lieu d'exhorter à aimer, d'exiger la foi et d'avoir rendu le chrétien dépendant d'une profession de foi?

Sans doute, cette question est extrêmement sérieuse, et comme toutes les vraies grandes questions, on n'en vient pas à bout en un tour de main et en une formule toute faite. Il ne faut tout d'abord pas perdre de vue qu'elle contient aussi une simplification. Pour s'en rendre compte, il nous suffit d'appliquer avec réalisme à notre vie ce que nous venons de considérer : aimer, c'est-à-dire opérer la conversion copernicienne de l'existence, par laquelle nous cessons de faire de nous-mêmes le centre du monde et de laisser les autres tourner uniquement autour de nous.

36

4 juillet

Croire, pour quoi faire ? (2)

Si nous nous regardons avec sincérité et sérieux, cette Nouvelle merveilleusement simple est non seulement libératrice mais nous pousse dans nos retranchements. Car qui de nous peut dire qu'il n'a jamais passé son chemin, laissant un homme mourant de faim ou de soif, ou quelqu'un qui ait eu besoin de lui ? Qui de nous peut dire qu'il accomplit vraiment, en toute simplicité, le service de la charité auprès des autres ? Qui de nous ne doit pas admettre que même la bonté qu'il manifeste aux autres ne comporte pas une parcelle d'égoïsme, d'autosatisfaction et d'auto-complaisance ? Qui d'entre nous peut nier qu'il vit plus ou moins dans l'illusion précopernicienne et ne considère et n'imagine les autres que par rapport à soi ?

Or, la grande nouvelle libératrice de l'Amour peut devenir écrasante si elle est le seul contenu du christianisme.

36

5 juillet

Croire, pour quoi faire ? (3)

À ce stade intervient la foi. Car elle ne signifie rien d'autre dans le fond que ce manque d'amour, que nous avons tous, a été comblé par la surabondance de l'amour de Jésus Christ qui s'y substitue. Il nous dit simplement que Dieu lui-même a versé son amour en surabondance parmi nous, couvrant ainsi d'avance notre insuffisance à tous. Croire ne signifie finalement rien d'autre que d'admettre que nous avons un tel manque ; cela veut dire ouvrir la main et recevoir. Sous sa forme la plus simple et intérieure, la foi n'est rien d'autre que ce degré de l'amour où nous reconnaissons que nous aussi avons besoin de recevoir. La foi est donc ce degré dans l'amour, qui le manifeste vraiment comme amour ; il consiste à ce que nous surmontions l'autosatisfaction de celui qui se suffit à lui-même et déclare : j'ai tout fait, je n'ai plus besoin d'aide. Ce n'est que dans une telle « foi » que prend fin l'égoïsme, véritablement aux antipodes de l'amour. Dans cette mesure, la foi n'est pas présente dans le véritable amour ; elle est simplement ce moment de l'amour qui le conduit vraiment à lui-même : l'ouverture de celui qui ne s'en remet pas à son savoir, mais sait qu'il a reçu un don et est conscient de ce qui lui manque.

36

6 juillet

Jésus, oui ; le Christ, non ? Un doute fondamental et ses conséquences (1)

Pour comprendre la vraie misère de la foi de notre époque, il nous faut aller plus profond ; car l'opposition répandue dans les esprits entre Jésus et l'Église cache un problème christologique. La véritable opposition à laquelle nous sommes confrontés ne s'exprime pas par la formule « Jésus, oui ; l'Église, non », ou encore « Jésus, oui ; Fils de Dieu, non ». Il existe aujourd'hui une vraie vague Jésus, avec les accentuations les plus diverses : Jésus au cinéma, Jésus à l'opéra rock, Jésus : vedette d'options politiques critiques. Tous ces phénomènes sont l'expression de formes de passion ou d'enthousiasme religieux qui tiennent à la figure mystérieuse de Jésus et à sa force intérieure, tout en ne voulant rien savoir de ce que la foi de l'Église – dont elle est le fondement – et la foi des évangélistes disent de Jésus. Jésus apparaît comme un des « Hommes déterminants », comme l'a exprimé Karl Jaspers. Ce qui touche en Lui est son humanité. Reconnaître qu'il est le Fils incarné de Dieu semble l'éloigner de nous, le rendre inaccessible et irréel, et le livrer en même temps à l'administration du pouvoir ecclésial. La séparation entre Jésus et le Christ est en même temps celle de Jésus et de l'Église. On laisse le Christ à l'Église, dont il semble être l'œuvre. En Le laissant de côté, on espère gagner Jésus et gagner ainsi une nouvelle forme de liberté, de « rédemption ».

16

Jésus, oui ; le Christ, non ? Un doute fondamental et ses conséquences (2)

Demandons-nous quelles sont les raisons de cette conception actuelle. Elles sont évidemment nombreuses. La première réside dans la construction d'un « Jésus historique » derrière le Jésus des Évangiles, distillé à partir des sources et contre les sources, selon les critères de la conception du monde dite moderne et d'une forme d'historiographie inspirée par le siècle des Lumières. On part du principe que dans l'histoire ne se produit que ce qui reste possible, que le lien normal de cause à effet n'est jamais interrompu et qu'est donc anti-historique ce qui enfreindrait ces légitimités que nous connaissons. Ainsi, le Jésus des Évangiles ne peut être le vrai Jésus. Il faut en trouver un nouveau, dont il faut soustraire tout ce qui ne pourrait être compréhensible que pour Dieu. Le principe de construction de ce Jésus exclut donc le divin en Lui : ce Jésus historique ne peut être qu'un non-Christ, un non-Fils... Ainsi, ce n'est plus le Jésus des Évangiles qui parle à l'homme d'aujourd'hui, lequel fait confiance à la conduite de ce type d'interprétation lors de sa lecture de la Bible, mais celui des rationalistes, un Jésus « éclairé ». L'Église s'écroule alors d'elle-même. Elle ne peut être alors qu'une organisation humaine qui essaie, avec plus ou moins d'habileté, plus ou moins d'altruisme, de se servir de ce Jésus.

16

8 juillet

Jésus, oui ; le Christ, non ? Un doute fondamental et ses conséquences (3)

Si nous avons parlé jusqu'ici d'une certaine conception du monde, envisageons à présent une forme d'expérience de vie ou, plus exactement, d'un manque d'expérience. Disons-le très simplement : l'homme d'aujourd'hui ne comprend plus l'enseignement chrétien du Salut. Il ne voit pas en quoi il correspond à sa propre expérience de vie. Le repentir, le prêtre qui représente le Christ, la réparation de ses fautes ne correspondent plus à rien pour lui. Ce que voulait dire le mot Christ, Messie, n'apparaît pas dans sa vie, restant ainsi une formule vide. De cette manière, la profession de foi en Jésus comme en le Christ tombe d'elle-même. Cela explique aussi l'énorme succès des interprétations psychologiques de l'Évangile, qui devient dès lors le pré-accomplissement symbolique de la guérison rédemptrice de l'âme. Le large consensus qu'a trouvé l'explication politique du christianisme – tel que nous le voyons pratiquement dans l'échec de la théologie de la libération – repose sur les mêmes raisons. La Rédemption laisse place à la libération au sens moderne, qui peut se comprendre davantage d'un point de vue psychologique individuel ou politique collectif et se rattache volontiers au mythe du progrès. Ce Jésus ne nous a pas sauvés, mais il peut être un modèle, montrant comment advient la rédemption, c'est-à-dire la libération.

Or, s'il n'y a à transmettre aucun don du Salut déjà offert, mais seulement des orientations pour notre propre rédemption, alors l'Église est au sens traditionnel une absurdité, voire un scandale... Tout ce qui n'est pas sauvé dans ma propre existence, toute insatisfaction avec moi-même et les autres rejaillit sur elle.

16

9 juillet

Jésus, oui ; le Christ, non ? Un doute fondamental et ses conséquences (4)

Tout cela, la réduction du monde au démontrable et de notre existence à l'expérimentale, repose finalement sur un troisième phénomène décisif : l'affadissement de l'image de Dieu, qui avance inéluctablement depuis l'ère des Lumières. Le déisme s'est pratiquement imposé à la conscience collective. On ne peut plus représenter un Dieu qui se soucie de chaque homme et qui agit dans le monde. Dieu a pu être à l'origine du Big Bang – si tant est qu'il se soit produit – mais il ne reste plus rien de lui dans le monde « éclairé ». Il semble presque ridicule de penser qu'il s'intéresse à nos actes et à nos méfaits, tant nous sommes petits en regard de l'immensité de l'univers. Il apparaît mythologique de lui attribuer une action dans le monde. L'inexplicable est tout à fait possible, mais on lui cherche d'autres causes : la superstition semble plus fondée que la foi, les dieux, c'est-à-dire les puissances inexpliquées au cours de notre vie dont on doit venir à bout, plus dignes de foi que Dieu…

C'est pourquoi il ne peut évidemment pas exister de fils de Dieu, venu dans le monde pour nous sauver du péché et mourir sur une croix. Cela explique une fois de plus le changement fondamental qui, préparé de longue date, s'est produit dans la compréhension du culte et de la liturgie. Son premier sujet n'est pas Dieu, ni le Christ, mais nous qui célébrons…

16

10 juillet

Le courage d'être objectif et sobre

Je suis d'avis que nous devons à nouveau découvrir ce courage : celui de reconnaître la foi comme la véritable objectivité, comme la sagesse qui accepte le monde dans sa vraie langue. Tout notre être nous dit bien que nous ne nous sommes pas faits nous-mêmes, ni ne pouvons nous faire nous-mêmes. Que nous sommes dépendants les uns des autres et, en dernière analyse, sommes tous ensemble dépendants de ce qui n'est pas entre nos mains. Quand nous avons le cœur éveillé, nous pouvons percevoir, au travers de tous les obscurcissements du monde et de ce qui est fabriqué par nous, que cet Autre mystérieux qui a montré son visage en Jésus Christ n'est pas un dangereux démon, mais bien le Dieu vivant qui nous aime et nous défend. La foi est ce qui nous conduit à la véritable objectivité. Nous sommes moraux et croyants non pas lorsque nous nous laissons emporter par quelque grande idée, mais lorsque nous demandons ce qui est effectivement objectif et que nous avons le courage de nous tenir à cette sobriété.

C'était là une des grandes tâches du Baptiste à son époque : face aux fanatiques mouvements de libération qui étaient présents et qui finirent par réussir à complètement détruire Israël, le faisant disparaître de la carte pour presque deux mille ans, en appeler au courage d'être sobre et objectif ; donner à l'être humain la force de tirer du regard de Dieu la patience de la raison.

9

11 juillet

Participer à la vision de Jésus

La « foi naturelle » avec laquelle nous nous fions à des résultats que nous ne pouvons vérifier nous-mêmes trouve sa justification – avons-nous dit – dans la connaissance de quelques-uns qui connaissent la question et l'ont vérifiée. Une telle foi demeure de l'ordre de la foi pour l'individu, mais s'appuie pourtant sur une vision qu'a quelqu'un d'autre. En nous attaquant à la question religieuse, il nous a semblé que c'est précisément cet élément décisif qui fait défaut dans la foi surnaturelle, religieuse : il ne semble pas y avoir ici quelqu'un qui voit, car tous semblent n'être que des croyants, et ceci nous est apparu comme le point problématique dans la foi religieuse. Mais nous devons maintenant dire : il n'en est pas ainsi. Dans la vie surnaturelle également, le grand nombre vit du petit nombre et le petit nombre pour le grand nombre. Dans les choses divines également, nous ne sommes pas tous des aveugles tâtonnant dans l'obscurité. Ici aussi, il y a des personnes auxquelles la vision a été accordée : « Abraham... a vu mon jour et s'est réjoui », dit le Christ de l'ancêtre d'Israël (Jn 8, 56). Il se tient lui-même au milieu de l'histoire comme le grand Voyant et toutes ses paroles ont leur source en ce rapport immédiat au Père. Et il est vrai pour nous tous que « qui m'a vu a vu le Père » (Jn 14, 9).

La foi chrétienne est, en son essence, participation à la vision de Jésus, transmise par sa parole, qui est l'expression authentique de sa vision. La vision de Jésus est le point de repère de notre foi, son ancrage concret.

1

12 juillet

La foi « de seconde main »

Lorsque nous faisons confiance à la vision de Jésus et prêtons foi à sa parole, nous n'avançons aucunement dans une obscurité complète. Le message de Jésus répond à une attente intérieure de notre cœur ; elle correspond à une lumière intérieure de notre être qui tend vers la vérité de Dieu. Certes, nous sommes tout d'abord des croyants « de seconde main ». Mais Thomas d'Aquin décrit avec raison la foi comme un processus, une voie intérieure, quand il dit : « La lumière de la foi conduit à la vision ». Dans son évangile, Jean fait maintes fois allusion à ce processus, par exemple dans l'histoire de Jésus et de la Samaritaine. La femme rapporte ce qui lui est arrivé et qu'elle a reconnu en lui le Messie – le Sauveur qui ouvre la voie vers Dieu et vers la connaissance qui donne la vie. Que ce soit justement cette femme qui le dise fait que ses concitoyens écoutent : ils croient en Jésus « à cause des paroles de la femme » — ils croient de seconde main. Mais parce qu'il en est ainsi, ils invitent Jésus à demeurer parmi eux et ils en viennent à converser avec lui. Ils peuvent à la fin dire à la femme : Nous ne croyons plus à cause de tes paroles, mais maintenant *nous savons* que celui-ci est le Sauveur du monde (Jn 4, 42). La foi est devenue, en vertu de cette rencontre, de la connaissance, du « savoir ».

Certes, on ferait erreur si l'on se représentait la voie de la foi simplement comme un processus linéaire de progrès. Parce qu'il est si étroitement relié à notre vie, qui passe par bien des hauts et des bas, il y a aussi beaucoup de pas en arrière qui exigent un nouveau commencement.

1

13 juillet

Que croire et comment croire ? (1)

Que croit l'Église ? Cette question inclut la deuxième : Qui croit, et qu'est-ce que croire ? Le catéchisme a traité ces deux questions essentielles, celle du « quoi » et celle du « qui » de la foi comme une unité interne. Autrement dit : il montre l'acte de croire et le contenu de la foi dans leur caractère indissociable. Cela peut paraître abstrait ; mais tentons de développer un peu ce que cela veut dire.

Le Credo contient la formule « je crois » ainsi que celle « nous croyons ». Nous parlons de la foi de l'Église, et du caractère personnel de la foi ; et finalement, nous parlons de la foi comme d'un don de Dieu, d'un acte « théologal », selon l'expression consacrée par la théologie actuelle.

Que signifie tout cela ?

La foi est une orientation de notre existence dans son ensemble. Elle est une décision fondamentale, qui a des implications sur tous les domaines de notre vie et qui ne se manifeste que si elle est portée par toutes les forces de notre existence. La foi n'est pas un phénomène uniquement intellectuel de notre volonté, ni purement émotionnel ; il est tout cela ensemble. C'est un acte de toute notre personne dans son unité rassemblée. En ce sens, elle est désignée par la Bible comme un acte du « cœur » (Rm 10,9).

37

14 juillet

Que croire et comment croire ? (2)

Croire est un acte éminemment personnel. Mais c'est justement parce qu'il est cela qu'il dépasse le moi, les limites de l'individu. Rien ne nous appartient aussi peu que notre moi, déclara saint Augustin. Lorsque l'homme entre en jeu dans son intégralité, il se surpasse lui-même. Un acte de tout le moi est toujours aussi en même temps une ouverture aux autres, un acte communautaire. Plus encore : il ne peut advenir sans que nous ne touchions au tréfonds de notre être, le Dieu vivant, présent dans la profondeur de notre existence, et qui la porte.

Lorsque l'Homme entre en jeu dans son intégralité, avec le moi entrent en jeu le nous et le tu du tout-autre, le tu de Dieu. Et cela signifie que dans un tel acte, la sphère de l'action strictement personnelle est dépassée. L'homme en tant qu'être créé n'est jamais seulement action au plus profond de lui, mais aussi passion, non seulement il se donne, mais il reçoit. Le catéchisme l'exprime ainsi : « Personne ne peut croire pour soi tout seul, tout comme personne ne peut vivre pour soi tout seul. Nul ne s'est donné la foi à soi-même, de même que nul ne s'est donné la vie » (166). Saint Paul a évoqué ce caractère radical en décrivant son expérience de la conversion et du baptême par cette formule : « Je vis, mais ce n'est plus moi… » (Ga 2, 20). La foi est un « enfouissement » du seul moi et, par là, précisément, une résurrection du vrai moi ; l'homme devient lui-même en devenant libre de son seul moi qui entre dans la communion avec Dieu, laquelle intervient par la communion avec le Christ.

37

15 juillet

Ouverts à la voix de la vérité

Lorsque les contenus ne comptent plus, et que la pure « praxéologie » prend le dessus, le savoir-faire devient le critère suprême. Mais cela veut dire que la puissance, qu'elle soit révolutionnaire ou réactionnaire, devient la catégorie dominante. C'est précisément la forme perverse de la ressemblance de Dieu, dont parle l'histoire de la Chute : la voie du pouvoir pur, de la puissance pure, est imitation d'une idole et non accomplissement de la ressemblance divine. La caractéristique de l'homme en tant que tel est qu'il ne se pose pas la question du pouvoir, mais celle du devoir, et qu'il s'ouvre à la voix de la vérité et de son exigence. Ce fut, me semble-t-il, l'ultime contenu du combat socratique, et c'est le contenu le plus profond du témoignage de tous les martyrs : ils défendent la capacité de l'homme à la vérité comme limite à tous les pouvoirs et garantie de sa ressemblance divine. C'est ainsi que les martyrs sont les grands témoins de la conscience, de la faculté dévolue à l'homme de percevoir le devoir au-delà du pouvoir et, par là, d'ouvrir la voie à un réel progrès, une réelle ascension.

38

16 juillet

Au commencement était le sens

Même le croyant n'est pas un homme épargné par les problèmes, les crises, les souffrances et les détresses intérieures. Mais il faut cependant qu'il sache qu'il a été voulu (par Dieu), qu'on a besoin de lui, qu'il a une tâche à accomplir, qu'une idée de lui existe. On peut aussi traduire le début de l'évangile de Jean « *Au commencement était le Verbe* » par : au commencement était le sens ! Et c'est pour moi personnellement un énorme soutien de savoir que, dès le départ, une volonté existait qui m'a pensé, avant même que je ne me pense et me connaisse moi-même, un amour qui me veut et continue de me porter, lorsque je ne peux plus faire grand-chose, quand je ne suis plus capable de créer et de fournir de sens. Cette volonté dont je suis entièrement sûr et dont je sais qu'elle a un sen, qu'elle est amour et m'a donné un sens. Voilà ce qui nous porte par-delà les ruptures de sens dans notre vie.

18

17 juillet

Doute et foi

Le croyant comme l'incroyant ont, chacun à leur manière, leur part de doutes et de foi, s'ils ne se voilent pas la face devant la vérité de leur être. Aucun ne peut échapper tout à fait au doute, ni à la foi : pour l'un, la foi est présente contre le doute, pour l'autre elle l'est par le doute et sous la forme du doute. C'est une forme essentielle de la destinée humaine de pouvoir trouver, dans cette interminable rivalité entre doute et foi, contestation et certitude, le caractère définitif de son existence. Peut-être le doute, qui préserve l'un comme l'autre de s'enfermer sur lui-même, pourrait-il devenir le lieu de la communication. Il les empêche tous deux de se recroqueviller entièrement sur eux-mêmes ; il ouvre le croyant à celui qui doute et celui qui doute au croyant. Pour l'un, il participe au sort de l'incroyant, pour l'autre il est la façon dont la foi continue malgré tout à le provoquer.

15

18 juillet

Réalité de l'invisible (1)

Croire... est pour l'homme la manière d'appréhender la vie dans la globalité du réel qui ne se réduit ni ne se compare à la connaissance. Croire donne un sens à tout. Sans lui, la réalité, l'homme tout entier resteraient perdus, sans repère. C'est le sens que l'homme donne à sa réflexion et son action qui le fait tenir debout. En effet : l'homme ne vit pas seulement du pain de ce qui lui est possible de faire, il vit en qualité d'homme et, précisément, dans ce qui fait son humanité, de la parole, de l'amour, du sens. Le sens est le pain dont vit l'homme dans ce qui fait son humanité. Sans la parole, le sens et l'amour, il en vient à ne plus pouvoir vivre, même si le confort terrestre surabonde. Qui ne sait combien cet état du « je n'en peux plus » peut surgir en pleine surabondance ?! Or, le sens ne découle pas du savoir. Vouloir le fabriquer de cette façon, c'est-à-dire à partir de la constatation de ce qui est possible de faire, serait comme l'absurde tentative de Münchhausen de vouloir se sortir lui-même de la boue par les cheveux. Je crois que l'absurdité de cette histoire montre parfaitement la position de l'homme. Nul ne se hisse hors du marécage de l'incertitude, de l'incapacité de vivre, et nous n'en sortirons pas non plus – comme a pu le dire René Descartes – par un « cogito ergo sum », une chaîne de conclusions raisonnables. Un sens qui se fait lui-même, n'est pas un sens, finalement. Le sens, c'est-à-dire le fondement sur lequel notre existence peut s'appuyer, ne se fabrique pas ; on ne peut que le recevoir.

15

19 juillet

Réalité de l'invisible (2)

Nous voici parvenus directement à la foi chrétienne, à partir d'une analyse générale de l'attitude de foi. La foi chrétienne, c'est faire confiance au sens qui me porte et porte le monde ; c'est le prendre comme la terre ferme sur laquelle je peux sans crainte me tenir debout. Dans le langage de la tradition, nous pourrions dire : la foi chrétienne, c'est comprendre son dire oui au sens (que nous ne créons pas mais ne pouvons que recevoir) puisqu'il nous est déjà offert, de sorte que nous n'avons qu'à l'adopter et à lui faire confiance. Par conséquent, la foi chrétienne est l'option de recevoir avant de faire, ce qui ne déprécie ni ne rend superflue cette action. Ce n'est que parce que nous avons reçu que nous pouvons « faire ». En outre, nous l'avons déjà dit, la foi chrétienne signifie croire que l'invisible est plus réel que le visible. C'est reconnaître le primat de l'invisible comme une réalité qui nous porte et nous rend donc capables d'affronter le visible avec sérénité, responsables devant l'invisible, vraie cause de toutes choses.

15

20 juillet

Réalité de l'invisible (3)

La foi chrétienne est plus que l'option pour un fondement spirituel du monde, sa formule centrale n'est pas : « Je crois en quelque chose », mais « je crois en Toi ». Elle est rencontre avec l'homme Jésus et fait l'expérience dans ces rencontres du sens du monde en tant que personne. Dans la vie de Jésus issue du Père, dans l'immédiateté et la densité de la fréquentation priante, visionnaire avec Lui, Il est témoin de Dieu, à travers qui l'intangible devient tangible, l'inaccessible se fait proche. Plus encore : Il n'est pas simplement le témoin à travers lequel nous croyons à ce qu'Il a vu pendant une existence qui, d'une déclaration superficielle, passe à la profondeur de la Vérité tout entière. Non, Il est la présence de l'Éternel en ce monde. Par sa vie, l'inconditionnalité de son être en faveur des hommes, le sens du monde est présence, l'Amour s'offre à nous, qui aime chacun personnellement et rend la vie digne d'être vécue par ce cadeau incompréhensible d'un amour que ne menace aucun caractère éphémère, aucun trouble égoïste. Le sens du monde est cet Autre, ce « Tu », celui qui n'est pas une question sans réponse, mais la cause du Tout qui n'a pas besoin d'une autre cause.

15

21 juillet

Réalité de l'invisible (4)

Certes, cela ne supprime pas la réflexion, nous venons de le voir.

Est-ce bien toi ?

Question que posa anxieusement Jean le Baptiste à une heure sombre, ce prophète qui avait adressé ses disciples au rabbi de Nazareth et l'avait annoncé comme le plus grand, pour lequel il ne pouvait que préparer le chemin.

Est-ce vraiment toi ?

Le croyant fera sans cesse l'expérience de cette obscurité, où la contradiction de l'incroyance l'entoure comme une obscure prison inéluctable, et de l'indifférence du monde qui continue imperturbablement comme si de rien n'était, semblant n'être que mépris de son espérance.

Est-ce vraiment toi ?

Nous devons nous poser cette question non seulement par probité intellectuelle et par responsabilité de la raison, mais aussi en vertu de la loi interne de l'Amour, désireux de reconnaître toujours plus Celui à qui elle a donné son Oui, pour pouvoir l'aimer davantage.

Est-ce vraiment toi ?

15

22 juillet

La foi est raisonnable (1)

La foi n'est pas résignation de la raison en fonction des limites de notre connaissance; elle n'est pas recul dans l'irrationnel, compte tenu des dangers d'une raison purement instrumentale. La foi n'est pas l'expression de la fatigue et de la fuite, mais elle est le courage d'être et la mise en route vers la grandeur et la largeur du réel. La foi est un acte d'approbation; elle repose sur la force d'un nouveau Oui, rendu possible à l'homme en contact avec Dieu. C'est justement dans le cas d'un ressentiment qui surgit contre la rationalité technique qu'il me semble important de souligner le caractère essentiellement raisonnable de la foi. Devant la critique des temps modernes, depuis longtemps en cours, il ne faut pas blâmer sa confiance en la raison en tant que telle, mais seulement le rétrécissement de la notion de raison, qui a ainsi ouvert la porte aux idéologies irrationnelles. Or, le mystère tel que le voit la foi, n'est pas l'irrationnel, mais l'extrême profondeur de la raison divine, que nous ne sommes plus capables de pénétrer de nos faibles yeux. Il est et reste un terme de base de la foi, lorsque Jean, reprenant et approfondissant le récit de la Création de l'Ancien Testament, commence son Évangile par ces mots: Au commencement était le Verbe, la raison créatrice, la force de la connaissance divine. On ne peut bien comprendre le mystère du Christ qu'à partir de ce commencement, par lequel la Raison apparaît clairement comme l'Amour. Le premier mot de la foi nous dit donc: tout ce qui existe... est raisonnable de par son origine, parce que tout provient de la raison créatrice.

40

23 juillet

La foi est raisonnable (2)

L'Esprit est l'origine créatrice de toutes choses. Elles portent donc en elles-mêmes toute raison qui ne vient pas d'elles et qui les surpasse infiniment, tout en constituant la loi de leur être. La raison créatrice, qui crée le caractère raisonnable objectif des choses, leur mathématique cachée et leur structure interne, est à la fois une raison morale et Amour. L'homme existe pour découvrir les traces de cette raison et ainsi déployer les choses conformément à leur nature. Sa domination est un service, et sa liberté est un lien, notamment à la vérité interne des choses et, ainsi, ouverture à l'amour qui le rend semblable à Dieu.

L'époque moderne se caractérise par un va-et-vient singulier entre rationalisme et irrationalité. Étant donné cette contradiction, il me semble important de bien définir ces alternatives. La première, fondamentale, devant laquelle nous place la marche de l'époque actuelle, consiste à se demander : Au commencement de toutes choses, y a-t-il le déraisonnable, la déraison est-elle la véritable origine du monde, ou bien est-elle issue de la raison créatrice ? Croire, c'est saisir la deuxième alternative, elle seule étant au sens le plus profond du terme « raisonnable » et digne de l'homme. Dans la crise de la raison à laquelle nous sommes confrontés aujourd'hui, cette essence de la foi doit redevenir visible, elle qui sauve la raison justement parce qu'elle la saisit dans toute sa largeur et sa profondeur et qu'elle la protège des rétrécissements de ce qui est à vérifier expérimentalement. Le mystère ne s'oppose pas à la raison, mais sauve et défend le caractère raisonnable de l'être et de l'homme.

40

24 juillet

L'Évangile en était à ses débuts

En vingt siècles d'évangélisation chrétienne, le monde n'était manifestement pas devenu meilleur, car les horreurs commises n'avaient rien à « envier » à celles des époques antérieures au Christ… Pouvait-on vraiment encore appeler les années depuis le Christ « années du Salut » ? N'avions-nous pas d'horribles années de malheur derrière nous, et ne devions-nous pas en connaître de pires encore, si tant est que ce fût possible ?

Cinquante années plus tard, je trouvai les questions qui m'émouvaient formulées dans toute leur acuité chez Julien Green, à vrai dire sous forme d'une réponse que je ne peux partager. À la fin de son livre sur saint François d'Assise, le grand écrivain écrit : « La Deuxième Guerre mondiale m'atteint intérieurement comme un coup de massue… Le monde qui se combattait m'apparut terrifiant, et dans mon for intérieur, l'idée s'imposa que l'Évangile avait échoué. Le Christ lui-même s'était demandé quelle foi il trouverait sur la terre à son retour. Les âmes qu'Il avait touchées et attirées à Lui faisaient l'effet de quelques égarés dans cette tempête déchaînée par des fous. Presque à mi-chemin entre le premier Noël et l'enfer dans lequel l'humanité se déchiquetait alors, un autre Christ était apparu sur terre, le François d'Assise de ma jeunesse. Avait-il échoué ? En apparence seulement… Il était convaincu que le Salut viendrait par l'Évangile.

L'Évangile était l'éternité.

L'Évangile ne faisait que commencer.

Qu'étaient donc vingt siècles aux yeux de Dieu ? »

40

L'instinct religieux primordial de l'homme (1)

Je dirais qu'il est incontestablement des manifestations de renouveau qui laissent espérer – des mouvements jeunes, dans lesquels agit une grande force de foi, un sérieux moral convaincant et un engagement qui est admirable. De tels mouvements peuvent devenir un levain qui redonne force vitale et crédibilité aux valeurs humaines de l'Évangile marquant notre Constitution. Mais nous ne pouvons pas non plus vouloir ignorer que des chrétiens continuent à quitter leur Église et qu'elles continuent à être secouées par des crises internes. Globalement, on peut observer dans notre société un délitement progressif de la religion dans une double direction. La première nous est déjà familière au vu de l'évolution de l'année 1968 : la politique devient une religion, et la religion se transforme en passion politique. La croyance en la transcendance et en la destination éternelle de l'homme s'écroule ; elle n'apparaît pas justifiable rationnellement et sans valeur pour la vie en ce monde. Mais l'attente du Salut sans condition demeure. L'expérience que nous ne sommes pas sauvés, mais « aliénés » se renforce, et l'accomplissement qui ne peut se faire dans l'au-delà et ne reçoit pas le don de la grâce, doit se réaliser ici-bas par notre propre agir. On attend alors de la politique ce qu'elle ne peut donner.

40

L'instinct religieux primordial de l'homme (2)

L'autre forme déliquescente de la religion conduit à ce que l'on pourrait, vu sous l'angle de l'histoire des religions, qualifier de gnosticisme et que l'on se plaît à résumer sous l'étiquette ésotérisme. Sous ce terme se cachent diverses formes d'ersatz religieux, souvent curieusement mêlées de rationnel et d'irrationnel. Occultisme et magie attirent. Il s'agit toujours de religion, qui n'exige pas la foi, mais conduit, sur la voie de rites et de pratiques psychologiques, dans des couches plus profondes de l'être, donne un sentiment de libération, de faire tomber les barrières et, à partir des origines cachées, un pouvoir contre les forces qui menacent notre vie. À la recherche d'une technique de rédemption, on a recours à des formes religieuses extra-européennes, qui ne maintiennent pas l'homme dans la pénible incertitude de la foi, mais lui offrent des formes d'auto-rédemption d'application pratique. On parle beaucoup aujourd'hui de sécularisation de notre société ; c'est exact au sens où la religion se retire dans la sphère privée ; mais elle ne disparaît pas, elle ne fait que changer de figure et, ainsi, également de nature. Si l'on observe le marché des religions qui se déploie chez nous aujourd'hui, on constate nettement aussi bien son actualité dans le changement de forme que le changement de nature du phénomène religieux. L'essence de la foi chrétienne, d'un point de vue phénoménologique religieux, est de maintenir l'instinct religieux primordial de l'homme en une synthèse subtile avec une orientation rationnelle vers un Dieu considéré comme la Raison des origines et comme Amour créateur.

40

L'instinct religieux primordial de l'homme (3)

La même tension détermine aussi, au-delà de la sphère du christianisme, le drame de l'histoire des religions. Quasiment toutes les religions savent que derrière les puissances divines du monde, il y a un Dieu unique, origine du monde qui lui donne un sens. Même pour le polythéisme, il est généralement clair que les dieux ne sont pas le pluriel de Dieu, parce que Dieu n'existe pas au pluriel. Il est unique. Bien que portant le même nom, les dieux sont des puissances à un niveau inférieur ; mais dans l'histoire des religions, ce Dieu unique ne cesse de disparaître progressivement du culte et du comportement religieux concret. Il est trop loin et surtout, il n'est pas dangereux, soit parce qu'il est précisément toute bonté, le Bien par excellence et ne fait donc de mal à personne ; soit parce que l'on pense qu'il ne se préoccupe pas de la destinée de l'homme, trop insignifiante pour lui. C'est ainsi que le culte ne se tourne pas vers le seul Bien, dont on n'a rien à craindre, mais vers les nombreuses puissances équivoques qui assiègent concrètement notre vie et avec lesquelles il faut s'arranger. Je qualifierais cette chute chronique dans l'histoire des religions d'un Bien vers les nombreuses puissances ambiguës de paganisme, au sens qualitatif du terme. À cet égard, nous sommes aujourd'hui dans le monde occidental « éclairé », c'est-à-dire en même temps menacé dans toutes les autres cultures par un nouveau paganisme. L'homme, qui exclut un bon fondement de toutes choses comme étant trop lointain, trop peu sûr et trop peu important, pour se tourner vers des puissances plus proches, s'abaisse lui-même. La décomposition de la vision chrétienne devant laquelle nous nous trouvons ne manquera pas de conduire à une désintégration de l'homme lui-même !

40

28 juillet

Dynamique du combat de l'homme (1)

Le sociologue des religions hollandais O. Schreuder a, peu après le Concile, comparé le chrétien « normal » à un homme qui circule dans un magasin self-service et, après avoir (librement) choisi parmi les diverses offres, met dans son filet ce qui lui plaît. Dans le supermarché des diverses idéologies que présente le monde occidental aujourd'hui, le citoyen de ce monde, exigeant, cherche dans les différents étals ce qui lui convient, pense Schreuder. Le brave chrétien rigoureusement pratiquant, qui n'achète – pour ainsi dire – son « idéologie » qu'au stand de l'Église et, par conséquent met dans son filet toutes ses offres, tous les dogmes, est devenu une exception. Ce serait, selon ce modèle, l'homme de l'identification totale, pour ainsi dire l'image normative de la proclamation ecclésiale.

À l'inverse, le cas normal est l'identification partielle, c'est-à-dire l'homme exigeant, qui va chercher certaines choses dans les offres de l'Église pour les mettre dans son cabat, mais s'approvisionne bien évidemment aussi à d'autres sources et, ne serait-ce qu'à cause de cela, n'aurait pas l'idée de traîner derrière lui tout ce qu'enseigne l'Église ! P.M. Zulehner a validé et concrétisé ce portrait du « chrétien élitiste » avec grande précision, à l'appui de données sociologiques, à partir desquelles il fit l'ébauche hautement nécessaire d'une « pastorale du chrétien élitiste ».

31

29 juillet

Dynamique du combat de l'homme (2)

Il faut seulement se demander à présent quel est le rapport entre norme et fait, ou encore comment théologie et pastorale sont censées répondre à ces données. Où est la norme, à vrai dire ? Faut-il en effet considérer comme normal celui qui n'achète qu'à un stand, dont il prend tout ? Cela contredit pour ainsi dire les lois du marché, auxquelles est empruntée l'image. Pour lui, la libre concurrence est déterminante et l'action contraire allant contre le système, est inacceptable, voire immorale. Pour moi, cela ne fait aucun doute que la plupart de nos contemporains expérimentent plus ou moins consciemment l'offre idéologique selon le modèle du marché, et une identification totale exigée par ce modèle a vraiment quelque chose d'inouï ! Or, évidemment, la question se pose alors : Est-on sur la bonne voie quand on considère l'Église comme un bazar de dogmes, voulant assurer l'écoulement de sa marchandise quelque peu défraîchie par de tenaces exigences de monopole ?!

Ce questionnement nous amène d'emblée au deuxième maillon de notre canevas conceptuel thématique, car ce qui a été dit débouche objectivement sur la question tout à fait générale :

Que veut donc dire « identification » ?

31

30 juillet

Dynamique du combat de l'homme (3)

Un homme peut, par exemple, s'« identifier » à son club de foot, à un parti, à une entreprise. Ce qui signifie qu'il se mobilise pour ce groupe, qu'il le défend, partage sa destinée avec ses hauts et ses bas, qu'il souscrit à ses décisions et agit en conséquence. Bien qu'il existe alors une analogie structurelle dans tous ces cas d'identification, il n'est donc pas difficile de voir que, concrètement, ils ont un sens très différent pour la personne concernée. Car même celui qui, par exemple, s'identifie totalement à son club de pigeons voyageurs, il est impossible qu'il se sente concerné personnellement au même degré que celui qui s'identifie au parti communiste et à la doctrine de Karl Marx, quelles que soient ses restrictions à une identification totale…

Ce dernier exemple montre bien que l'homme devient lui-même seulement dans ses identifications. Ce qu'il est, et qui il est, dépend des identifications auxquelles il aboutit. Autrement dit : lors du processus d'identification, l'homme n'agit pas comme un sujet accompli, qui choisit à droite, à gauche et met dans sa poche toutes sortes de choses… Cette image si éclairante qui, sans aucun doute, décrit un aspect de notre question, n'en rend pas totalement compte. L'homme est seulement à la recherche de son identité ; et la question de savoir s'il la trouve, dépend essentiellement de l'identification qui lui permet de devenir lui-même.

31

31 juillet

Dynamique du combat de l'homme (4)

Une chose est claire : il ne s'agit nullement de conduire l'homme à une décision aussi vaste que possible dans le prétendu bazar de l'Église. Il s'agit bien davantage de l'amener à prendre une décision vraiment centrale sur le plan qualitatif, en fin de compte à s'identifier à Celui qui s'est identifié à nous, ce dont tout découle. Il est question – je le répète – d'une décision finalement « simple », non pas au sens primitif, mais originel. Cela signifie en même temps que cette simplicité est si ample que tout le reste s'ensuit. Celui qui prend cette décision devient pieux (au bon sens du terme) et critique ou, selon la formule de Käsemann : « libéral et pieux à la fois » ; il marchera ainsi sur les pas de Jésus Christ, dont la piété et la liberté sont l'expression de son union à Dieu le Père et à l'homme.

31

AOÛT

Ressentir pleinement la vie et risquer pleinement la foi

1er août

Le jeu et la vie (1)

Tous les quatre ans, la coupe du monde de football est un événement qui captive des centaines de millions d'êtres humains. Il n'y a guère d'autre phénomène sur terre capable d'exercer une aussi grande influence. Nous touchons manifestement une « corde sensible » ontologique ; et la question se pose : où réside le pouvoir d'un jeu ?

Le pessimiste dira que c'est le même phénomène que dans l'ancienne Rome. Le mot d'ordre des foules était : « panem et circenses », c'est-à-dire du pain et les jeux du cirque. Eh oui ! Le pain et les jeux sont la raison d'être d'une société décadente, qui ne connaît plus de buts plus élevés. Mais même si l'on accepte cette information, elle ne suffirait aucunement à tout expliquer.

Il faudrait encore se demander : en quoi le jeu fascine-t-il, pour être aussi important que le pain ? On pourrait à nouveau répondre, en regardant l'ancienne Rome, que le cri pour du pain et des jeux exprime en réalité la nostalgie de la vie paradisiaque, une vie de satiété, sans peine, et de liberté accomplie. Car le jeu, finalement, signifie une action totalement libre, sans but ni contrainte, et qui, toutefois, tend toutes les forces de l'homme et les canalise [...]. Il symbolise la vie même et l'anticipe pour ainsi dire d'une manière libre.

35

2 août

Le jeu et la vie (2)

Il me semble que la fascination du football réside essentiellement dans le fait qu'il réunit ces deux aspects sous une forme très convaincante. Il force l'homme à se discipliner, de sorte qu'il réussit par l'entraînement à se maîtriser, en se maîtrisant il obtient la supériorité, et, par la supériorité, il acquiert la liberté. Mais le football enseigne surtout à être disciplinés les uns avec les autres ; jeu d'équipe, il oblige l'individu à s'ordonner à l'ensemble. Il relie par un but commun ; la victoire et la défaite de chacun impliquent la victoire ou la défaite de l'ensemble. Et, finalement, il apprend à être un adversaire fair-play, où la règle commune, à laquelle on se soumet, reste le liant et le ferment d'unité avec le camp adverse, laissant, en outre, libre cours à la liberté du jeu – quand tout se passe normalement – et dissout le sérieux du jeu adverse en liberté du jeu terminé. Les spectateurs s'identifient au jeu et aux joueurs, participant ainsi à l'action du groupe dans les deux camps, à son sérieux et à sa liberté. Les joueurs deviennent le symbole de notre propre vie ; et cela rétroagit sur eux : ils savent que les hommes se trouvent eux-mêmes représentés et confirmés en eux.

35

3 août

Le jeu et la vie (3)

Naturellement, tout cela peut être gâché par un esprit commercial, qui soumet l'ensemble au sérieux austère de l'argent et transforme le jeu en une industrie, qui crée un monde fictif aux proportions effrayantes. Mais même ce monde fictif ne pourrait se maintenir s'il n'y avait un fondement positif à la base du jeu : l'exercice préparatoire de la vie et le surpassement de la vie en direction du paradis perdu. Les deux fois, il s'agit – en se pliant à la règle – de rechercher une discipline de la liberté, de pratiquer l'activité de groupe, un camp contre l'autre, et s'exercer à vivre en bonne intelligence avec soi-même.

En y songeant, peut-être pourrions-nous vraiment, à partir du jeu, réapprendre à vivre. Car, en lui, quelque chose de fondamental devient visible : l'homme ne vit pas seulement de pain ; oui, le 'monde du pain' n'est finalement que l'étape qui précède l'humain véritable, le monde de la liberté. Mais la liberté vit de la règle, de la discipline, qui apprend à être ensemble et à s'opposer correctement, à ne dépendre ni du succès extérieur ni de l'arbitraire, ce qui lui permet d'être vraiment libre. Le jeu – une vie – : si nous approfondissons, le phénomène d'un monde enthousiasmé par le football pourrait nous donner davantage qu'un simple divertissement.

35

4 août

Quête de la vraie vie

Manifestement, la plupart des hommes ressentent que l'année passée au bureau, à l'usine ou tout autre lieu de travail, n'est pas une vie. En vacances, nous partons pour être enfin libres, pour vivre enfin. Se baigner, jouer, rire : ça, c'est vivre. Avec cette promesse devant les yeux, les files de voitures « galèrent » vers le sud. Lorsqu'on veut trouver la vie, l'épreuve de la patience vaut la peine.

Cet espoir de détente, de liberté, de sortir de la contrainte du quotidien est parfaitement humain. À la vitesse où va le monde technique, de telles pauses pour respirer sont tout simplement nécessaires. Ceci étant, nous devons, toutefois, admettre aussi qu'en attendant, nous avons nos problèmes malgré notre liberté, la liberté des loisirs. Il est prouvé que la plupart des suicides ont lieu le samedi et le dimanche, pendant les temps libres. Libéré de l'automatisme du monde du travail, l'homme ressent soudain qu'il ne sait pas du tout vivre. Il constate que les bains, les jeux, les rires ne sont pas encore la vie. Plus nous avons de loisirs pour vivre, plus il s'avère que nous ne savons pas ce qu'est la vie. Le problème de gérer ses loisirs, ses vacances, commence à devenir une véritable science.

35

5 août

Culture du week-end et dimanche chrétien

Comment pouvons-nous concilier culture du week-end et dimanche chrétien, faire en sorte que les loisirs fassent référence à la liberté pour laquelle le jour du Seigneur veut « travailler » ? Je pense que nous devons, plus que jamais encore, imaginer des solutions nouvelles :

– d'une part, vers plus de souplesse dans l'accompagnement spirituel et l'ouverture réciproque des communautés les unes aux autres ;

– d'autre part, pour trouver – en amont des célébrations – des manières de faire de la communauté paroissiale une 'patrie intérieure', qui absorbe la fuite en avant de la société industrielle et lui donne un autre but. Car je suis d'avis que toutes ces fuites, dont nous sommes témoins, visent sans doute à se distraire, se divertir, rencontrer les autres et se libérer de la corvée du quotidien, mais que ces souhaits entièrement justifiés cachent une aspiration plus profonde [...].

La liturgie du dimanche devrait y apporter une réponse. Elle ne sera pas en bonne place si elle veut faire concurrence au show-business. Un curé n'est pas un présentateur et la liturgie n'est pas un spectacle de variétés. Elle sera également en mauvaise place si elle veut être une sorte de repas convivial. Elle doit être davantage. Il doit devenir évident que s'ouvre ici une nouvelle dimension de l'existence, et que nous recherchons tous secrètement : la présence de ce que l'on ne peut faire soi-même : la théophanie, le mystère et, en lui, l'approbation de Dieu, qui existe au-delà de l'être et qui est seule capable de rattraper les choses, de sorte que nous puissions les accepter au milieu de toutes les tensions et les souffrances.

16

6 août

Savoir se reposer

Je crois que cela fait du bien [...] de voir l'humanité de Jésus, qui ne prononce pas toujours seulement des paroles sublimes et ne s'épuise pas sans arrêt pour résoudre tout ce qui L'assaille. J'imagine son visage en disant ces paroles. Tandis que les apôtres se démènent littéralement, sautant même un repas – par zèle et conscients de l'importance de leur mission – Jésus les fait redescendre de leur nuage : « Maintenant, reposez-vous un peu ! » On sent l'humour tranquille, l'ironie amicale, avec lesquels il leur remet les pieds sur terre. C'est dans cette humanité de Jésus que transparaît justement sa divinité, telle que Dieu est.

Toute agitation, même religieuse, est totalement étrangère à l'image de l'homme du Nouveau Testament. Chaque fois que nous croyons être absolument indispensables, chaque fois que nous pensons que le monde ou l'Église dépendent de notre agir incessant, nous nous surestimons. [...] Je ne voudrais pas entonner une louange de la paresse, mais tout de même préconiser une certaine révision du catalogue des vertus, tel qu'il s'est développé dans le monde occidental, où l'affairisme est la seule attitude défendable. Regarder, s'étonner, se recueillir, faire silence semblent, par contre, indéfendables ou, du moins, excusables. Ainsi s'atrophient les forces vitales de l'homme.

35

7 août

Oasis de respiration pour le cœur et l'âme

Dans les *Actes des Apôtres*, le Saint-Esprit est représenté par l'image de la tempête et du feu. La tempête est avant tout l'expression et le signe de la puissance de Dieu qui fait tournoyer la terre et met les étoiles en mouvement, telles des grains de sable. Mais cette image de la tempête contient une deuxième idée : elle représente aussi l'un des quatre éléments de vie, celui de l'air, qui différencie notre terre de tous les autres astres et en fait l'astre de vie. Les poumons ont du sens seulement là où il y a de l'air ; et il ne peut y avoir de vie que là où l'on peut respirer. Ce qu'est ce mystérieux élément de l'air pour la vie biologique, le sacré, l'Esprit Saint l'est pour tout esprit. L'homme ne peut vivre, l'humanité exister que là où on Le respire. Aujourd'hui, on parle beaucoup de pollution atmosphérique, mais pas de la pollution de l'esprit qui détruit l'atmosphère, dans laquelle peut vivre l'Esprit, nous ne parlons pas. Or, l'empoisonnement du cœur et de l'Esprit causé par cette pollution de l'environnement culturel est beaucoup plus alarmant que les maladies provoquées par la pollution physique de l'air. Nous, les chrétiens, devons d'autant plus considérer comme notre mission de veiller à l'air pur de l'Esprit Saint et de créer dans la communauté des croyants des oasis de respiration.

MKK

8 août

Art des loisirs

Le rapport entre le travail et les tâches terrestres a changé. Alors qu'au Moyen Âge, l'idéal était d'être totalement libéré du souci terrestre au profit de « temps libre pour la vérité », les occupations terrestres apparaissant comme un fardeau et une diversion de l'essentiel, l'homme d'aujourd'hui n'a aucune estime pour la fuite du monde, peu pour les loisirs et considère le service rendu au monde avec une ardeur quasi religieuse ; il voit cela comme une opportunité pour l'homme de changer la face de ce monde, d'en épuiser les possibilités et de le rendre plus hospitalier. Qu'est-ce qui peut rendre le monde plus habitable ? Le confort technique étant parvenu à son développement maximal, la nostalgie de la simplicité des origines resurgit ; le monde "fabriqué" dont l'homme est entouré de toutes parts devient une prison qui provoque un cri de liberté vers le Tout-Autre. On voit que le temps libre ne remplace pas les loisirs, que les loisirs demandent un ré-apprentissage si le travail veut garder du sens. On voit que l'homme qui épuise le monde entier pour lui-même, en arrive à le détruire ainsi que son propre espace vital. Ce n'est plus le cri de Cassandre des romantiques hostiles à la technique, mais le calcul de la technique elle-même à propos d'elle-même. Ainsi la science sans repères devient-elle un cauchemar et le véritable accusé de toute l'évolution. L'idéologie est un atout, lorsque renaît (ne serait-ce que timidement) l'aspiration à la sagesse, à la contemplation et à la liberté intérieure qu'elle donne.

14

9 août

Mesure de notre dignité

L'homme ne se mesure absolument pas à son dynamisme, sa valeur et sa dignité ont des racines plus profondes et ceux qui, justement, ne peuvent pas exercer de fonction (souffrants, personnes âgées, enfants) ont leur dignité en tant que tels. Une société où les enfants sont programmés dès le départ dans un système de prestations, où les vieillards et les malades ne sont ressentis que comme une charge ennuyeuse, cette société oublie l'homme lui-même ; et, en voulant s'élever encore à tout prix, elle devient un camp de concentration où seule la fonction a sa place et l'homme ne vaut plus rien. Il doit rester de la place pour ceux qui n'ont pas de fonction : les souffrants, les personnes âgées ou les hommes voulant vivre seulement dans la contemplation de la Parole de Dieu. Là aussi, notre jalon sur la route doit être l'Évangile, où il est dit : « *La vie éternelle, c'est de Te connaître, Toi, le seul Dieu, et Jésus-Christ* ».

Ce qui est le plus profond en l'homme et fait de la vie humaine la Vie, c'est que Dieu nous touche, et que nous pouvons Le toucher. Voilà la mesure qui garantit notre dignité et dont nous vivons et découvrons l'humanité : nous devons donner aux autres et recevoir les uns des autres. Et si nous vivons de cette mesure, alors, pour Dieu, le monde sera humain.

MKK

10 août

Pour un fondement d'humanité

Venons-en à la question de savoir comment on peut donner force au droit et au bien dans nos sociétés face à la spontanéité et au cynisme, sans qu'une telle force ne soit imposée par une contrainte extérieure, voire définie arbitrairement. À cet égard, l'analyse de « Démocratie en Amérique » d'Alexis de Tocqueville m'a toujours impressionné. Le grand penseur politique voyait dans le caractère vivant de la conviction morale fondamentale, nourrie par le christianisme protestant en Amérique, fondement des institutions et des mécanismes démocratiques, une condition préalable essentielle pour que tienne cet édifice fragile en soi et permette une hiérarchie des libertés dans une liberté vécue au plan communautaire.

En réalité, les institutions ne peuvent tenir et agir sans convictions morales communes. Mais celles-ci ne peuvent venir de la seule raison empirique. Même les décisions majoritaires ne resteront véritablement humaines et raisonnables que si elles présupposent un fondement d'humanité et le respectent comme leur bien commun, préalable de tous les autres biens.

38

11 août

Seule la vie éternelle comble les attentes de l'homme

La foi chrétienne est tournée vers la Vie. Elle croit en un Dieu des Vivants. Son but est la vie, et elle approuve donc la vie à toutes ses étapes comme don et reflet de Dieu, qui est la Vie. Elle approuve la vie jusque dans son assombrissement par la souffrance. Même ainsi, elle reste un don de Dieu, et elle ouvre encore de nouvelles possibilités de l'être et du sens. C'est pourquoi, pour la foi chrétienne, il n'y a pas de « vie qui ne vaille pas la peine d'être vécue ». Là où il y a vie, elle reste don de Dieu dans toutes les zones d'ombre, offert aux hommes et capable même de les enrichir et de les rendre plus libres par l'exigence d'un amour serviteur. [...]

De nos jours, étant donné les possibilités nouvelles de plus en plus nombreuses, le thème de la suppression de la souffrance a pris une importance comme rarement auparavant. La tentative de supprimer la souffrance par la médecine, la psychologie et la pédagogie, la construction d'une nouvelle société, est devenue un effort gigantesque de rédemption définitive de l'humanité. Naturellement, la souffrance peut et doit être atténuée par tous ces moyens. Mais la volonté de la supprimer entièrement reviendrait à un mépris de l'amour et à un recul de l'homme. [...] La valeur relative de ces moyens est indubitable. Ils peuvent être utiles, s'ils se reconnaissent comme parties d'un plus grand tout. Pris pour eux seuls, ils débouchent sur le néant. Car, finalement, une seule réponse peut suffire à l'homme, qui honore l'exigence infinie de l'amour. Seule la vie éternelle répond de façon satisfaisante à la question de l'existence et de la mort humaines en ce monde.

17

12 août

Se mettre en recherche (1)

Un des phénomènes curieux de notre civilisation moderne est la résurgence de l'élément nomade : chaque week-end, des colonnes entières de tôle se dirigent vers la sortie des villes, pour rouler en sens inverse le dimanche soir sur des routes irrémédiablement bouchées et revenir au point de départ. Au début des vacances, ces flots grossissent en véritables migrations de populations. Tout un peuple semble alors partir en voyage. La route est devenue l'un des lieux de séjour les plus fréquents dans les pays dits hautement développés, et les investissements dépensés pour eux à jet continu sont l'expression de l'état d'âme qui fait de l'homme un randonneur sans repos. La question s'impose : quelle est la raison d'un tel comportement ?

Manifestement, les hommes ne se sentent pas vraiment chez eux dans leurs appartements ; beaucoup quittent leur domicile, dès qu'ils le peuvent et aussi souvent qu'ils le peuvent. Il semble être pour eux une prison du quotidien plutôt qu'un abri sûr où l'on aimerait demeurer. On pourrait donc dire que cette fuite sur les roues cache une révolte contre les contraintes du monde du travail et une aspiration à la liberté, aux grands espaces, à quelque chose de complètement différent, où l'on pourrait enfin, créatif et libre, se retrouver soi-même.

35

13 août

Se mettre en recherche (2)

Ne sentons-nous donc pas un peu la vérité des paroles bibliques qui caractérisent l'homme comme un pèlerin en ce monde et nous disent qu'il ne peut du tout y trouver sa vraie demeure ? Ne reconnaît-on pas un peu cette inquiétude du cœur, dont parle Augustin, qui fit l'expérience d'être lui-même le chercheur inquiet, le 'vagabond' sans repos, jusqu'à ce qu'il finisse par comprendre pourquoi tout le laissait sur sa faim ? Au nomade d'aujourd'hui, l'automobile – dont l'appellation provient du mot grec « soi-même » – peut sembler être l'expression de sa liberté et de son indépendance, et donc aussi irremplaçable au-delà du côté pratique. Mais lui donne-t-elle son « soi-même » et sa liberté, ou bien ne le comprime-t-elle pas, de nouveau, dans les embouteillages de ceux qui tournent dans le vide ?

Nos habitudes de vacances pourraient donc très bien être pour nous l'occasion de refaire le point sur nous-mêmes en profondeur et de nous mettre en une plus grande quête que nous ne l'osons habituellement. Ne serait-ce pas alors enfin le trajet convenant vraiment à l'homme : sortir de l'étroitesse du quotidien, se mettre en quête de l'éternel, chercher le visage de Dieu et ainsi dépasser toutes les frontières du temporel ? Et ne se pourrait-il point que de là seulement nous viendraient à la fois la liberté et notre vraie patrie ?

35

14 août

Rencontre de Dieu fait homme

Je pense que nous avons besoin d'une sorte de révolution de la foi, au sens propre et au sens figuré. D'abord, nous en avons besoin pour avoir le courage de contredire aussi les certitudes générales. Il existe aujourd'hui, chez la plupart des hommes, une certaine idéologie du tout venant, qui vise obligatoirement à atteindre un certain niveau de vie, à pouvoir se réaliser soi-même dans ce que l'on souhaite, ce que l'on voudrait, et où Dieu est finalement une grandeur inconnue et, à vrai dire, négligeable. À cela s'ajoute que la morale relève plutôt du hasard et du calcul des chances.

Comme nous le disions, l'idéologie dominante, dans laquelle nous vivons aujourd'hui et qui s'impose jour après jour, nous entraîne vers des certitudes qui, au fond, empêchent l'homme d'aller à l'Essentiel. D'un côté, il ne peut donc plus pénétrer l'essentiel ; de l'autre, il sent que quelque chose lui manque. Car les grandes maladies collectives que nous connaissons aujourd'hui reposent sur la perception d'un manque et d'un "trop peu" dans la vie humaine. Nous devons, par conséquent, avoir le courage de réagir aussi contre ce qui est considéré comme la « normalité » pour l'homme de la fin du XXe siècle, et redécouvrir la foi dans sa simplicité.

Très simplement, cette découverte pourrait, tout d'abord, se faire par une rencontre du Christ, qui n'est cependant pas la rencontre d'un héros historique, mais de Dieu fait Homme. Et ce n'est que lorsque cela pénètre vraiment une vie que celle-ci prend une autre orientation.

32

15 août

Le ciel dont l'homme se détourne

L'homme a besoin de l'éternité, toute autre espérance le laisserait insatisfait. Il n'est pas vrai que l'éternité lui vole le temps, le rend vide et insignifiant ; au contraire, seule l'éternité peut lui donner le temps. Si la mort de l'homme est indigne, alors sa vie l'est aussi... Si l'homme est finalement jeté aux ordures par la mort, alors il est aussi l'une des choses que l'on peut jeter et qu'on a le droit de traiter ainsi. Mais s'il ne devient jamais un rebut, si ce qui fait sa valeur est l'éternité, alors cette valeur demeure et imprègne toute sa vie. Un psychologue a montré que se détourner du ciel est la maladie décisive de la terre : parce qu'on l'oublie, la terre devient vide et l'homme malade. Promettre le paradis aux générations à venir, mais ne promettre que le néant et la mort aux hommes d'aujourd'hui, c'est ne rien promettre à personne. À cela s'ajoute que l'homme ne profite pas d'un avenir qui n'est qu'à venir et nullement présent ; et l'attendre chaque jour est trop long. Un présent qui n'est que présent et qui ne débouche sur rien est désespérant. Le néant qui s'ensuit vide aussi le présent de son contenu et le rend insupportable. Seule l'éternité peut unir présent et avenir... Nous devons retrouver le courage de croire de tout notre cœur à la vie éternelle. Alors nous verrons comme la vie redeviendra riche, plus belle, plus libre et plus détendue.

MKK

16 août

Se trouver et se perdre

Le chrétien ne peut répondre aux problèmes d'aujourd'hui en croyant à moitié et en se laissant à moitié entraîner par un monde dont il ne peut sortir. Sa réponse doit plutôt être de croire de tout son être et, à partir d'une foi sans restrictions, d'être vainqueur du monde actuel tel qu'il est, c'est-à-dire d'agir en se sachant responsable d'aimer. Mais rendre ce service au monde avec tout son cœur ne signifie nullement être infidèle à la folie de la Croix, au profit d'un optimisme naïf du progrès. C'est justement l'objectivité d'un tel service qui exige d'être prêt chaque jour à se perdre de nouveau, sans quoi il n'est pas possible de se trouver... Le service de l'amour personnel est devenu superflu, même si la face du monde a bien changé... Un Oui critique, que n'exclut pas le cœur mais qu'il exige, amènera le chrétien à faire du monde du travail un moyen d'une plus grande liberté. C'est d'ailleurs son objectif; mais la liberté reste vide tant que, se limitant aux loisirs, elle n'est qu'un ersatz et, en fin de compte, une non-liberté déguisée. La liberté n'est réalisée que si elle devient espace d'éternité. Transformer le soulagement physique et temporel par la technique en une véritable « libération » de l'homme, c'est-à-dire lui permettre de retrouver la liberté pour ce qui est éternel, reste une espérance inaccomplie, mais précisément à cause de cela une tâche primordiale pour le chrétien.

14

17 août

La famille, lieu de notre avenir

Si l'on parle d'avenir, notre regard doit d'abord se porter sur nos enfants : c'est eux, notre avenir. L'avenir qu'offrent la technique et l'œcuménisme dépend de ma façon dont ils préparent l'avenir. Tout le reste n'est qu'un moyen. C'est la raison pour laquelle la famille doit, en tant que lieu de notre avenir, être notre plus grand souci... Dans la nouvelle version du droit de garde des enfants qui doit être promulguée au Bundestag, la famille apparaît non plus comme le lieu de la confiance, où les personnes se donnent les unes aux autres, où elles reçoivent des autres et donnent la vie. Elle apparaît plutôt comme un lieu de méfiance foncière, où ne vivent que des individus isolés devant être protégés les uns des autres. L'obéissance que les parents exigent des enfants semble constamment suspectée d'être une relation oppresseurs/opprimés. Certes, ce projet de loi est le reflet de notre société : mariages brisés, familles détruites et enfants ballottés sans ménagement... Le mal de notre société devient la norme et, ce faisant, devient incurable. Voici, finalement, les séquelles de cet empoisonnement de nos âmes : ne voir en l'obéissance et la conduite qu'une oppression ; considérer la fidélité, lorsqu'elle commence à devenir douloureuse, comme privation de liberté ; déclarer que la confiance est un prétexte pour exploiter l'autre ; et que la méfiance, supposée protéger une personne d'une autre, est la seule attitude réaliste.

MKK

18 août

Divisé en son être

« Tu aimeras ton prochain comme toi-même »!

À la façon dont nous entendons et comprenons généralement cette phrase, s'aimer soi-même semble se passer d'explication, parce que c'est une évidence. La révolution copernicienne à laquelle l'homme est appelé ici consiste à ne plus considérer son ego comme le centre du monde, mais à le placer au même rang que tous les enfants de Dieu, par rapport au vrai centre : le Créateur. C'est assurément le point de vue central que veut indiquer le double commandement d'aimer Dieu et son prochain. Mais on peut aussi l'aborder d'un autre point de vue, à partir des expériences de notre époque. Celui qui, aujourd'hui, s'observe lui-même et les autres avec lucidité, ne tardera pas à remarquer que l'attitude par rapport au moi a largement perdu de sa simplicité naturelle... D'un homme maussade, toujours de mauvaise humeur, le dicton populaire dit : il ne s'aime pas. Et il est vrai que le désaccord avec soi-même est souvent la raison la plus profonde du désaccord avec l'autre. L'égoïsme n'est pas l'acceptation de soi-même, le véritable amour de soi, pouvant devenir en même temps ouverture à la charité. La dernière note que Georges Bernanos fait consigner à son curé de campagne dans son journal est celle-ci : « Il est plus facile que l'on pense de se haïr. La grâce consiste à s'oublier soi-même. Quand bien même toute fierté serait morte en nous, la grâce des grâces serait de s'aimer humblement soi-même comme n'importe quelle partie – fût-elle insignifiante – des membres souffrants du Christ. »

8

19 août

La foi dans la vie quotidienne, une attitude fondamentale de l'homme (1)

Nous devons accepter de très nombreuses choses – la grande majorité – en faisant confiance à la « science », en autant qu'elles semblent suffisamment confirmées par nos propres expériences. Nous utilisons tous du matin au soir des produits et des techniques dont nous ignorons les fondements scientifiques : qui est en mesure de vérifier le réseau électrique et le fonctionnement de l'ascenseur ? Toute électronique que nous manions ? Ou bien (c'est là que cela devient plus délicat) la fiabilité de la composition d'un médicament ? On pourrait continuer ainsi. Nous vivons dans un réseau d'inconnues, auxquelles nous nous fions à cause d'une expérience globalement positive. Nous « croyons » que tout cela doit bien avoir un fondement et recevons par une telle « foi » notre part du produit du savoir d'autrui [...].

Plus profondément, la vie humaine devient impossible quand on ne peut plus faire confiance à autrui et qu'on ne peut plus se fier à son expérience, à sa connaissance, à ce qu'il nous confie. C'est là un côté – le positif – de cette « foi ». D'un autre côté, il est naturellement l'expression d'une inconnaissance et dans cette mesure, une attitude secondaire : savoir serait préférable. La plupart des gens ne peuvent, par conséquent, se fier à tout le mécanisme du monde technique que parce qu'il y en a quelques-uns qui ont fait des recherches sur la question et qui la connaissent. Sur ce point, le souhait de passer autant que possible de la foi au savoir est fondé et sensé, du moins dans ce domaine.

1

20 août

La foi dans la vie quotidienne, une attitude fondamentale de l'homme (2)

Une société ne peut pas vivre sans confiance. La formule que Thomas d'Aquin a en réalité forgée pour un autre niveau s'applique également ici : l'incroyance est contraire à l'essence de l'être humain.

Il se peut que chacun ne puisse pas « savoir » tout ce qui est utile et nécessaire à la vie quotidienne, que notre capacité d'action repose ainsi sur le fait que c'est par la « foi » que nous avons part au « savoir » d'autrui ; nous demeurons pourtant toujours dans le domaine du « savoir » humain qu'en principe tous peuvent obtenir. Avec la foi en la révélation en revanche, nous franchissons la frontière du savoir propre à l'être humain. Même si l'existence de Dieu pourrait encore devenir objet de « savoir », la révélation et ses contenus demeurent de l'ordre de la « foi » pour tout un chacun, au-delà de ce qui est accessible à notre savoir. Il n'y a pas ici de réflexion possible sur le savoir spécialisé de certaines personnes auxquelles nous pouvons nous fier parce qu'ils connaissent les choses immédiatement par leurs propres recherches. Ne conviendrait-il pas davantage que l'homme mûr de notre époque réserve son jugement en de telles matières et attende le moment où la science apportera aussi des réponses définitives à ces domaines d'interrogation ?

1

21 août

La foi dans la vie quotidienne, une attitude fondamentale de l'homme (3)

Personne ne peut prétendre « savoir » à proprement parler que Dieu n'existe pas. On peut travailler avec l'hypothèse qu'il n'existe pas et tenter d'expliquer l'univers à partir de celle-ci. La science moderne se place sous ce signe par principe. Là où cette méthode respecte ses limites, il demeure clair toutefois qu'on ne peut pas sortir ici du domaine de l'hypothétique et que même une explication apparemment athée de l'univers ne mène pas pour autant à une certitude scientifique de l'inexistence de Dieu. Personne ne peut appréhender expérimentalement la totalité de l'être et de ses déterminations. Nous arrivons tout simplement à ce point aux limites de la « condition humaine »[1] – de la capacité humaine de connaissance en tant que telle, et ce, non seulement dans les conditions présentes, mais essentiellement, nous touchons à l'infranchissable. La question de Dieu, de par son essence, ne peut être forcée à entrer à l'intérieur des limites d'une enquête scientifique au sens strict du terme. En ce sens, la prétention à un « athéisme scientifique » est un contresens usurpateur, hier aussi bien qu'aujourd'hui et que demain. La question s'impose donc d'autant plus de savoir si la question de Dieu ne serait pas carrément au-delà des limites des capacités humaines en tant que telles, si bien que l'agnosticisme serait l'unique attitude humaine correcte : reconnaissance du point où notre prise et notre champ de vision finissent. Respect devant ce qui ne nous est pas ouvert.

1

1. NdT : En français dans le texte.

22 août

La foi dans la vie quotidienne, une attitude fondamentale de l'homme (4)

La question correcte qu'il faut poser à l'agnosticisme est celle-ci : son projet est-il même réalisable ? En tant qu'êtres humains, pouvons-nous simplement laisser de côté la question de Dieu – la question de savoir d'où nous venons, où nous allons et quelle est la mesure de notre être ? Pouvons-nous vivre simplement de manière hypothétique, « comme si Dieu n'existait pas », même s'il existe peut-être ? La question divine n'est pas pour l'être humain un problème théorique comme le serait la question de savoir s'il y a d'autres éléments jusqu'ici inconnus en dehors du système connu des éléments, etc. Au contraire, la question de Dieu est une affaire éminemment pratique, dont les conséquences se répercutent dans tous les domaines de notre vie. Si je soutiens théoriquement l'agnosticisme, je dois encore me décider en pratique entre deux possibilités : vivre comme si Dieu n'existait pas, ou vivre comme si Dieu existait et comme s'il était la réalité déterminante de ma vie. Si je fais la première chose, j'ai en pratique adopté une position athée et une hypothèse possiblement erronée comme base de ma vie entière. Si je me décide pour le deuxième choix, j'évolue en revanche dans le cadre d'une foi purement subjective, qui rappelle un Blaise Pascal, dont tout l'effort philosophique au début des temps modernes a tourné autour de cette constellation de pensée. Parce qu'il parvint à la conviction que la question ne pouvait être résolue par la seule pensée, il recommanda à l'agnostique d'oser faire le second choix et de vivre comme si Dieu existait. Il viendrait alors, en faisant cette expérience et seulement par elle, à reconnaître qu'il a fait le bon choix.

1

23 août

L'essentiel de la religion

Il est exact de dire, comme C. G. Jung l'a fait et Eugen Drewermann l'a repris, que la religion porte en elle des forces de guérison et qu'elle fournit des réponses à des besoins primordiaux et à des angoisses primordiales ainsi que de l'aide pour les maîtriser. Si l'on ne considère toutefois la religion que comme un tour de passe-passe psychothérapeutique ou si on la réduit à la possibilité d'obtenir la guérison par des images, alors elle ne fonctionne plus. Car alors ces images en viennent finalement à être percées à jour comme mensongères et perdent leur force de guérison.

C'est sans doute là quelque chose qui s'ajoute à la religion, mais ce n'est pas son essence propre. Le fait qu'elle est plus que cela se manifeste aussi par ce fait que l'humanité en toutes ses phases (et même sans services psychothérapeutiques) n'a tout simplement pas pu faire autrement que de tendre vers le Tout Autre et de tenter d'entrer en relation avec lui.

L'essentiel de la religion est la relation de l'être humain au-delà de lui-même avec l'inconnu, que la foi appelle Dieu, et la capacité de l'être humain à entrer dans cette relation primordiale, hors de tout ce qui est tangible et mesurable. L'être humain vit en relations et sa vie est bonne dans la mesure où les relations essentielles – soit avec père, mère, sœur et ainsi de suite –, où les relations primordiales qui sont inscrites dans son être, sont correctes. Mais aucune de ces relations n'est correcte lorsque la première relation, celle avec Dieu, n'est pas correcte. Cette relation elle-même est, dirais-je, le contenu essentiel de la religion.

32

24 août

Vivre en plénitude

Un médecin, comme un père spirituel, se préoccupe de la vie humaine. L'un comme l'autre, à son niveau et à sa manière, veille à ce que la vie humaine soit plus riche, mieux remplie, plus en sécurité, à ce que la personne soit plus libre et plus joyeuse ; en un mot : apporter à la vie un supplément « d'âme ». La parole dont le Seigneur revêt sa mission, exprime aussi le mandat de ceux qui se savent investis : « Je suis venu pour qu'ils aient la Vie et la Vie en abondance » (Jn 10,10). Mais le souci de la vie inclut nécessairement aussi une rencontre du phénomène de la mort. Se préoccuper de la vie humaine signifie aussi se confronter à la réalité de la mort ; car le cœur de la vie humaine est marqué par la mort. Elle porte en elle-même une contradiction. C'est pourquoi la conscience vitale de l'homme a été de tout temps une conscience, du caractère mortel de son existence. Ce qu'illustre bien la parole de l'ancien Père de l'Église Grégoire le Grand : « Il faudrait qualifier la vie temporelle de mort plutôt que de vie, comparée à la Vie éternelle. » En effet, en quoi l'usure et la décrépitude quotidienne est-elle différente d'une mort lente ?

Ce qu'illustre bien l'expression du Moyen Âge « La mort est au cœur de la vie ».

La question de la mort est donc impérieusement soulevée par la vie elle-même. À celui pour qui la vie est un vrai souci, elle se pose inéluctablement.

14

25 août

Quitter ou rejoindre au nom de la joie

Réjouissez-vous ! Je vous le redis : Réjouissez-vous !

La notion de Joie est un concept fondamental du christianisme qui, par nature, est et veut être « Évangile », joyeuse Nouvelle. Et pourtant : le monde s'est trompé sur l'Évangile, sur le Christ, et il quitte l'Église au nom de la joie dont l'homme serait amputé par le christianisme, avec toutes ses exigences et innombrables interdits. D'ailleurs, c'est vrai : la joie du Christ n'est pas aussi facile à voir que le plaisir banal que procure n'importe quel agrément.

« Réjouissez-vous dans le Seigneur » : l'apôtre croit, sans aucun doute, que toute joie véritable se trouve dans le Seigneur et qu'il ne peut pas y avoir de vraie joie en dehors de Lui. Et il demeure vrai aussi, effectivement, que toute joie qui survient à côté de Lui ou contre Lui ne suffit pas, mais pousse l'homme toujours plus dans un tourbillon dont il ne peut pas se réjouir vraiment, en fin de compte. Il nous faut donc entendre ici que ce n'est qu'avec le Christ que la vraie joie est apparue et que, pour finir, rien d'autre n'importe dans notre vie que de voir et d'apprendre à comprendre le Christ, le Dieu de la grâce, de la lumière et de la joie du monde.

14

Pouvoir dire le « Notre Père » (1)

Vous vous souviendrez peut-être que, dans les années cinquante, une pièce de Samuel Beckett fit partout sensation : *En attendant Godot.* Toute l'œuvre de Beckett qui, ainsi, se fraya également un chemin en Allemagne, est l'expression bouleversante du désespoir de l'homme moderne, un nihilisme sans issue. Pour Beckett, le péché originel, c'est d'être né ; ses pièces sont une protestation contre l'Être. Le poète montre l'homme dans la déliquescence de son moi. À vrai dire, le Je n'existe pas, seule existe une suite de circonstances. C'est pourquoi la posture droite disparaît également : les hommes vivent dans des poubelles, montrant ainsi que l'humain est un déchet. Quand on connaît l'œuvre de Beckett, il doit sembler d'autant plus excitant d'entendre le commentaire qu'en a fait un poète très proche de Beckett, Eugène Ionesco. Lors d'une interview avec un prêtre fin 1975, il déclare : « L'œuvre de Samuel Beckett est un incessant appel à Dieu ou, plus exactement, un SOS... Un des ouvrages majeurs de Beckett s'intitule *L'innommable.* L'innommable, c'est Dieu... Dieu est là. Dieu est ! Il n'existe pas, Il est. Il existe à travers Jésus-Christ. »

Du gouffre de l'ultime détresse de l'homme ayant fui loin de Dieu, perce, à nouveau, le cri désespéré vers Dieu, même s'il se perd toujours dans l'angoisse de rester sans réponse.

34

27 août

Pouvoir dire le « Notre Père » (2)

Comme le fils prodigue, nous avons exigé notre capital, le monde. Nous avons tourné le dos au père, tenté de l'oublier, fini par ne plus le considérer – avec la théorie du complexe d'Œdipe – que comme le dangereux surmoi, qui menace notre liberté et dont nous devons en conséquence nous libérer. Nous avons même pu en arriver à prouver scientifiquement que prier était insensé : Dieu n'a aucun pouvoir d'agir dans le monde. Entre-temps, nous connaissons si parfaitement ses lois, pensions-nous, qu'il n'y a absolument plus de place pour lui. Et pourquoi donc devrions-nous encore prononcer de pieuses paroles, si elles sont vides, prononcées dans le néant ? Tant que le fils prodigue vivait sur un grand pied, tant que le capital paternel suffisait, il ne s'est pas adressé à son père. Ce n'est que lorsqu'il commença à prendre conscience qu'il était perdu, qu'il s'arrêta un instant et finit par faire demi-tour, tout en se remettant à parler à son père. Tant qu'il nous semblait avoir tout pouvoir sur le monde, la puissance divine ne faisait que nous gêner, et elle ne devait pas exister. Nous ne remarquions pas que nous nous enfoncions pas à pas dans la poubelle, cessions de marcher droit, perdant la cohérence du Je, jusqu'à ce que tout s'obscurcisse autour de nous.

34

Pouvoir dire le « Notre Père » (3)

Sans Dieu, l'homme dépérit. Mais il est sans Dieu quand il ne sait plus parler à Dieu. C'est pourquoi prier n'est pas un exercice réservé aux âmes faibles, qui ne concerne pas ceux qui n'ont pas besoin d'un tel refuge. La prière, elle, concerne l'avenir de l'homme, l'humanité de l'homme. Car, lorsque l'homme ne se surpasse plus en se tournant vers Dieu, il change, se rétrécit et rapetisse. Ses organes vitaux dépérissent. Il devient moralement plus grossier, plus indifférencié. Et, pour finir, il ne sait plus aimer l'autre, ni s'aimer lui-même. « On ne peut aimer les hommes que s'ils portent Dieu en eux », déclare Ionesco lors de l'interview évoquée plus haut. Si l'on ne sait plus, au milieu de toutes les contrariétés, que l'homme porte Dieu en lui, on ne tardera pas à juger que cette créature qu'est l'homme est, en réalité, le plus cruel de tous les animaux, et on deviendra soi-même cruel sans s'en rendre compte. Si nous ne reconnaissons pas Dieu en l'autre, nous ne pourrons que peser entre le négatif et le positif que nous expérimentons chez les humains, et nous aurons tôt fait de trouver que c'est le négatif qui l'emporte. Ce n'est que si nous voyons Dieu chez l'autre à travers toutes ses failles, que nous pourrons rester des hommes. Mais comment voir Dieu quand on ne le connaît pas ? Et comment le connaître, s'il n'y a aucun contact entre nous et Lui, si nous avons perdu l'habitude de Lui parler ?

34

Pouvoir dire le « Notre Père » (4)

Venons-en au côté pratique. Dès le moment où il se mit à repenser à son père et lorsqu'il recommença à s'adresser à lui, du moins en pensée, le fils prodigue avança et s'éleva. C'est exactement ce que nous devrions faire aujourd'hui : nous ré-entraîner à lui parler, réapprendre la suprême possibilité du langage, au-delà de toutes les connaissances linguistiques, parler avec Dieu. Cela impliquera que nous présentions notre vérité à Dieu en toute simplicité, comme l'a fait Charles de Foucauld qui, avant sa conversion, faisait souvent une étrange prière : « Mon Dieu, si tu existes, fais-moi Te reconnaître ». Cela impliquera, également, que nous nous laissions conduire par les prières déjà formulées par la chrétienté, comme l'enfant apprend son propre langage en répétant les paroles de sa maman. J'aimerais ici interpréter un seul mot d'une prière qui m'est chère entre toutes, car elle me paraît être le fondement et le centre profonds de toutes les prières possibles, je veux dire l'interpellation du *Notre Père*, origine et support de toute autre prière.

Père : par ce mot, j'exprime que quelqu'un est là, qu'il m'écoute, ne me laisse jamais seul, est toujours présent. Par ce mot, j'exprime que Dieu, dans tout ce qui le différencie infiniment de moi, est pourtant Celui à qui je peux parler, oui, que j'ai le 'droit' de tutoyer. Sa grandeur n'est pas oppressante, elle ne me rejette pas dans l'inexistant et l'insignifiant. Certes, je lui suis inférieur, comme l'enfant est inférieur à son père, mais il existe cependant aussi une telle égalité et ressemblance fondamentales entre lui et moi, je suis si important pour lui, je lui appartiens de si près, que je le nomme correctement quand je dis « Père ».

34

30 août

Pouvoir dire le « Notre Père » (5)

Cet amour qui me veut n'est pas un laisser-faire indifférent ; il me place sous la mesure de la vérité, à laquelle je peux me dérober. Mais ce sérieux exigeant, qui m'est difficile, n'est pourtant plus que la certitude que je ne suis pas un maillon sans importance de l'évolution, mais que je suis utile et aimé. Si l'éducation de la vie devient insupportable, si j'ai envie de crier vers le ciel comme Job, comme le psalmiste ou comme Samuel Beckett, alors je peux pousser ce cri en m'écriant « Père ». Et ce cri, lentement, redeviendra parole, aspiration à la confiance ; car le Père verra que ce qui a été exigé de moi, mon tourment apparent, fait partie du plus grand amour auquel je rends grâce.

Une chose encore dont je prends conscience en disant Père ! : je ne suis pas par moi-même, je suis fils. Je voudrais commencer par protester, comme l'a fait le fils prodigue. Car je veux être adulte, « émancipé », mon propre maître. Mais alors je me demande : quelle est l'alternative pour moi, pour l'homme, s'il n'y a plus de père et que, par conséquent, j'ai laissé définitivement l'enfant derrière moi ? Ai-je donc vraiment acquis un « supplément d'âme », de liberté, ou bien n'ai-je pas supprimé le principe de la liberté avec le Père ? À présent, il ne reste que la puissante et cruelle machinerie du cosmos. En tout cas, je me retrouve seul dans l'obscurité, dans la saleté même, comme dit encore Beckett. Non, si seulement le principe de la liberté existe, s'il existe quelqu'un qui m'aime et dont l'amour est puissant, alors moi aussi je suis libre.

34

31 août

Pouvoir dire le « Notre Père » (6)

Ainsi il ne me reste rien d'autre à faire, pour finir, que de me convertir comme le fils prodigue, d'avoir l'humilité de dire « Père », et d'aller vers la liberté, en acceptant ma vérité. C'est alors que mon regard tombe sur Celui qui se savait toute sa vie enfant, fils, et qui est de même nature que Dieu lui-même : Jésus Christ. Lorsque je dis « Père », je lui parle en même temps, et il me prend avec Lui dans la vie trinitaire, de sorte que je deviens fils avec Lui, faisant partie avec Lui de la nature de Dieu. En disant « Père », je suis donc près de Lui, et sa figure m'illumine de toute sa lumière. Il a parlé de Dieu ; il le pouvait, parce qu'il l'a vu, qu'il ne cesse de le voir. Par Lui, une trace de lumière pénètre ma vie, me montre la route, me donne espérance et confiance, même dans l'obscurité.

De cette manière, le mot *Père* transite de lui-même vers le mot 'notre'. Je ne peux dire seulement « Père » à Dieu. Comment oserais-je ? ! Je ne le peux que parce que celui qui l'a dit avant moi pouvait le dire, avait le droit de le dire. Je le peux, parce qu'il m'invite à lui parler ainsi. Mais, lorsque je lui parle, je suis en même temps auprès de tous ceux dont il voulut faire ses frères et sœurs, mes frères et sœurs. Quand je dis « Père », je dois accepter le "nous" de ses enfants. Mais l'inverse est vrai aussi : quand je dis « Père », je sais que je suis dans la communion de tous les enfants de Dieu et qu'ils sont tous près de moi. Ainsi, m'adresser à Dieu ne m'éloigne pas de ma responsabilité terrestre et envers les hommes. Cela me la donne, d'une manière nouvelle.

34

SEPTEMBRE

Présence de sagesse religieuse en des périodes charnières de la vie

1er septembre

Chemins vers le Christ

Je n'ai pas d'abord rencontré Jésus-Christ par la littérature ou la philosophie, mais par la foi de l'Église. C'est-à-dire que, pour moi, Il n'était pas d'emblée un grand du passé (comme Platon, par exemple, ou bien Thomas d'Aquin), mais quelqu'un qui vit et agit, et que l'on peut rencontrer aujourd'hui. Cela signifie surtout que j'ai fait sa connaissance au cœur de l'histoire de la foi qui part de Lui et avec les yeux de la foi, telle qu'elle fut formulée de la façon la plus durable au concile de Calcédoine (451). Calcédoine est pour moi le plus magistral et audacieux résumé de la tradition à un unique centre qui porte tout le reste : le Fils de Dieu, de même nature que le Père et de même nature que nous les hommes... J'y vois la seule interprétation capable de rendre compte de toute l'ampleur de la tradition... Il domine toujours infiniment l'Église. Ce concile n'a pas été le premier à nous montrer qu'Il restait le Maître et la mesure de l'Église. J'ai toujours ressenti cela comme une consolation et en même temps une provocation. Une consolation, parce que nous avons toujours su que l'esprit scrupuleux des légalistes n'a rien à voir avec Lui, avec la générosité infinie qui, telle un vent frais des paroles évangéliques, vient souffler sur nous et renverse l'obéissance à la lettre idolâtre comme un jeu de cartes...

Pour moi, sa figure n'a cessé de dégager un souffle d'optimisme libérateur.

14

2 septembre

Nouvelles formes de fonction

De la crise d'aujourd'hui surgira, cette fois encore, une Église qui a beaucoup perdu. Elle deviendra petite, et devra tout recommencer. Elle ne pourra plus remplir tous les lieux de culte édifiés en périodes de grande prospérité. Le nombre de ses fidèles lui fera perdre beaucoup de ses privilèges dans la société. Elle se présentera beaucoup plus fortement que par le passé comme communauté bénévole, que l'on ne rejoindra que par choix. En tant que petite communauté, elle sollicitera beaucoup plus l'initiative de ses membres. Elle connaîtra aussi certainement de nouvelles formes de fonctions et appellera au sacerdoce des chrétiens confirmés exerçant un métier : dans de nombreuses petites communautés, dans des groupes sociaux pourra ainsi s'exercer la pastorale habituelle. Parallèlement, le prêtre « titulaire » (le curé) restera indispensable. Mais malgré tous ces changements, que l'on peut pressentir, l'Église trouvera de nouveau l'essentiel, avec détermination, en Celui qui a toujours été son centre dans la foi en un Dieu trinitaire, en Jésus-Christ, Fils incarné de Dieu, en l'assistance de l'Esprit, qui régnera jusqu'à la fin. L'Église reconnaîtra son véritable centre : la foi et la prière et revivra les sacrements comme service divin et non comme un problème liturgique.

20

3 septembre

De la nature de l'Église « qui préside à l'amour » (1)

Celui qui arrive enfin au dernier autel dans l'abside de la basilique Saint-Pierre de Rome, après avoir traversé l'imposante nef centrale, s'attendrait sans doute à une représentation triomphale de saint Pierre, dont le tombeau est le centre autour duquel est construite cette église. Mais il n'en est rien : la figure de l'apôtre n'apparaît pas sous les sculptures de cet autel. Au lieu de cela, nous nous trouvons devant un trône vide, qui semble presque planer, mais est cependant tenu par les quatre figures des grands docteurs de l'Église d'Occident et d'Orient. La lumière tamisée au-dessus du trône provient du vitrail entouré d'anges suspendus qui apportent vers le bas la lumière entrée à flots.

Quel est le sens de toute cette composition ? Que nous dit-elle ? Il me semble qu'il s'y cache une profonde interprétation de la nature de l'Église, incluant celle de la charge pétrinienne. Commençons par le vitrail qui, avec ses couleurs atténuées, pousse au recueillement vers l'intérieur, tout en ouvrant vers l'extérieur et vers le haut. [...] L'Église même est, par nature, comme un vitrail, zone de contact entre le mystère de l'au-delà de Dieu et notre monde, qui se fait transparent à l'éclat de Sa lumière. L'Église n'existe pas pour elle-même, elle n'est pas une fin en soi, mais ouverture au-delà d'elle-même et au-dessus de nous-mêmes. Elle accomplit d'autant plus sa nature véritable qu'elle se fait transparente pour l'autre, d'où elle vient et vers lequel elle conduit. Par le vitrail de sa foi, Dieu entre dans ce monde et éveille en nous l'aspiration de ce qui nous dépasse.

3

4 septembre

De la nature de l'Église « qui préside à l'amour » (2)

Regardons maintenant le plan suivant de cet autel : la cathèdre vide en bronze doré, qui renferme une chaire en bois du IXe siècle, que l'on a longtemps prise pour la cathèdre de l'apôtre Pierre et dressée pour cette raison à cet endroit. L'importance de cette partie de l'autel est donc déjà manifeste. La chaire de Pierre en dit plus que ne pourrait en dire une sculpture. Il exprime la présence constante de l'apôtre, qui demeure présent en ses disciples en tant qu'enseignant. La chaire de l'apôtre est un signe de souveraineté ; il est trône de la Vérité, devenu mission pour son disciple et ses disciples à l'heure de Césarée. La chaire du Docteur (de l'Église) nous remémore en quelque sorte la parole du Seigneur depuis la Cène : « J'ai prié pour toi afin que ta foi ne disparaisse pas. Et toi, quand tu seras revenu, affermis tes frères. » (Lc 22, 32). Mais un autre souvenir se rattache à la chaire de l'apôtre : la parole d'Ignace d'Antioche, qui qualifiait l'Église de Rome comme « Président à l'Amour » dans sa lettre aux Romains vers l'an 110. La présidence dans la foi doit être la présidence dans l'Amour ; les deux sont absolument inséparables. Une foi sans amour ne serait plus la foi de Jésus-Christ. [...] Dans le langage de l'Église primitive, le mot « amour » est aussi l'expression de l'Eucharistie. L'Eucharistie est issue de l'Amour de Jésus-Christ, qui a donné Sa vie pour nous. En elle, Il se donne à nous en permanence, se 'met' Lui-même dans nos mains. [...]

Et je ne peux plus considérer comme un étranger celui qui, comme moi, est en contact avec le Christ.

3

5 septembre

De la nature de l'Église « qui préside à l'amour » (3)

Mais il ne s'agit nullement de n'importe quelles pensées mystiques éloignées. L'Eucharistie est le fondement de l'Église. Elle se forme dans l'assemblée eucharistique. Et parce que toutes les assemblées de tous lieux et de toutes époques n'appartiennent qu'à un seul et même Christ, il s'ensuit que toutes ne forment qu'une seule Église. Elles posent, en quelque sorte, un filet de fraternité sur le monde et relient étroitement les proches et les lointains, de sorte qu'elles sont profondément unies les unes aux autres, grâce au Christ.

Or, nous avons habituellement tendance à croire que l'amour et la règle sont antinomiques : là où est l'amour, la règle n'est pas nécessaire, parce que tout va de soi. Mais c'est un malentendu, tant sur la règle que sur l'amour. L'ordre humain véritable ne signifie pas que l'on pose des barreaux pour se protéger des fauves, pour leur faire obstacle. Il est respect de l'autre et de soi, (que l'on aime le plus – si l'on comprend bien les choses). Ainsi, l'ordre fait partie de l'Eucharistie, et cet ordre est au cœur de celui de l'Église. La chaire vide, qui indique la prééminence dans l'Amour, nous parle en ce sens de l'harmonie de l'amour et de l'ordre. Elle renvoie au cœur de l'Église qu'est la messe. [...] Et elle y trouve son ordre. L'Église n'est pas régie par des décisions à la majorité, mais par la foi, qui mûrit dans la rencontre du Christ pendant la messe.

3

6 septembre

De la nature de l'Église « qui préside à l'amour » (4)

Regardons maintenant le troisième plan de cet autel : regardons les Pères de l'Église, qui portent le trône du service. Les deux docteurs de l'Orient, Chrysostome et Athanase, incarnent ensemble avec les Latins Ambroise et Augustin l'intégralité de la tradition et, ainsi, la plénitude de la foi de l'Église une. Deux réflexions sont ici essentielles : l'amour repose sur la foi. Il s'effondre là où l'homme perd son orientation ; il s'effondre là où l'homme ne sait plus percevoir Dieu. Comme lui et avec lui, l'ordre et le droit reposent sur la foi, de même que l'autorité dans l'Église repose sur la foi. L'Église ne peut inventer la façon dont elle veut s'ordonner ; elle ne peut qu'essayer de comprendre toujours mieux l'appel intérieur de la foi et d'en vivre. Elle n'a pas besoin du principe de la majorité, qui comporte toujours un aspect cruel, la partie inférieure devant se plier à la décision de la majorité pour le bien de la paix – même si cette décision est peut-être insensée, voire nuisible. Dans les ordres humains, il n'en est peut-être pas autrement. Mais dans l'Église, le lien de la foi nous protège tous : chacun est tenu par elle et, dans cette mesure, l'ordre sacramentel accorde plus de liberté que ne peuvent donner ceux qui veulent soumettre aussi l'Église au principe de la majorité.

3

De la nature de l'Église « qui préside à l'amour » (5)

Enfin, les parties ne doivent pas nous faire oublier le tout. Car les trois plans de l'autel nous font entrer dans un mouvement qui est à la fois montée et descente. La foi mène à l'amour. Et celui-ci est la preuve que celle-là est réelle. Une foi austère, morose et égoïste n'est pas la foi. Celui qui découvre le Christ, qui découvre le filet universel de l'amour dont Il a recouvert l'Eucharistie, doit être joyeux et être lui-même quelqu'un qui (se) donne. La foi mène à l'amour, et ce n'est que par l'amour que nous atteindrons le haut de la fenêtre, d'où nous verrons le Dieu vivant, et serons touchés par le flot de lumière de l'Esprit Saint. Ainsi s'interpénètrent les deux directions : la lumière vient de Dieu, suscite par ses rayons la foi et l'amour, pour nous hisser sur l'échelle qui, à son tour, mène de la foi à l'amour et à la lumière de l'éternel.

La dynamique interne, où nous entraîne l'autel, nous fait finalement comprendre un dernier élément : la fenêtre de l'Esprit Saint n'est pas là pour elle seule. Elle est entourée de la plénitude débordante des anges, d'un chœur joyeux. [...] À la lumière se joint la musique. On croirait presque les entendre chanter, ces anges, car on ne peut imaginer ces flots de joie en silence, ni comme des bavardages ou des cris, mais seulement comme un chant de louange, où s'unissent harmonie et diversité. [...] La messe est à la fois notre approche tâtonnante de l'éclat consolateur de cette lumière – depuis la profondeur de nos questionnements et de nos confusions – et montée à l'échelle qui mène de la foi à l'amour, ouvrant ainsi le regard à l'Espérance.

3

8 septembre

Transformation par les forces de l'âme

La naissance de Marie sort du moule général des fêtes du calendrier religieux, dans la mesure où l'Église ne fêtait généralement aucun anniversaire, contrairement à l'ancien monde, où les anniversaires des puissants – d'un César ou d'un Auguste, par ex., étaient célébrés en très grande pompe comme jours de l'Évangile, jours de Rédemption. L'Église opposa à cela qu'il était tout simplement prématuré de fêter un anniversaire, parce que trop d'ambiguïté pesait sur la vie humaine. Depuis la naissance, on ignore encore complètement si cette vie est un prétexte à faire la fête ou non, si un homme peut se réjouir du jour de sa naissance, si le monde peut se réjouir que tel homme ait existé, ou bien s'il le maudira plutôt. [...] Seul celui dont la vie peut être acceptée, même de l'autre côté de la mort – seule la vie de cet homme vaut la peine d'être fêtée. Il n'y a que trois exceptions dans l'Église à cette règle fondamentale, ou plus exactement : une exception, dont les deux autres sont si inséparables qu'elles sont fêtées en même temps. Cette exception, c'est le Christ. Sa naissance ne donne lieu à aucune ambiguïté, mais à la louange. Or, Jean le Baptiste, dont on fête donc aussi la naissance, en fait partie. L'autre exception est Marie, la mère, sans laquelle Jésus n'aurait pu naître. La croyante, qui portait en elle la lumière du cœur, a transformé fondamentalement le monde, contrairement aux grands et aux puissants de la terre.

La véritable transformation salvatrice du monde ne peut venir que des forces de l'âme.

21

9 septembre

La puissance de Dieu se mesure au pouvoir de l'amour et de la vérité (1)

Où se situe la puissance de Dieu face aux figures de pouvoir qui nous assaillent ? Dieu a-t-il vraiment un pouvoir dans le monde, en ce monde tel qu'il est devenu ? Son pouvoir peut-il être l'Espérance devant toutes les violences effrayantes, ou bien Dieu a-t-il perdu toute puissance ? Peut-être est-il utile de rappeler ici que jadis, les hommes avaient le même sentiment face à la puissance de Dieu que celui qui nous envahit aujourd'hui face aux pouvoirs créés par les hommes et devenus anonymes. La nature et les destinées imprévisibles leur donnèrent le sentiment d'être livrés à un pouvoir insaisissable, mystérieux et apparemment totalement arbitraire. Il fallait tenter de conjurer ces forces soit en les vénérant soit en les gardant à distance. La magie est une tentative pour se procurer la clé des forces inconnues, pénétrer leur secret et leur faire face en n'étant plus tout à fait démunis. On a montré que la technique avait traduit ce début de rationalité par la tentative de saisir la structure du fonctionnement de la nature pour pouvoir la rendre docile. Ce processus présuppose évidemment une démythification chrétienne du monde, donnant à l'homme la certitude que nous ne sommes pas menacés par des puissances divines mystérieuses, mais que nous vivons dans un monde créé par Dieu selon des schémas rationnels et qu'Il nous a confié ce monde pour que notre intelligence se laisse guider par les pensées de Son intelligence et que nous apprenions à le gérer, l'ordonner et l'organiser selon Ses pensées.

16

10 septembre

La puissance de Dieu se mesure au pouvoir de l'amour et de la vérité (2)

Car Dieu est toujours apparu superflu voire gênant. Pour Dieu il ne restait plus que la subjectivité, car nous connaissions l'objectivité sans Lui. Or, dans cette sphère de subjectivité qui lui reste, soit Il devient un pur sentiment sans grande importance, soit Il apparaît comme un guetteur, qui tend l'oreille à la porte de ma vie privée et empoisonne ma liberté. Aussi insignifiant qu'il soit devenu, Il est cependant le dernier danger qui fait obstacle à mon libre épanouissement. Ainsi recommence, d'une manière plus subtile, ce qu'avait tenté de faire jadis la magie dans la nature : il faut Le repousser ; Il faut qu'Il disparaisse et soit percé à jour, pour qu'on puisse Le combattre. Psychanalyse et psychothérapie sont cette magie du monde intérieur, par laquelle l'homme s'empare du pouvoir sur son âme, pour être délivré de Dieu qui le menace.

La puissance de Dieu est-elle alors une menace ou une espérance ? Peu voient encore en elle une menace. Il est trop loin de nous pour cela, et d'autres menaces sont devenues trop concrètes. Le revers de ce phénomène, c'est que même les croyants ont de plus en plus de mal à voir vraiment Dieu comme l'espérance de leur vie et l'espérance de notre Histoire, et à rester fermes dans cette espérance. Posons-nous à présent concrètement la question :

Dieu a-t-il un pouvoir dans le monde ?

Si tel est le cas, quelle est la nature de ce pouvoir ?

Où et comment se manifeste-t-il ?

16

11 septembre

La puissance de Dieu se mesure au pouvoir de l'amour et de la vérité (3)

Dieu a autant de pouvoir dans le monde qu'en ont la Vérité et l'Amour.

Ceci pourrait être une phrase plutôt mélancolique si seulement nous savions tout du monde dont nous pouvons avoir une vue d'ensemble au cœur de notre vie et de nos expériences. Mais à partir de l'expérience nouvelle que Dieu nous a offerte avec Lui-même et avec le monde, en Jésus-Christ, c'est une phrase d'une espérance triomphale. Car nous pouvons renverser cette phrase : Vérité et Amour sont identiques à la puissance de Dieu, car Il n'a pas seulement la vérité et l'amour : Il est les deux. Vérité et Amour sont donc le véritable pouvoir définitif dans le monde. Sur eux s'appuie l'Espérance de l'Église, sur eux s'appuie l'Espérance des chrétiens. Ou mieux encore, c'est la raison pour laquelle la vie chrétienne est Espérance. On peut enlever beaucoup de choses à l'Église, elle peut subir de gros et douloureux échecs. De nombreux éléments en elle l'éloignent encore de la réalité. Et on ne cesse de les lui faire tomber des mains. Mais elle ne coule pas. Au contraire, sa spécificité ne fait qu'apparaître sous un nouveau jour et reprend vigueur. La barque de l'Église est le navire de l'Espérance. Nous pouvons y monter rassurés. Le Maître du monde la conduit lui-même et monte la garde.

16

12 septembre

« Lève-toi... ! » (1)

« Je ne t'ai pas fait pour la prison. Lève-toi, le Christ va t'éclairer ! » L'Église ancienne a utilisé cet entretien du Christ avec Adam comme hymne baptismal, comme un appel de l'Église croyante au baptisé. Elle énonce par là que Pâques, la victoire par laquelle Jésus-Christ défonce les murs de l'aliénation et nous conduit à la liberté, résonne toujours à nouveau dans le sacrement du baptême. En lui, il nous prend par la main ; en lui, la vérité parle avec nous et nous indique la voie vers la liberté. Là où il y a baptême, advient ici et aujourd'hui le contenu de Pâques. La fête annuelle de Pâques nous invite par là à revenir à notre baptême ; à saisir la main de la vérité qui nous est tendue et à nous laisser conduire par elle jusqu'à la lumière. Le renouvellement du baptême, et par là, la véritable célébration de Pâques, consiste en ce que nous acceptons à nouveau la vérité de la foi, en ce que nous entrons dans la lumière de cette vérité, en ce qu'en tant que croyants, nous surmontons l'obscurité de l'absence de vérité et trouvons par là le véritable cœur de notre liberté. « Lève-toi, le Christ va t'éclairer ! » Le véritable service de libération de l'Église consiste en ce qu'elle tient la vérité dans le monde. Nous sommes libérés lorsque nous acceptons la vérité et la laissons nous être donnée à nouveau comme une voie.

33

13 septembre

« Lève-toi... ! » (2)

Nous avons obscurément entendu de quelque manière que toutes les religions se sont bien sûr développées historiquement, celle-ci ainsi et celle-là autrement, et que chacun doit se conformer à ce qui lui a été transmis en vertu de sa naissance. De vérité, la religion devient toutefois par là une habitude ; elle devient un jeu vide des transmissions, qui ne signifient rien de plus. Mais nous rayons de cette manière de la foi chrétienne une phrase décisive que le Christ lui-même nous dit : « Je suis la Vérité » – et pour cette raison la Vie, et pour cette raison la Voie. La tentation est grande de dire : Ah, il y a tellement de misère dans le monde ; suspendons donc provisoirement la question de la vérité. Soucions-nous tout d'abord de faire une bonne fois les grandes œuvres de libération : alors nous pourrons par la suite nous offrir à nouveau le luxe des questions de vérité. Mais en réalité, il en est plutôt ainsi : Qui reporte la question de la vérité et la déclare sans importance ampute l'être humain ; il lui retire ce qui est précisément le cœur de sa dignité humaine. S'il n'y a pas de vérité, tout le reste est arbitraire. L'ordre social devient alors très vite contrainte et participation à la violence. Le véritable acte de libération de l'Église, qu'elle ne saurait jamais reporter et qui est justement aujourd'hui de la plus extrême urgence, consiste précisément en ce qu'elle tient la vérité dans le monde : celle que Dieu existe, que Dieu nous connaît, que Dieu est tel qu'est le Christ et qu'en lui, il nous donne la voie. C'est seulement si ceci est présent qu'il y a aussi la conscience, la capacité de l'être humain pour la vérité, par laquelle chacun est en relation immédiate à Dieu et chacun est plus grand que tous les systèmes du monde qui se puissent concevoir.

33

14 septembre

Prêtres et prophètes

Alors que l'on oppose fréquemment de nos jours la prêtrise et le prophétisme comme des contraires : la prêtrise comme ce qui est figé et institutionnel, le prophétisme comme ce qui est libre, constructif et rénovateur ; quand on met côte à côte le culte et l'action sociale – le culte encore une fois comme simple pompe par laquelle l'être humain se fixe et s'attache et l'action sociale comme libération et rénovation du monde – nous voyons ici que ce n'est pas le cas. Seule la prophétie qui vient du fait d'avoir été touché par Dieu, du « tout d'abord » de Dieu, peut vraiment venir de Dieu. À l'inverse, la prêtrise aussi n'est légitime que si elle provient de la proclamation et donc de la transformation du monde par la force de la prière, qui porte plus loin que nos actions, embrassant sans cesse le monde entier, que nous pouvons nous aussi embrasser lorsque nous le regardons et le touchons à partir de Dieu. [...]

Certes, il y a une forme dégénérée de la prêtrise, un danger – dans l'Ancien comme dans le Nouveau Testament, comme il existe des dégénérescences de la prophétie. [...] La prêtrise tombe en décadence quand elle n'est vue que comme une occasion de gagner de l'argent ; quand elle n'est plus qu'un job au moyen duquel nous avons un poste dans le monde et nous débrouillons – une position sociale ; quand Dieu devient un moyen pour nous. C'est assurément qu'elle est alors devenue une caricature et devient donc le contraire de l'ébranlement du Nouveau Testament et du message de Jésus-Christ. Mais cette tentation existe à toutes les époques. Prêtrise et prophétie ne s'opposent pas ; ce sont plutôt la fausse prêtrise et la fausse prophétie qui s'opposent à leurs véritables figures respectives.

9

15 septembre

Prier ouvre la porte du monde

Luc 1, 5-17

Tes prières ont été exaucées, dit l'archange Gabriel à Zacharie au moment où il lui annonce la naissance de son fils, le Baptiste Jean. Je crois que cette phrase a de quoi nous faire réfléchir de bien des façons. La naissance de ce fils, qui introduit en même temps le tournant du temps, la libération du monde, est l'exaucement des prières d'un homme. Elle advient comme réponse à l'appel qui a été lancé par l'être humain au Seigneur. La prière ne se perd pas dans le vide ; elle n'est pas non plus quelque chose comme un genre de psychothérapie par laquelle nous rassemblerions nos forces psychiques et tenterions de les ramener en équilibre ; elle n'est pas une sorte de pure fiction afin d'obtenir un exercice spirituel et un apaisement. La prière vise du réel. Elle est entendue et exaucée. Dieu est donc quelqu'un qui a la puissance, la capacité, la volonté et la patience d'entendre l'être humain. Il est si grand qu'il peut aussi être là pour le petit. Et bien que le monde ait ses propres ordonnances stables, il n'est pas tel qu'il serait soustrait à la puissance de l'amour, qui est la puissance de Dieu. Dieu peut répondre.

Peut-être même pouvons-nous faire un pas de plus et dire que l'action de Dieu est toujours la réponse à un tel appel priant de l'être humain, [...] parce que ce n'est que là où l'être humain est un priant, là où il se dépasse, où il s'abandonne, où il perçoit Dieu comme réalité, s'ouvre à lui, que la porte du monde peut s'ouvrir pour Dieu et qu'un espace est créé dans lequel il peut agir pour nous et sur nous les hommes.

9

16 septembre

L'essence de la réforme véritable (1)

Celui qui fait est le contraire de celui qui s'étonne (« *ammiratore* »). Il rend la raison étroite et par là perd de vue le mystère. Plus on décide par soi-même et fait par soi-même dans l'Église, plus celle-ci devient étroite pour nous tous. Ce qu'elle a de grand, de libérateur n'est pas ce qui y est fait par soi-même, mais ce qui nous est octroyé à tous et ce qui ne provient pas de notre vouloir et de notre invention, mais est anticipation, avènement de l'impensable qui « est plus grand que notre cœur » (cf. 1 Jean 3, 20). La *reformatio* nécessaire en tous temps ne consiste pas en un constant remodelage de l'Église pour la corriger, en sa réinvention par nous, mais en ce que nous mettons constamment de côté nos propres constructions d'appoint pour faire place à la pure lumière qui vient d'en haut et qui est aussi l'aube de la pure liberté. [...]

On trouve [une image de cela], transposée dans un registre carrément anthropologique, chez saint *Bonaventure*, qui explique la juste voie par laquelle l'être humain devient lui-même au moyen d'une comparaison avec le sculpteur. Le sculpteur ne *fait* pas quelque chose, dit le grand théologien franciscain ; son travail est plutôt « *ablatio* » – l'enlèvement de ce qui est inauthentique. De cette façon, par *ablatio*, naît la « *nobilis forma* » – la noble figure. Afin que l'image de Dieu rayonne en lui, l'être humain devrait lui aussi recevoir tout d'abord et avant tout la purification par laquelle Dieu le sculpteur le libère de ces scories qui déguisent ce qui est propre à son être, de telle sorte qu'il paraît n'être qu'un bloc de pierre, alors que la forme divine habite pourtant en lui.

41

17 septembre

L'essence de la réforme véritable (2)

Si on la comprend correctement, on peut trouver dans cette image le modèle primordial de la réforme ecclésiastique. L'Église aura sans cesse besoin de construction d'appoints humains afin de pouvoir parler et agir en son temps. Les institutions ecclésiastiques et les formations juridiques ne sont pas de mauvaises choses, mais au contraire, simplement nécessaires et indispensables jusqu'à un certain point. Mais elles vieillissent, elles menacent de se présenter comme l'essentiel et cachent ainsi aux regards ce qui est vraiment l'essentiel. C'est pourquoi elles doivent sans cesse être démolies comme des échafaudages devenus superflus. La réforme est sans cesse *ablatio* – un enlèvement, afin que la *nobilis forma*, le visage de l'Épouse et avec elle de l'Époux lui-même, le Seigneur vivant, devienne visible. Une telle *ablatio*, une telle « théologie négative » est une voie vers ce qui est entièrement positif. Ce n'est qu'ainsi que pénètre le divin, qu'ainsi que naît la « *congregatio* » – l'assemblée, purification, cette pure communauté de tout ce qui est bon et pur, de sorte que vaut pour chacun la parole du bon Père qui rappelle au fils aîné jaloux ce qui est le contenu de la liberté et l'utopie réalisée : « Tout ce qui est à moi est à toi... » (Lc 15, 31 ; cf. Jn 17, 10).

41

18 septembre

L'appel à la liberté (1)

La soif de liberté est la forme par laquelle le désir de rédemption et le sentiment d'irrédemption, d'aliénation demandent aujourd'hui la parole. L'appel à la liberté veut une existence qui n'est pas opprimée par ce qui est donné d'avance, qui m'entrave dans mon épanouissement et qui, de l'extérieur, me barre le chemin que je voudrais emprunter. Mais nous rencontrons partout de telles obstructions sur le chemin qui nous immobilisent, nous empêchent d'aller plus loin. Les barrières qu'érige l'Église sont par conséquent doublement lourdes parce qu'elles s'étendent jusqu'en ce qu'il y a de plus personnel et de plus intime. Car les règles de vie de l'Église sont sûrement beaucoup plus qu'un genre de code de la route destiné à empêcher autant que possible que la juxtaposition des êtres humains ne mène à des collisions. Elles concernent mon chemin intérieur et me disent comment je devrais comprendre la liberté et lui donner forme. Elles exigent de moi des décisions qui ne peuvent être prises sans la douleur du renoncement. Veut-on nous refuser les plus beaux fruits du jardin de la vie ? Le chemin des lointains ne nous est-il pas barré par l'étroitesse de tant de commandements et d'interdits ? La pensée n'est-elle pas tout aussi gênée de la sorte que l'est la volonté ? La libération ne doit-elle pas nécessairement consister à échapper à une telle tutelle spirituelle ? Et la seule véritable réforme ne consisterait-elle pas à se débarrasser de tout ça ? Mais que demeurerait-il alors de ce compagnonnage de route ?

41

19 septembre

L'appel à la liberté (2)

L'amertume contre l'Église a cependant une autre raison spécifique. Car au cœur d'un monde plein de dure discipline et de contraintes inéluctables, s'élève encore et toujours une silencieuse espérance vers l'Église : celle-ci devrait y être comme une île de vie meilleure, une petite oasis de liberté, où l'on peut se retirer de temps à autre. C'est pourquoi la colère contre l'Église ou la déception vis-à-vis d'elle a cela de bon qu'on attend secrètement d'elle davantage que de toutes institutions temporelles. En elle devrait se réaliser le rêve d'un monde meilleur. En elle, au moins, on aimerait goûter la saveur d'être libres, d'être sauvés – de sortir de l'enfer, selon la formule de Grégoire le Grand, à la suite de Platon.

Mais comme l'Église se montre empiriquement si éloignée de tels rêves, et qu'elle a le goût de l'institution et de tout ce qui est humain [...], on tente désespérément d'en faire ce que l'on souhaite : un lieu de toutes les libertés, un espace où éclatent nos limites, où l'on expérimente l'utopie, qui doit bien exister quelque part... Comme on aimerait enfin faire advenir un monde meilleur par l'action politique, on pense qu'une Église meilleure devrait enfin pouvoir être créée, peut-être comme première étape sur cette voie. Une Église pleine d'humanité, de sens fraternel, de généreuse créativité, lieu de réconciliation de tout et pour tous.

41

20 septembre

La force du souvenir (1)

Le sens du bon est imprimé en nous, dit saint Augustin. Ce n'est qu'à partir de cette formule que l'on peut bien comprendre les paroles célèbres de John Henry Newman : s'il avait à porter un toast à la religion, il s'écrierait « Vive le Pape », mais ferait passer sa conscience avant lui. Le pape ne peut imposer d'ordres au catholique croyant, sous l'unique prétexte qu'il le veut et qu'il trouve cela utile. Un tel concept volontariste et moderniste de l'autorité ne peut que changer le véritable sens théologique de la papauté. Si la véritable nature de la charge pétrinienne est devenue aussi incompréhensible à l'époque moderne, c'est parce que nous ne sommes plus capables de penser l'autorité qu'à partir de conceptions qui n'établissent plus de pont entre sujet et objet et où, par conséquent, tout ce qui ne vient pas du sujet ne peut être qu'une détermination étrangère imposée de l'extérieur. Depuis l'anthropologie de la conscience – comme nous tentons de l'approcher peu à peu par ces réflexions – les choses se présentent tout autrement. L'anamnèse plongée dans notre être a, pour ainsi dire, besoin de renfort extérieur, afin de prendre conscience d'elle-même. Or, cet extérieur ne lui est pourtant pas opposé, mais ordonné à lui : il a une fonction maïeutique (c'est-à-dire de sage-femme), ne lui impose rien de l'extérieur, mais apporte sa contribution, réalise son ouverture intérieure propre à la Vérité.

38

21 septembre

La force du souvenir (2)

Nous expérimentons la force de ce souvenir et la vérité de la parole apostolique de façon tout à fait nouvelle, dans la crise de l'Église aujourd'hui, où beaucoup plus que les directives hiérarchiques, la force de discernement du simple souvenir de la foi mène au divorce des esprits. On ne peut bien comprendre le primat du pape et son rapport avec la conscience chrétienne que dans ce contexte. Le véritable sens du pouvoir doctrinal du pape réside en ce qu'il est le défenseur de la mémoire chrétienne. Le pape n'impose par de l'extérieur, mais déploie la mémoire chrétienne et la défend. C'est pourquoi, en effet, le toast à la conscience doit précéder celui au pape, car sans conscience, il n'y aurait pas de papauté. Tout le pouvoir qu'il a, c'est le pouvoir de la conscience – service du double souvenir, sur lequel repose la foi, qui doit sans cesse être purifiée, élargie et défendue contre la destruction de la mémoire qui est menacée, tant par une subjectivité oubliant son propre fondement, que par la contrainte de la conformité sociale et culturelle.

38

22 septembre

L'individu et le tout

Pour nous, hommes d'aujourd'hui, le scandale fondamental de la vie chrétienne réside simplement, d'abord, dans la mise à l'écart, où le religieux semble être relégué. Cela nous irrite que Dieu doive être médiatisé par des appareils extérieurs : par l'Église, le sacrement, le dogme, ou ne serait-ce que par l'annonce de la Parole (*kérygme*), dans laquelle on se réfugie volontiers pour apaiser sa colère et qui, pourtant, est aussi quelque chose d'extérieur. Face à tout cela se pose la question : Dieu vit-il donc dans les institutions, les événements ou les paroles ? Étant l'Éternel, ne touche-t-il pas chacun d'entre nous de l'intérieur ? Eh bien, il faut d'abord répondre simplement : oui, et poursuivre : S'il n'y avait que Dieu et une somme d'individus, le christianisme ne serait pas nécessaire. Dieu peut toujours et pourrait procurer directement et indirectement le Salut de l'individu en tant que tel, et cela se produit bien des fois. Il n'a pas besoin de médiation pour pénétrer l'âme de l'individu, à qui Il est plus intérieur qu'il ne l'est lui-même. Rien ne peut pénétrer plus près et plus profondément en l'homme que Lui, qui touche sa créature au point le plus intérieur de son intériorité. Sauver l'individu ne nécessiterait ni une Église ni une histoire du Salut, ni l'Incarnation et la Passion de Dieu dans le monde. Mais il faut ajouter ici l'assertion suivante : la foi chrétienne ne part pas de l'individu atomisé, mais provient de la connaissance que le simple individu n'existe pas, que l'homme est beaucoup plus lui-même pris dans le tout : dans l'humanité, dans l'histoire, dans le cosmos, comme cela lui convient et lui est essentiel, comme l'« esprit dans le corps ».

15

23 septembre

Paix, liberté, justice et fraternité

L'Église ne sert pas mieux la paix lorsqu'elle quitte le plan de la foi, de l'éducation, du témoignage, du conseil, de la prière et de l'amour du service – ce qui est de son ressort – pour se transformer en un groupe d'action politique direct. Elle se coupe ainsi des sources d'où peuvent couler sans cesse les forces de paix et de réconciliation. C'est justement parce qu'il faut tout faire pour la paix que l'Église doit rester fidèle à sa nature spécifique. Elle n'a pas de frontières si elle veille à ses limites, seul moyen pour que son service de l'amour et du témoignage soit un appel à tous. Je peux m'approprier sans réserve les paroles du métropolite Damaskinos sur la contribution de l'Église à la paix, dont je trouve la formule convaincante : « ... Au-delà de son service social, la contribution de l'Église orthodoxe à la paix, la liberté, la justice et la fraternité parmi les peuples doit – à mon humble avis – consister en un témoignage d'Amour... Dans ce contexte, le champ d'action de l'Église orthodoxe est étroit ; son témoignage et sa présence comportent des risques qui peuvent conduire les responsables jusqu'au martyre... Mais c'est justement cet amour prêt au martyre qui affermira la volonté des Églises orthodoxes, pour qu'elles puissent, en coopération avec les frères des autres Églises et confessions chrétiennes, donner leur témoignage aujourd'hui, un témoignage de foi et d'amour en un monde ayant assurément besoin plus que jamais. »

40

24 septembre

La foi : une nouvelle naissance

La foi n'est pas le choix d'un programme qui me convient ou l'adhésion à un club d'amis dans lequel je me sentirais compris ; elle est plutôt une conversion qui me transforme ainsi que mon goût ou qui tout au moins met au second rang mon goût et mes souhaits. La foi atteint à une toute autre profondeur que le choix qui me lie à un parti. Sa force d'ancrage atteint si loin que l'Écriture la désigne comme une nouvelle naissance (cf. 1 P 1, 3.23).

Nous sommes ici devant une importante réalisation que nous devons encore un peu approfondir, parce que c'est en ce lieu que se cache le cœur des problèmes auxquels nous avons affaire aujourd'hui dans l'Église. Il nous est difficile d'imaginer l'Église autrement que sur le modèle d'une société qui se gouverne elle-même, qui tente, avec les mécanismes de la majorité et de la minorité, de se donner une forme qui soit acceptable pour tous ses membres. Il nous est difficile de comprendre la foi autrement qu'à la manière d'une décision en faveur d'une chose qui me plaît et pour laquelle je voudrais par conséquent m'engager. Mais dans tout ça, ce n'est jamais que nous qui agissons. *Nous* faisons l'Église, *nous* tentons de l'améliorer et de lui donner la forme d'une maison confortable. Nous voulons offrir des programmes et des idées qui soient sympathiques au plus de gens possible. Nous ne présupposons tout simplement plus dans le monde moderne que Dieu lui-même devienne actif, qu'*il* agisse. [...] Nous confondons l'Église avec un parti et la foi avec un programme de parti.

41

25 septembre

« L'Église s'éveille dans les âmes » (1)

« L'Église s'éveille dans les âmes » — cette phrase de Romano Guardini a été formulée de façon très réfléchie, car il s'agissait justement pour lui de faire valoir que l'Église deviendrait maintenant quelque chose dont la connaissance et l'expérience relèveraient de l'intériorité, ne se posant pas face à nous comme un quelconque appareil, mais vivant plutôt en nous. Si l'Église avait surtout été considérée jusqu'ici comme une structure ou une organisation, on en venait maintenant à la réalisation que nous sommes nous-mêmes l'Église ; elle est plus qu'une organisation, elle est un organisme de l'Esprit-Saint, quelque chose de vivant qui nous embrasse tous de l'intérieur. Cette nouvelle conscience de l'Église trouva son expression linguistique dans l'expression « corps mystique du Christ ». Par cette formule venait à s'exprimer une expérience nouvelle et libératrice de l'Église que Guardini, à la fin de sa vie, l'année de l'adoption de la constitution ecclésiastique du concile Vatican II, a encore formulée de la sorte : l'Église « n'est pas une institution inventée et construite... mais bien un être vivant... Sa vie se prolonge à travers le temps ; se transformant... et néanmoins toujours la même en son essence qui, en son plus intime, est le Christ... Aussi longtemps que nous ne considérons l'Église que comme une organisation... ; comme une autorité... ; comme un groupement..., nous n'avons pas encore à elle une relation correcte » (*Die Kirche des Herrn* [*L'Église du Seigneur*], 41).

Il est difficile de communiquer l'enthousiasme, la joie qu'il y avait alors dans une telle reconnaissance [...]. Il était devenu visible qu'elle est croissance organique à travers les siècles, se poursuivant aujourd'hui. Il était devenu visible qu'à travers elle, le mystère de l'Incarnation demeure actuel : le Christ s'avance encore à travers les âges.

24

26 septembre

« L'Église s'éveille dans les âmes » (2)

En deuxième lieu, il faut retenir de ces débuts l'aspect de l'intériorité et celui de la communauté de l'Église. L'Église croît de l'intérieur vers l'extérieur et non l'inverse. Elle signifie avant tout une communauté intime avec le Christ; dans la vie de prière, dans la vie des sacrements; c'est dans les attitudes fondamentales de la foi, de l'espérance et de l'amour qu'elle se forme. Quand donc quelqu'un demande: que dois-je faire pour que l'Église advienne et progresse, la réponse doit être: tu dois d'abord aspirer à ce qu'il y ait foi, à ce que l'on espère et aime. La prière construit l'Église et la communauté des sacrements en laquelle sa prière mène à nous. J'ai récemment rencontré un curé qui me racontait qu'au moment d'assumer sa cure, on avait surtout insisté sur le fait qu'aucune vocation sacerdotale n'était apparue dans sa paroisse depuis des décennies. Mais que devait-il faire? On ne peut pas fabriquer des vocations que seul le Seigneur lui-même peut donner. Mais devons-nous nous fourrer les mains dans les poches? Il prit la décision de faire chaque année la longue et pénible route à pied jusqu'au sanctuaire marial d'Altötting comme pèlerinage dans ce souci et d'inviter tous ceux qui partageaient celui-ci à venir avec lui et prier avec lui. Il s'en trouva davantage d'année en année et c'est ainsi qu'ils ont pu cette année célébrer, à l'immense joie du village entier, la première messe d'un nouveau prêtre de mémoire d'homme... L'Église croît de l'intérieur.

24

27 septembre

« L'Église s'éveille dans les âmes » (3)

Ce caractère communautaire de l'Église signifie alors cependant nécessairement son caractère de nous : elle n'est pas en un lieu quelconque, mais n'est autre que nous. Certes, personne ne peut dire : « Je suis l'Église » ; chacun peut et doit dire : Nous sommes l'Église. Et « nous », en revanche, ce n'est pas alors un groupe qui s'isole mais plutôt celui qui se tient à l'intérieur de la communauté entière des membres du Christ, les vivants et les morts. Mais alors un groupe peut vraiment dire : C'est nous. L'Église est là, dans ce nous ouvert qui ouvre les frontières – sociales et politiques, mais aussi la frontière entre le ciel et la terre. Nous sommes l'Église – c'est de là que crût la coresponsabilité, mais aussi le devoir de collaborer soi-même ; c'est de ceci que résulta également le droit à la critique, qui doit cependant d'abord et toujours être autocritique. Car l'Église – nous le répétons – n'est nullement en un lieu quelconque, ou encore quelqu'un d'autre : C'est nous qui la sommes. Ces pensées aussi sont arrivées à maturité directement à la faveur du Concile ; tout ce qui a été dit de la responsabilité commune des laïcs et tout ce qui a été créé en fait de formes juridiques afin de réaliser celle-ci de façon significative a crû à partir de ce terreau.

24

28 septembre

« L'Église s'éveille dans les âmes » (4)

Il convient de terminer ici avec la notion du développement et donc de la dynamique historique de l'Église : un corps demeure identique à lui-même justement en ceci qu'il se renouvelle constamment dans le processus de la vie. Pour le Cardinal *John Henry Newman*, la notion du développement fut le véritable pont de sa conversion au catholicisme. Je crois qu'elle est en fait au nombre des concepts-clés de ce qui est catholique, auxquels on n'a pas suffisamment réfléchi depuis longtemps, bien qu'ici aussi le Concile Vatican II a le mérite d'avoir pour la première fois formulé celui-ci dans un document doctrinal solennel. Celui qui veut s'accrocher à la lettre de l'Écriture ou aux formes de l'Église patristique bannit le Christ dans le passé. Il en résulte alors soit une foi parfaitement stérile qui n'a rien à dire à notre temps ou un arbitraire qui saute par-dessus deux mille ans d'histoire, les jette dans la poubelle de ce qui est raté et se fait sa propre idée de ce dont le christianisme devrait avoir l'air selon les Écritures ou selon Jésus. Mais ce qui en ressort ne peut être qu'un produit artificiel de notre propre fabrication, dépourvu de toute stabilité. La véritable identité avec l'origine n'est que là où est en même temps la continuité vivante qui développe celle-ci et la préserve justement de la sorte.

24

29 septembre

À l'horizon de l'éternel (1)

La libération fondamentale que l'Église peut nous donner est de nous tenir à l'horizon de l'éternel, de nous faire échapper aux frontières de ce que nous savons et de ce que nous pouvons. La foi elle-même dans toute sa hauteur et sa largeur est, par conséquent, toujours à nouveau l'authentique réforme dont nous avons besoin: c'est à partir d'elle que nous devons sans cesse réviser les ordonnances que nous établissons nous-mêmes dans l'Église. Ceci veut dire : L'Église doit être le pont de la foi et ne devrait pas s'ériger elle-même en fin en soi – en particulier dans sa vie associative intramondaine. On trouve aujourd'hui également ça et là dans les sphères supérieures de l'Église l'opinion selon laquelle un être humain est un chrétien dans la mesure où il est intégré dans les activités ecclésiastiques. On fait un genre d'ergothérapie ecclésiastique; on cherche pour chacun une commission ou tout au moins quelque activité au sein de l'Église. [...]

Il est possible que quelqu'un exerce sans interruption des activités associatives ecclésiastiques et ne soit pas pour autant un chrétien. Il est possible que quelqu'un ne vive simplement que de la Parole et des sacrements et exerce l'amour qui vient de la foi sans s'être jamais présenté dans les commissions ecclésiastiques, sans s'être jamais occupé des nouveautés de la politique ecclésiastique, sans avoir appartenu à des synodes et sans y avoir voté – et qu'il n'en soit pas moins un vrai chrétien. Nous n'avons pas besoin d'une Église plus humaine mais d'une Église plus divine; c'est alors qu'elle sera véritablement humaine. Et c'est pourquoi tout ce qui est fait par l'homme dans l'Église doit être reconnu en son pur caractère de service et se retirer devant ce qui est le propre de celle-ci.

41

30 septembre

À l'horizon de l'éternel (2)

La liberté que nous attendons avec raison de l'Église et en l'Église ne se réalisera pas en y introduisant le principe de majorité. Elle ne repose pas sur la possibilité pour le plus grand nombre possible de venir à bout du plus petit nombre possible. Elle repose sur le fait que personne ne doit imposer sa propre volonté aux autres, mais que tous se sentent liés par la parole et par la volonté de Celui qui est notre Seigneur et notre liberté.

On se sent à l'étroit et on étouffe dans l'Église quand ses dignitaires oublient que le sacrement n'est pas l'attribution d'une puissance mais la dépossession de moi-même pour celui en la « *persona* » duquel je dois parler et agir. Là où toutefois la plus grande dépossession de soi correspond à la plus grande responsabilité, personne n'est le serviteur de l'autre ; c'est là que règne le Seigneur et là qu'il est vrai que « le Seigneur, c'est l'Esprit, et où est l'Esprit du Seigneur, là est la liberté. » (2 Cor 3, 17) Plus nous fabriquons de l'appareil, celui-ci fût-il le plus moderne, moins il y a de place pour l'Esprit, moins il y a de place pour le Seigneur et moins il y a de liberté.

Je suis d'avis que nous devrions de ce point de vue commencer à tous les niveaux un impitoyable examen de conscience. Cela devrait avoir des conséquences très concrètes à tous les niveaux et aller de pair avec une « *ablatio* » qui ferait réapparaître la forme authentique et qui pourrait nous donner à tous de manière entièrement nouvelle le sentiment de la liberté et d'être chez soi.

41

OCTOBRE

Dimension spirituelle de la vie dans l'espace et le temps

1er octobre

Prier avec l'Église

Le mois d'octobre compte parmi les périodes calmes de l'année liturgique ; au cours des derniers siècles, il est apparu comme mois du rosaire, mois de prière patiente, sous un jour particulier. Aujourd'hui, la prière a largement perdu de son évidence dans l'Église ; et nous devons nous tracer à nouveau la route vers le Dieu qui nous écoute et qui nous parle, ou plutôt, nous laisser réoffrir ce chemin.

Commençons à réfléchir tranquillement à la prière du rosaire.

Pourquoi saluons-nous Marie, à vrai dire ?

Cela ne mène-t-il pas sur une route secondaire, alors que le Christ seul est le centre ?

On pourrait d'abord répondre à cela de façon tout à fait positive :

nous la saluons, parce que cela répond à une prophétie biblique et, ainsi, à une exhortation des Saintes Écritures :

« Et désormais toutes les générations me diront bienheureuse » (Lc 1,48).

En poussant cette réponse plus avant, on tombe sur la raison plus profonde : Dieu, l'invisible et l'Éternel, s'est manifesté en ce monde par des hommes qui lui ont pour ainsi dire donné son nom : le Dieu d'Abraham, d'Isaac et de Jacob…

Par des hommes, son visage est devenu reconnaissable. C'est Lui que nous louons, lorsque nous faisons mémoire avec reconnaissance de ces hommes. Et nous taisons quelque chose de Sa Gloire, lorsque nous cessons de louer ceux en qui Il s'est manifesté. Nous le louons en ceux qui ont été les réceptacles de Sa faveur ; ils ne sont pas en travers de Son chemin, mais nous renvoient à Lui.

8

2 octobre

La véritable contestation du chrétien (1)

Je crois que la véritable contestation adressée au chrétien, telle que nous la vivons aujourd'hui, ne consiste même pas en la question théorique de savoir si Dieu existe, ni même s'il est un en trois personnes, ni si le Christ est à la fois Dieu et Homme. La question qui nous poursuit et nous inquiète aujourd'hui est bien davantage l'inefficacité du christianisme : après deux mille ans d'histoire du christianisme, nous ne voyons pas en quoi le monde a changé, mais nous constatons les mêmes horreurs, désespoirs et espérances de toujours. Et même dans notre propre existence, nous assistons à l'impuissance de la réalité chrétienne face à tous les autres pouvoirs, qui nous marquent et nous provoquent. Et lorsque nous faisons le bilan, en nous efforçant de vivre en chrétiens, nous avons le sentiment que la réalité nous a éloignés du but et se dissout ; et que tout ce qui reste, c'est l'appel à la faible petite flamme de notre bonne volonté... Et cela nous ramène à la question du message du Seigneur : quelle réalité a-t-il vraiment proclamée aux hommes ? Nous nous rappellerons que le récit de saint Marc résume le message du Christ en une parole : « Le temps est accompli, et le Royaume de Dieu est tout proche. Repentez-vous et croyez à l'Évangile ! » (Mc 1,15).

36

3 octobre

La véritable contestation du chrétien (2)

Notre siècle nous oblige à apprendre de façon toute nouvelle la vérité de l'Avent : c'est-à-dire la vérité que l'Avent a toujours existé, mais aussi qu'il est toujours l'Avent. Que toute l'humanité est unique à la face de Dieu. Que toute l'humanité est dans l'obscurité, mais qu'elle éclairée par la lumière de Dieu. S'il est vrai que l'Avent a toujours été et existe encore aujourd'hui, cela veut également dire qu'en toute période de l'histoire, Dieu ne serait pour ainsi dire que le passé, lequel est déjà derrière nous et où tout a déjà été fait. Mais, pour nous tous, Dieu est l'origine d'où nous sommes issus, restera toujours l'avenir, qui est devant nous.

D'une autre façon, la même nouvelle a été annoncée aux bergers de Bethléem, au début de l'histoire néotestamentaire. Il leur fut dit : « Et voici le signe qui vous est donné : vous trouverez un nouveau-né emmailloté et couché dans une mangeoire » (Lc 2, 12). En d'autres termes : le signe donné aux bergers est qu'ils ne rencontreront aucun signe, mais seulement Dieu qui s'est fait petit Enfant – et qu'ils doivent croire en un Dieu proche dans cette obscurité. Le signe qui leur est donné exige d'eux qu'ils reconnaissent que Dieu ne se trouve pas dans les règles tangibles de ce monde, mais seulement dans leur dépassement.

36

4 octobre

François d'Assise : le souci de la création de Dieu (1)

Parmi les noms du calendrier des saints de l'Église catholique, François d'Assise occupe une place dominante. Chrétiens et non-chrétiens, croyants et incroyants aiment cet homme. De lui émanent une joie et une paix qui le place au-delà de nombreuses contradictions paraissant sinon inconciliables. [...]

Si, aujourd'hui, on voit en François une figure nouvelle, cela provient de deux faits qui marquent en permanence la conscience de l'homme dans les nations industrielles : d'une part, l'angoisse devant les conséquences imprévisibles du progrès technique ; d'autre part, la mauvaise conscience, que nous donne notre bien-être face à la faim dans le monde. Ainsi, ce qui fascine chez François, c'est son refus déterminé du monde de la possession et son amour sans artifice de la création, des oiseaux, des poissons, du feu, de l'eau, de la terre. Il apparaît comme le patron des écologistes, le chef de la protestation contre une idéologie, qui est tournée uniquement vers la production et la croissance, comme l'avocat de la vie simple.

35

5 octobre

François d'Assise : le souci de la création de Dieu (2)

Il y a quelque chose de vrai dans toutes ces images de saint François ; partout sont abordés des problèmes qui touchent la fibre de l'homme. Mais lorsqu'on regarde saint François de près, il corrige nos façons de voir. Il ne se contente pas de nous conforter ; il est beaucoup plus exigeant que nous ne le souhaiterions, et il nous conduit, avec son exigence, à l'exigence de la vérité elle-même. Ainsi par exemple, nous ne pouvons pas régler le problème de la séparation des chrétiens simplement en voulant fuir l'histoire et nous créer notre Jésus bien à nous.

La même chose vaut pour tous les autres problèmes. Prenons seulement celui de l'environnement. Je voudrais commencer par raconter une petite histoire : François pria un frère jardinier de ne jamais planter uniquement des légumes, mais de laisser une partie du jardin pour les fleurs, afin qu'il produise nos sœurs, les fleurs, à toute époque de l'année, par amour pour celle que l'on nomme « la fleur des champs et le lis de la vallée » (Ct 2, 1). De même, il voulait que soit aménagé en permanence un parterre spécialement beau, pour qu'en tout temps, les hommes soient enthousiasmés par la vue des fleurs et portés à louer Dieu, « car chaque créature nous interpelle : Dieu m'a créée pour toi, ô homme ! » (Reflet de la Perfection XI, 118).

35

6 octobre

François d'Assise : le souci de la création de Dieu (3)

Dans cette histoire, on ne peut simplement laisser de côté l'élément religieux comme un bazar démodé, pour se contenter de refuser l'utilité indigne et assumer la conservation de la richesse des espèces. Si c'est cela que l'on veut, on agit tout autrement que ce que François eût fait et voulu. Surtout, cette histoire ne laisse rien percer du ressentiment vis-à-vis de l'homme perturbateur de la nature, dont vibrent, de nos jours, tant de plaidoyers en sa faveur.

Quand l'homme est dans tous ses états et ne s'aime plus, la nature ne peut prospérer. Bien au contraire : il faut qu'il soit en accord avec lui-même ; alors seulement, il pourra être en harmonie avec la création et elle avec lui. Et cela, il ne le peut que s'il est en accord avec le Créateur, qui a voulu la nature et nous. Le respect de l'homme et de la nature vont de pair, mais les deux ne pourront finalement prospérer et trouver leur pleine mesure que si nous respectons, en l'homme et dans la nature, le Créateur et sa création. Lui seul peut les réunir. Nous ne retrouverons certes pas l'équilibre perdu si nous refusons d'avancer jusque-là. Nous avons donc tout lieu de réfléchir avec François d'Assise et de le laisser nous mettre sur la voie.

35

7 octobre

Le charismatique (1)

Que doit faire un charismatique ? Et, inversement, à quoi peut-on reconnaître le véritable charismatique ?

On ne peut répondre à la question de façon abstraite. Elle a été vécue historiquement, dans la souffrance, par les grands charismatiques investis de missions dans l'histoire de l'Église ; et eux sont le mieux placés pour résoudre la question : Hildegarde de Bingen, Catherine de Sienne, François d'Assise, Thérèse d'Avila, Ignace de Loyola, Jeanne d'Arc, sur un autre plan, et bien d'autres. La figure charismatique la plus significative de l'histoire de l'Église est, à n'en pas douter, François d'Assise, dont le destin laisse apparaître de la façon la plus exemplaire la contestation dont le charismatique fit l'objet et sa grandeur dans l'Église.

François d'Assise n'était pas un fondateur d'ordre, en tout cas il ne le souhaitait pas. La mission dont il se sentait investi était beaucoup plus radicale : il voulait rassembler un *novus populus*, un nouveau peuple, qui devait suivre le Sermon sur la Montagne *sine glossa*, sans sourciller, et y puiser directement son unique règle. Cela signifiait pour François tout le contraire d'une « fondation d'ordre » : il n'a cessé de s'opposer passionnément à faire entrer son nouveau peuple dans le schéma prévu par le droit canon « ordre », et d'en faire une nouvelle variante du monachisme existant doté d'une spiritualité nouvelle, de tâches spéciales, d'une piété particulière et de biens spéciaux.

42

8 octobre

Le charismatique (2)

Ce qu'apporta François d'Assise dut plutôt être l'antithèse du monachisme d'alors, dont la pauvreté individuelle avait abouti à une richesse collective toujours plus grande, de sorte que les couvents ne représentaient plus, comme jadis les *fuga saeculi*, le renoncement au monde et à son système, mais en étaient les acteurs privilégiés : Cluny, l'abbaye réformée du Xᵉ au XIIᵉ siècles, devint un des plus riches propriétaires terriens, représentatif du système féodal. Se faire moine ne signifiait plus fuir le monde, c'est-à-dire ses systèmes de seigneuries pour se tenir aux côtés des pauvres et des laissés-pour-compte, mais voulait dire être admis au premier rang des seigneurs. Et surtout : les ordres ne signifiaient plus la *peregrinatio* évangélique, l'insécurité missionnaire de l'apôtre, mais ils immobilisaient l'Église avec leur *stabilitas loci*, se fixant en un lieu, dans un système ecclésial local statique sans dynamique missionnaire. Ils n'étaient plus le correctif de la foi face à la société, mais l'expression de la fonte totale de celles-ci où, inévitablement, le sel de la foi perd de sa saveur.

42

9 octobre

Le charismatique (3)

Lorsque François appelle un peuple nouveau, n'ayant d'autres règles que l'Évangile, ne se réfugiant pas derrière les commentaires et les réflexions théologiques, mais se livrant directement à l'exigence du Sermon sur la montagne, n'ayant pas l'assurance de biens fonciers, mais s'exposant à l'incertitude du travail quotidien et se faisant pauvre parmi les pauvres, cela revient à dire qu'il appelle lui-même ses enfants à l'heure eschatologique, qu'il veut les purifier par l'Évangile jusqu'à cette obéissance totale, qui les prépare à la venue du Seigneur. Au fond, François reprend largement ce que les *pauperes* du Christ (les pauvres du Christ), les Waldenser, avaient déjà tenté : Église des pauvres contre Église de la noblesse et des grands propriétaires terriens, piété et prédication laïques contre un culte dominant devenu un but en soi, simplicité de l'Évangile contre subtilités de la scholastique. Tout cela était un sujet brûlant, tout mouvement de ce type suscitait la méfiance, et glissait souvent dans la révolution sociale pure et l'esprit sectaire. Une tentative sans issue, par conséquent, que François entreprend toutefois dans une foi joyeuse et la certitude de sa mission, au point qu'il s'érige contre l'idée des croisades comme forme d'expression d'une foi qui s'identifie à la société face au monde non chrétien, et lui oppose l'idée et l'action de l'Évangile.

42

10 octobre

Le charismatique (4)

Le véritable critère du vrai charismatique est son abnégation, ou disons-le de façon plus radicale : le critère du charisme authentique est la Croix. C'est se laisser déchirer entre la mission et le lieu de son accomplissement, au nom de cette mission. Celui qui n'est pas prêt à cela, qui préfère rester indemne plutôt que de se tourner vers la mission là où elle doit avoir lieu, prouve finalement que son ego lui importe davantage que la mission, et il détruit le charisme. La dissociation vient finalement de ce recul devant la Croix et de l'égoïsme. Le fait que François ait pu faire entrer dans l'Église le mouvement des pauvres, celui de la paix, celui des laïcs et celui de l'évangélisation, dont il était déjà exclu, provenait de ce que lui-même s'exposait totalement à la Croix : ses stigmates, en ce sens, ne sont que l'expression du lieu et de la forme de son existence. Mais cela signifie, en résumé, que le lieu de la source et, en même temps, le signe distinctif de l'Esprit, c'est la Croix.

42

11 octobre

Le charismatique (5)

En disant cela, nous sommes directement confrontés aux tâches et aux questions de notre vie ecclésiale aujourd'hui. Car cette affirmation vaut non seulement pour l'époque, mais elle fixe aussi une norme durable pour l'Église de tous les temps. Ceux qui ont souffert sans murmurer ont ouvert un passage parmi les eaux fertiles dans l'Église actuelle, et non ceux qui firent leur propre publicité. La Croix est le véritable signe qui sépare l'Esprit Saint de l'esprit du mal : le sang et l'eau ne s'écoulent que d'un cœur ouvert. Le mystère de cette scène nous parle, justement à notre époque : il est en même temps une indication, un appel et une promesse. Il n'éteint pas l'Esprit – on ne peut finalement comprendre véritablement ce que cela signifie qu'en contemplant le côté ouvert du Seigneur, source de l'Esprit dans l'Église et pour le monde.

42

12 octobre

Un « Psaume pénitentiel » de l'Église

Je suis d'avis que la véracité est toujours une vertu essentielle, justement aussi en raison de ce que nous pouvons mieux reconnaître, grâce à elle, ce qui est l'Église et ce qui ne l'est pas. En ce sens, la nouvelle désillusion, si l'on veut s'exprimer ainsi, consistant à ne pas se cacher les zones d'ombre de l'histoire de l'Église, est très importante en tant qu'exemple d'honnêteté, en tant qu'exemple de ce que c'est que d'en venir à la vérité. Et si, pour ainsi dire, la confession, la mise à jour, la connaissance, la reconnaissance de sa propre faute sont essentielles pour être chrétien, parce que ce n'est que par elles que l'on peut en venir à la vérité puis à ce qui est juste, alors, il appartient aussi à la personnalité collective de l'Église qu'elle accomplisse une telle mise à jour, une telle connaissance, une telle reconnaissance. Un « psaume pénitentiel » de l'Église est en fait nécessaire afin qu'elle se tienne sincèrement devant Dieu et devant les hommes.

Je suis d'avis qu'il importe également de ne pas perdre de vue qu'indemne de toutes ces erreurs et faiblesses, la parole de Dieu a toujours été annoncée et le sacrement a toujours été administré, si bien que, dans cette mesure, les forces du salut étaient décelables, des forces qui ont aussi fait barrage au mal. La force de Dieu se fait ici remarquer, provoquant de nouveaux départs, justement alors que le christianisme semble entièrement tombé en cendre, quand le brasier semble s'éteindre. [...] Il y a aussi la décadence du christianisme au sein de l'Église, la possibilité qu'il soit encore là en tant que forme mais qu'il soit à peine vécu comme réalité. D'un autre côté, la dynamique intérieure de la présence du Christ agit, amenant le renouveau là où l'on ne s'y attend pas.

32

13 octobre

Quelque part en silence mûrit la semence (1)

Lc 8, 4-15

Nous savons tous qu'il existe aujourd'hui aussi, et même précisément aujourd'hui à nouveau, une tentation de la foi qui veut nous assaillir et nous accabler de sorte que nous nous demandions : Tout cela n'est-il pas vain ? Comment la misérable force de la foi subsisterait-elle donc parmi les gigantesques puissances de ce monde ? Ne doit-elle pas être simplement broyée entre les puissances mondiales de l'athéisme, ne doit-elle pas simplement baisser pavillon devant la technique et devant la science et toutes leurs possibilités et connaissances ? [...] Tout cela n'est-il pas une chose dépassée sans recours ? Le temps n'est-il pas passé où les croyants accouraient à l'Église ? Ne voyez-vous donc pas comme tout s'effrite lentement mais sûrement, entend-on dire les gens ? Comme vous vous tenez sur des positions perdues ? En réalité, Dieu continue de parcourir l'histoire incognito. Il continue de dissimuler sa puissance dans les habits de l'impuissance. Et les vrais valeurs, les valeurs divines : la vérité, l'amour, la foi, la justice, continuent d'être les choses oubliées et impuissantes en ce monde. Et pourtant – dit cette parabole – Ayez confiance ! La récolte de Dieu croît. Peu importe que tant de suiveurs s'en aillent dès que cela semble prudent. Peu importe que tant de choses soient faites en vain, puisque quelque part, la Parole mûrit. Même aujourd'hui. [...]

Quelque part en silence mûrit sa semence. Rien n'est en vain. Le monde vit secrètement de ce fait qu'on continue d'y croire, d'y espérer et d'y aimer.

9

14 octobre

Quelque part en silence mûrit la semence (2)

Luc 8, 4-15

On ne se tire pas si facilement de cet Évangile sans opérer un classement du genre: Ceux qui sont du côté de Dieu, c'est nous, et « les autres » sont ceux qui ne font pas avancer sa parole. Qui sont donc ces « autres »? Nous allons devoir nous demander très sincèrement si nous n'en sommes pas nous-mêmes pour une bonne part. Nous allons devoir réfléchir afin de savoir si nous ne sommes pas nous-mêmes de ceux dont Jésus dit qu'ils n'ont pas de profondeur, qu'ils ressemblent au rocher qui ne laisse pas les racines pousser. Ou bien peut-être sommes-nous de ceux - devrons-nous encore nous demander – que Jésus appelle des girouettes qui ne peuvent pas se tenir debout, mais qui se laissent simplement porter par le courant du moment, qui sont livrés à l'« On », à la masse; qui ne se demandent jamais que ce qu'« on » fait, ce qu'« on » dit et pense et qui n'ont jamais reconnu la souveraineté de la vérité, au nom de laquelle il vaut la peine de s'opposer à l'« On »?

Ou bien ne sommes-nous pas de ceux en qui trop souvent la Parole est étouffée par les broussailles des soucis ou du plaisir? Sommes-nous du nombre de ceux dont Jésus dit que la Parole ne pénètre pas réellement en eux parce que le diable l'enlève; de ceux donc qui n'ont plus du tout de réception pour la longueur d'ondes de Dieu, parce que le bruit du monde est devenu trop fort pour qu'ils puissent encore entendre, au travers de lui, l'Éternel qui parle dans le silence; qui, dans le bruit du temps, n'ont plus d'oreilles pour l'éternité de Dieu?

9

15 octobre

Dans un lieu de confiance

Notre époque est confrontée à la proclamation du Christ « Je suis la Vérité » avec le même scepticisme que Pilate, avec la même question à la fois orgueilleuse et résignée : qu'est-ce que la Vérité ? Plus que dans la parole du Christ, l'homme d'aujourd'hui se reconnaît dans le cinquième trope de Diogène Laërce : « La Vérité n'existe pas. Car une même chose passera pour juste aux yeux des uns, pour injuste aux yeux des autres, pour bonne aux yeux des uns, pour mauvaise aux yeux des autres. Que notre devise soit donc : retenue du jugement concernant la vérité. » Le scepticisme nous paraît être un commandement de tolérance et, par conséquent, la véritable sagesse. Mais nous ne devons pas oublier que vérité et liberté sont inséparables l'une de l'autre. « Je ne vous appelle plus serviteurs, mais amis, dit le Seigneur, car le serviteur ne sait pas ce que fait son maître ; mais je vous appelle amis, parce que tout ce que j'ai entendu de mon Père, je vous l'ai fait connaître » (Jn 1,15). L'ignorance est dépendance, elle est un esclavage : celui qui est ignorant reste esclave. Mais lorsque l'intelligence s'ouvre et que nous commençons à saisir l'essentiel, nous devenons libres. Une liberté sans vérité est un mensonge. Le Christ est "la Vérité". Cela veut dire que Dieu fait de nous, esclaves ignorants que nous sommes, des amis, en déposant en nous sa divinité. L'image du Christ, notre ami, nous est chère, aujourd'hui en particulier, mais par amitié, Il nous entraîne dans la confiance ; et le lieu de la confiance, c'est la Vérité.

16

16 octobre

À l'écoute du silence

Où sont donc ces hommes silencieux, restés dans l'ombre qui, sans faire beaucoup parler d'eux, sans grande culture, vivent vraiment de la Parole de Dieu, y trouvent leur respiration, en nourrissent leur pensée, et s'y sentent vraiment chez eux ? Tant d'hommes aujourd'hui parlent, prouvent qu'ils sont intelligents aussi et peuvent prononcer une parole – critique de préférence – montrant qu'ils ne savent peut-être pas tout, mais en savent plus que tout le monde. Trop peu d'hommes sont encore capables d'entendre dans le silence, d'entrer dans l'intimité de la Parole de Dieu, de s'en laisser pénétrer, imbiber, de sorte qu'elle devienne véritablement leur pain quotidien... Nous vivons, au fond, de plats de lentilles et d'eau, alors que le vin doux de la Parole divine nous est offert dans la Sainte Écriture. Marie, l'humble servante du Seigneur, peut ici confondre notre génération orgueilleuse et nous inciter de nouveau à aimer davantage ce merveilleux cadeau du Livre divin : devenir des hommes ayant des oreilles pour entendre la Parole de Dieu, au milieu des bruits de ce temps qui peuvent être souvent propices à nous rendre sourds jusqu'au tréfonds de notre être. Nous allons essayer à nouveau d'ouvrir davantage notre cœur au don merveilleux de Sa Parole, par laquelle Il nous console dans la nuit de ce monde et nous aide à nous réjouir des joies de la terre, qui sont aussi de Lui.

14

17 octobre

Amener les hommes à l'air libre (1)

Aimer - faire paître - suivre : avec ces trois mots-vedettes, l'Évangile circonscrit l'essence de l'office d'apôtre et donc aussi l'essence du service sacerdotal. Parce qu'aimer est la face intérieure de tout le reste, nous pouvons nous contenter de considérer de plus près les deux autres actes fondamentaux.

Commençons par celui de faire paître. Le mot renvoie à la période nomade d'Israël, alors qu'il était avant tout un peuple de pasteurs. Nous trouvons la même chose dans l'Évangile de ce jour, mais éclairée d'un autre angle : les disciples de Jésus, qu'il a rassemblés au lac de Galilée, avaient d'abord été des pêcheurs ; c'est ainsi qu'il leur a dès lors révélé leur future vocation : « désormais ce sont des hommes que tu prendras », avait dit Jésus à Pierre le matin de sa vocation (Lc 5, 10).

Parmi toutes les interprétations de cette parole que j'ai trouvées, celle qui m'a le plus impressionné est celle de saint Jérôme. Il dit à peu près ceci : Quand le poisson est tiré de l'eau, cela signifie pour lui qu'il perd son élément vital. Il ne peut plus respirer et périt. Mais pour nous les hommes, c'est le contraire qui se produit dans le baptême qui nous fait devenir chrétiens : jusque-là, nous sommes enclos dans les eaux salées du monde. Nous ne pouvons pas voir la lumière, la lumière de Dieu. Nous ne pouvons pas voir l'étendue du monde. [...] Mais quand nous en sommes retirés dans le baptême, nous commençons à voir la lumière, et alors nous commençons à vivre vraiment.

9

18 octobre

Amener les hommes à l'air libre (2)

Je crois qu'il n'est pas du tout difficile aujourd'hui de reconnaître combien cela est vrai : la vie sans Dieu et contre Dieu, qui paraît tout d'abord si séduisante et libératrice, n'a en réalité suscité qu'une grande tristesse et une colère croissante. L'homme est furieux contre la société, contre le monde, contre lui-même et contre les autres ; sa vie lui apparaît comme une construction bâclée, l'être humain comme une erreur de l'évolution. [...] Ce n'est que la foi qui nous amène à l'air libre, comme disent les Psaumes.

Que veut donc dire « pêcher les hommes » ? Cela veut dire : amener les hommes à l'air libre, dans l'étendue de Dieu, dans l'élément vital qui leur a été destiné. Sans doute, qui est arraché à ses habitudes commence toujours par se défendre, ainsi que nous l'a dépeint Platon de façon frappante dans sa parabole de la caverne. Celui qui s'est habitué à la mer croit tout d'abord qu'on lui enlève la vie quand on l'amène à la lumière. Il s'est épris des ténèbres. Aussi, n'est-ce pas une entreprise commode que de pêcher les hommes – mais bien la plus grandiose et humainement belle qui puisse exister. Elle comporte certainement des sorties effectuées en vain. Mais c'est, malgré tout, une tâche merveilleuse que d'accompagner les êtres humains sur la voie de la lumière, jusqu'à l'air libre. [...] Lorsque je m'y suis mis, il y a de cela bien des années, je m'en faisais en me demandant comment cela allait bien se passer. Mais j'ai fait très tôt et constamment l'expérience de la promesse véridique du Seigneur à l'effet qu'il rendrait nos efforts au centuple dès cette vie – avec des persécutions certes, mais, il tient parole (cf. Mc 10, 29 ss).

9

19 octobre

Au-delà des tas de papiers

Une seule heure d'écoute silencieuse de la Parole de Dieu aurait souvent plus d'effet que des sessions de réunions et de discussions, et un instant de prière serait plus fécond que bien des piles de papiers. Nous ne sommes pas efficaces seulement par ce que nous faisons, et l'on a parfois l'impression que nos activités multiples masquent une méfiance envers la puissance de Dieu et la multiplication de nos travaux cache une paralysie de notre foi ; finalement, nous ne faisons confiance qu'à notre action et à nos réalisations. Notre efficacité ne se résume pas à nos actes, ni – moins encore – à ce que nous sommes, si nous mûrissons et devenons libres et vrais, maintenant les racines de notre être dans le silence fécond de Dieu. Lorsqu'en vérité, nous disons *Kyrie eleison*, que nous crions vers Dieu des profondeurs de notre indigence, nous reconnaissons ce que nous sommes et qui Il est ; et nous l'adorons dans sa Gloire. Ainsi, nous répétons : regarde-moi, mon Dieu, je ne suis rien, mais Tu es tout ; je suis indigent, mais tu es riche et peux guérir toute la misère du monde ; je suis pécheur et méchant, mais toi, tu es plein d'Amour prodigue. Tu n'aimes pas comme les hommes, qui aiment seulement ceux qui leur sont sympathiques ; Tu aimes aussi le mendiant en haillons, le fils prodigue. Tu ne nous aimes pas parce que nous sommes bons, mais parce que Tu es bon.

MKK

20 octobre

« Ma parole ne me revient pas sans avoir accompli ce qu'elle promet » (1)

« Ma parole ne me revient pas sans avoir accompli ce qu'elle promet !

Le prophète Josué prononça ces paroles, non pour constater une évidence, mais plutôt une contradiction par rapport à ce que l'on pouvait attendre. Les mots de la lecture font partie de l'histoire douloureuse d'Israël, au cours de laquelle les appels de Dieu à son peuple ne sont jamais suivis d'effet, laissant cette parole infructueuse, où Dieu – sans être victorieux – se tient sur la scène de l'Histoire. Tous les signes qui avaient été donnés – miracle de la Mer Rouge, l'institution des Rois, retour d'exil d'Israël – tout cela se perd à nouveau ; la semence divine dans le monde semble n'avoir aucun effet. Cette parole de Dieu – dans un nuage d'obscurité – est donc un encouragement pour tous ceux qui continuent de croire à la puissance de Dieu ; pour ceux qui croient que le monde entier est un rocher où cette semence ne peut trouver place ; pour ceux qui croient que le monde n'est nullement une terre peu profonde, où les moineaux viennent chaque jour manger le grain tombé au bord du chemin (cf. Mc 4, 1-9).

27

21 octobre

« Ma parole ne me revient pas sans avoir accompli ce qu'elle promet » (2)

Pour nous chrétiens, ces phrases sont une promesse de Jésus Christ, en qui la Parole de Dieu a pénétré la terre et est devenue pain pour nous tous. La graine porte à travers les siècles du fruit, réponse féconde, où le discours de Dieu est enraciné en ce monde de façon vivante. Il n'est guère d'endroit où le mystère du Christ soit lié si étroitement à celui de Marie comme dans la perspective de cette promesse. Car lorsqu'il est dit que la parole, c'est-à-dire la semence, porte du fruit, cela signifie qu'elle ne rebondit pas comme une balle sur la terre, mais s'enfonce vraiment dans la terre, en absorbe les forces, les transforme en elle et crée véritablement une œuvre nouvelle, en portant la terre en son sein et en la faisant fructifier. La semence ne reste pas seule, le secret maternel de la terre en fait partie. Marie, « Terre Sainte de l'Église » (comme les Pères de l'Église l'appellent si joliment), appartient au Christ. Le mystère de Marie signifie justement que la Parole de Dieu n'est pas restée seule, mais qu'elle a accueilli la terre, s'est faite Homme dans la « terre » de la mère et a pu alors retourner à Dieu, fondu avec la terre de toute l'humanité.

27

22 octobre

« Ma parole ne me revient pas sans avoir accompli ce qu'elle promet » (3)

L'Évangile (Mt 6,7-15), par contre, semble parler d'une toute autre chose. Il y est question de notre façon de prier, de la juste forme, de son juste contenu, des actes justes et de la juste intériorité, autrement dit pas de ce que Dieu fait, mais de ce que nous, les hommes, faisons pour Lui. En réalité, les deux vont de pair ; on peut donc dire que l'Évangile montre comment les hommes peuvent devenir une terre qui porte du fruit pour la Parole de Dieu. Cela leur est possible en préparant les éléments organiques qui permettent à la vie de croître et de mûrir...

Ainsi, cet Évangile rejoint l'introduction au mystère marial que nous donne saint Luc, lorsqu'il dit de Marie en plusieurs passages qu'« elle gardait ces paroles dans son cœur » (2,19 ; 2,51 ; cf. 1,29). Elle a en quelque sorte réuni les différents courants d'Israël ; elle a porté dans sa prière la Passion et la grandeur de cette Histoire qu'elle a laissé fructifier pour le Dieu vivant. Prier, comme le dit l'Évangile, est bien plus qu'un bavardage, une succession de mots. Être une terre pour la Parole, c'est se laisser féconder, s'assimiler à la semence, se renoncer soi-même, pour le faire grandir. La maternité de Marie signifie qu'elle lui laisse absorber la substance de son être, corps et âme, pour faire grandir une vie nouvelle.

27

23 octobre

« Ma parole ne me revient pas sans avoir accompli ce qu'elle promet » (4)

Je veux dire que ce double mystère du Christ et de Marie dans les lectures du jour est très important à notre époque d'activisme, où la mentalité occidentale s'est développée à l'extrême. Car aujourd'hui, dans le monde de l'esprit, seul vaut le principe masculin : "le faire", la performance, l'activité – qui peut même planifier et produire le monde. Elle ne peut attendre quelque chose dont elle devient dépendante, mais mise tout sur le savoir. Ce n'est pas un hasard, je crois, si dans notre mentalité masculine occidentale, nous avons de plus en plus séparé le Christ de sa mère, sans saisir que Marie pouvait, comme mère, avoir une importance du point de vue théologique et de la foi. Toute notre relation à l'Église en est marquée. Nous la traitons presque comme un produit technique, que nous voulons entièrement planifier et fabriquer avec une grande acuité et en déployant beaucoup d'énergie...

Il nous est pénible de sortir de ces perspectives activistes occidentales à sens unique, pour ne pas rabaisser l'Église à une œuvre de notre fabrication. L'Église n'est pas un produit fini, mais une semence vivante de Dieu ; elle ne demande qu'à grandir et mûrir.

C'est pourquoi elle a besoin du mystère marial. C'est pourquoi elle est elle-même un mystère marial.

27

24 octobre

« Hygiène publique » divine

Il est frappant que l'accusation contre Dieu provienne seulement pour une infime proportion de ceux qui souffrent en ce monde et pour une bien plus grande part des spectateurs repus qui n'ont jamais souffert. Ceux qui souffrent ont appris à voir. Chaque individu a sa propre destinée avec Dieu, on ne peut pas faire le compte des êtres humains comme de marchandises, selon des quantités. Le chant de louange à Dieu vient en ce monde des fournaises de ceux qui souffrent : l'histoire des trois adolescents dans la fournaise contient une vérité plus profonde que de savants traités… La réponse est une compassion – non pas comme un simple sentiment, mais en tant que réalité. La compassion de Dieu a de la chair. Elle s'appelle flagellation, couronnement d'épines, crucifixion, tombeau. Elle est une entrée dans notre souffrance. Ce qu'elle signifie, ce qu'elle peut signifier, nous pouvons l'apprendre devant les grandes images du Crucifié et devant les images de la vigile de la mère auprès de son fils mort. En de telles images, la souffrance s'est transformée pour les hommes : ils ont appris que Dieu lui-même habite dans le plus intime de leur souffrance : c'est justement dans leurs blessures qu'ils sont devenus un avec lui. Ne parlons pas de consolation. Car une telle expérience a suscité cet amour de ceux qui souffrent dont François d'Assise et Élisabeth de Thuringe ne sont que deux des noms. […] Avec tous les problèmes de notre « hygiène publique », ne commençons-nous pas tranquillement à comprendre à nouveau qu'il y a des choses que l'on ne peut compter ?

7

25 octobre

Le présent à la mesure de l'éternel

La foi implique un renversement des valeurs, un placement nouveau des poids et mesures de l'existence par rapport à l'avenir : ce n'est pas le pratique momentané qui convient à l'homme, mais ce qui a "un poids d'éternité", ce qui l'élargit au-delà de l'instant. Le poids d'éternité : grâce à lui, il vaut la peine de survivre. C'est l'histoire d'un homme dont le changement est tel que l'on ne souhaite plus se débarrasser de lui. Cet homme est devenu capable d'humanité et digne d'être un homme. Un homme capable de donner. Un homme qui ne met pas aux autres de bâtons dans les roues, mais a de l'importance pour eux ; on peut l'aimer. Tandis que nous examinons de près ce « poids d'éternité » et ce qui est digne d'éternité dans tous ses aspects, une objection à la foi chrétienne, qui s'impose avec plus d'acuité, trouve réponse naturellement : une telle orientation vers un avenir qui surmonte la mort ne revient-elle pas à une fuite dans l'au-delà et une dévalorisation de la vie terrestre ?... Or, on ne peut le contester, une telle fuite dans la passivité existe. Déjà saint Paul dut s'expliquer sur ce malentendu. Mais il y vit d'emblée un malentendu ; car justement, si l'homme a un avenir éternel, dont décide son aujourd'hui, cet aujourd'hui prend un sens inouï, presque insupportable.

20

26 octobre

S'ouvrir à l'élévation totale et à l'extrême profondeur (1)

Quiconque fait l'expérience de son humanité, les sens en éveil, prend conscience que nous ne parlons pas ici de pures théories théologiques. L'insuffisance ultime de l'autre, l'impossibilité de se donner les uns aux autres et de se comprendre durablement, a sans doute rarement été vécue de façon aussi dramatique qu'à notre époque. « La vie implique la solitude, personne ne connaît l'autre, chacun est seul », déclara Hermann Hesse. Lorsque je parle à l'autre, c'est comme si une cloison de verre dépoli nous séparait : nous nous voyons, et cependant nous ne nous voyons pas ; nous sommes près l'un de l'autre, sans pouvoir toutefois nous rapprocher. Albert Camus a exprimé cette même expérience.

Comment puis-je rester moi-même, respecter l'altérité de l'autre et cependant sortir des barreaux de la solitude, et toucher autrui de l'intérieur ? Les religions asiatiques ont répondu à cette question par l'idée du nirvâna : tant qu'existe le Je, cela ne se peut, disent-elles. Le Moi lui-même est une prison. Je dois dissoudre le Je, laisser derrière moi ma personnalité, comme prison et comme lieu de la non-délivrance, me laisser tomber dans le néant comme dans le vrai Tout. La rédemption est dépouillement de son être, et il faut s'y exercer : retourner dans le néant, se défaire du Je – comme seule libération vraie et définitive. Celui qui, jour après jour, expérimente le poids du Je du Tu, peut comprendre la fascination d'un tel programme.

3

27 octobre

S'ouvrir à l'élévation totale et à l'extrême profondeur (2)

Le simple activisme n'est pas une réponse à la fuite mystique ; au contraire : il provoque cette fuite. Car tous les nouveaux dispositifs qu'il crée deviendront de nouvelles prisons, si Je et Tu ne se réconcilient pas. Mais Je et Tu ne peuvent se réconcilier si l'homme ne s'est pas réconcilié avec son propre Je. Mais comment doit-il l'accepter, ce Je, toujours assoiffé et toujours avide, criant vers l'amour, vers le Tu, tout en se sentant à l'étroit, blessé et menacé par le Tu ? Face au volontarisme des religions asiatiques, les techniques modernes de la dynamique de groupe, de réconciliation de l'homme avec lui-même et avec le Tu ne sont d'ailleurs, elles aussi, malgré leurs subtilités, que de misérables solutions de rechange. Je et Tu sont tous deux comme mis en veilleuse, accoutumés à des règles, pour prêter le moins possible attention à soi et ne pas se broyer l'un l'autre. Leur divine passion est réduite à quelques instincts, et l'homme est traité comme un appareil dont on doit connaître le mode d'emploi. On essaie de résoudre le problème de son humanité en niant absolument l'homme et en le traitant comme un jeu de construction, que l'on peut apprendre à maîtriser. [...]

Dieu n'a pas créé la personne pour qu'elle soit dissoute, mais pour qu'elle s'ouvre au plus haut d'elle-même et dans son extrême profondeur.

3

28 octobre

S'éveiller pour nous-même

(Journaliste) : Lorsque le pape évoqua de manière démonstrative l'existence et l'importance des anges, beaucoup prirent cela pour une plaisanterie. Mais soudain, les anges devinrent à la mode. Il s'agissait bien sûr des vrais, des bons anges. Eux aussi avaient manifestement quitté l'Église.

Il est en effet très amusant d'observer comment les modes intellectuelles changent vite. Il y eut tout d'abord une sorte de consensus rationaliste, qui voulait laisser en héritage un christianisme purifié, après avoir supprimé tout ce qui était superflu. Les anges et les saints, cela ne convenait plus. Puis soudain se fait sentir une nouvelle soif de mystère et d'un monde plein de transcendance ; effectivement, une nouvelle « vague d'anges » nous vient de l'extérieur de l'Église, alourdie par de nombreuses équivoques. C'est évidemment un phénomène inquiétant que des affirmations de foi provenant de l'Église ne soient pas considérées, ou ressenties négativement, alors que, vues de l'extérieur, elles retrouvent tout à coup leur caractère d'urgence. Cela montre bien qu'une lassitude s'est emparée de la vie interne de l'Église, qui ne montre plus dans les affirmations de la foi leur beauté et leur nécessité humaines.

Sur ce point, je pense, ce qui vient de l'extérieur peut aussi nous aider à nous réveiller nous-mêmes.

32

29 octobre

Un amour qui ne se laisse pas désarmer

La Fête du Christ Roi est récente, mais son contenu est aussi vieux que la foi chrétienne elle-même. Car le mot Christ est la traduction grecque de Messie : l'Oint, le Roi. Jésus de Nazareth, Fils crucifié d'un charpentier, est tellement roi que le titre de roi est devenu son nom. En nous qualifiant de chrétiens, nous nous désignons nous-mêmes comme sujets du roi, reconnaissant en lui notre roi. Mais le royaume de Jésus Christ ne peut se comprendre qu'en regardant de près son origine dans l'ancienne Alliance. On remarque d'abord quelque chose de curieux. Dieu n'a manifestement pas prévu de royaume pour Israël. Il est né d'une révolte d'Israël contre Dieu et ses prophètes, d'un abandon de la volonté de Dieu. La Loi devait être le roi d'Israël et, à travers elle, Dieu lui-même. Mais Israël devient jaloux des peuples alentour avec leurs rois puissants. Il veut être comme eux. Or, il se produit un fait curieux : Dieu abonde dans le sens d'Israël, lui donnant ainsi une nouvelle chance de se tourner vers Lui. Le fils de David, le roi, s'appelle Jésus ; en Lui, Dieu s'immerge dans l'humanité et l'épouse. À y regarder de plus près, on découvre que c'est la façon d'agir de Dieu. Car Dieu n'a pas de schéma rigide qu'il veut imposer, mais il sait toujours trouver l'homme et tracer une ligne droite à partir de lignes courbes...

Tel est donc le royaume de Dieu : un Amour que rien ne désarme.

21

30 octobre

L'héritage de Vatican II

Dans le conflit au sujet de l'héritage de Vatican II, il importe de signaler un mouvement de piété qui se sent trahi et abandonné par la théologie et cherche à présent sa route avec détermination sans la théologie, voire contre elle. Sous la menace, conçue instinctivement, de dénaturation totale et d'un effondrement inévitable des valeurs porteuses jusqu'alors, on fuit vers ce que l'on considère comme particulièrement catholique : une piété mariale nourrie de visions et de miracles, un combat étriqué prenant tout à la lettre, l'ancienne liturgie…, en croyant pouvoir préserver seulement ainsi l'identité catholique. Il ne faut pas sous-estimer les forces religieuses authentiques vivantes. Mais le danger d'un rétrécissement dans des formes frisant le sectarisme est également grand. Il est clairement reconnaissable, lorsque l'on suspecte Vatican II lui-même d'hérésie, quittant ainsi le chemin de l'unité ecclésiale.

Seul celui qui vit encore à moitié dans le passé ressent la foi comme une contrainte, un danger ; et il conteste l'avenir. Celui qui conteste hier, et se sent exposé au présent tel qu'il est, découvre que le monde a besoin du sacré. Ses nuits sombres réclament Dieu… L'héritage de Vatican II n'a pas encore levé. Mais il attend son heure. Et elle viendra, j'en suis sûr.

14

31 octobre

Victoire de l'invraisemblable

La question de l'avenir de l'œcuménisme repose finalement sur les forces vives des chrétiens. Deux obstacles s'opposent à la réalisation de l'unité de l'Église : d'une part, un chauvinisme confessionnel, tourné non pas vers la vérité mais l'habitude, et fixé sur soi, ne démordant surtout pas de ce qui s'oppose aux autres. D'autre part, une indifférence en matière de foi, qui voit un obstacle dans la recherche de la vérité, mesure l'unité à son opportunité et en fait une alliance extérieure, qui porte constamment en elle le germe de dissensions nouvelles. Un christianisme de foi et de fidélité est favorable à l'unité, il vit la foi comme une décision mise en actes ; or, il recherche justement l'unité pour cela, se laisse constamment purifier et approfondir dans ce but, aidant ainsi l'autre à reconnaître le centre commun et à s'y trouver, sur un même chemin de purification et d'approfondissement. Il est clair que les deux premières attitudes sont beaucoup plus habituelles à l'homme que la troisième, qui le rend vulnérable, exige de lui une patience inépuisable et d'être toujours prêt à se purifier. Mais le christianisme repose sur la victoire de l'invraisemblable, sur l'aventure de l'Esprit Saint, qui conduit l'homme à se dépasser, l'amenant ainsi à lui-même.

37

NOVEMBRE

Portes d'Espérance entre le ciel et la terre

1er novembre

Prier pour les défunts

Lorsque nous interrogeons aujourd'hui la théologie sur le Purgatoire, nous n'obtenons guère de réponse. La Bible n'en parle pas, semble-t-il. Sur quel fondement la tradition peut-elle alors en parler? On évite le sujet. Mais pouvons-nous imaginer une Église où l'on ne ferait plus mémoire dans la prière de ceux qui sont retournés dans la « maison du père »? On pourrait dire que la certitude évidente avec laquelle la prière de tous les temps enveloppe aussi les morts est l'expression vivante d'une connaissance plus profonde, inhérente à la foi, que la communion des saints ne prend pas fin dans la mort, mais est justement ce qui demeure vraiment...

Il paraît clair aujourd'hui que le feu du Jugement dernier dont parle la Bible n'est pas une sorte de prison dans l'au-delà, mais le Seigneur lui-même... Cela signifie que pour l'homme qui paraît devant le Seigneur, toutes les « pailles ou scories » de sa vie sont brûlées et il ne subsiste que ce qui peut vraiment exister. Cela nous dit que l'homme rencontrant le Christ est fondu en ce qu'il devrait et pourrait être. La décision fondamentale de cet homme est un "oui" qui le rend capable de recevoir la miséricorde de Dieu. Mais cette décision est diversement forcée, émergeant péniblement des barreaux de l'égoïsme que l'homme n'a pas pu rompre. Il reçoit la miséricorde, mais il doit se transformer. La rencontre avec le Seigneur est cette transformation, le feu qui le brûle jusqu'à en faire une figure sans scories, pour devenir le réceptacle d'une Joie éternelle.

8

2 novembre

Ce qu'il y a de bon dans l'homme (1)

J'ai souvent l'occasion d'observer que la joie est devenue plus rare. La joie est aujourd'hui de plus en plus chargée d'hypothèques morales et idéologiques. Quand on se réjouit, on a déjà peur de commettre une faute contre la solidarité avec les nombreuses personnes qui souffrent. Je ne devrais pas du tout me réjouir, pense-t-on, dans un monde où il existe tellement de misère, tellement d'injustice.

Je peux comprendre cette attitude. Des sentiments entrent en jeu. Pourtant, cette attitude est une erreur. Car le monde ne s'est certainement pas amélioré avec la perte de la joie – et à l'inverse, ne pas se réjouir à cause de la souffrance n'aide pas ceux qui souffrent. Au contraire, le monde a besoin d'êtres humains qui découvrent ce qui est bon, que cela rend joyeux et qui en reçoivent aussi l'impulsion et le courage de faire le bien. La joie ne rogne donc pas sur la solidarité. Quand elle est juste, quand elle n'est pas égoïste, quand elle provient de la perception de ce qui est bon, elle veut également partager et va plus loin. D'ailleurs, je suis toujours frappé de constater que l'on trouve dans les quartiers pauvres d'Amérique du Sud, par exemple, beaucoup plus de gens joyeux que chez nous. Quelle que soit leur misère, ils ont manifestement toujours la perception de ce qui est bon et ils s'y cramponnent pour se relever et gagner des forces.

Nous avons besoin de retrouver cette confiance primordiale que seule la foi peut donner : le monde est fondamentalement bon, Dieu existe et il est bon. Et il est bon de vivre et d'être un humain.

32

3 novembre

Ce qui est bon dans l'homme (2)

(Réponse au journaliste lors d'une interview) :

Et maintenant parlons des deux visages de notre présent, tels que vous les avez présentés. C'est une nouvelle conscience de la solidarité, de la responsabilité vis-à-vis de l'humanité dans son ensemble, de la responsabilité envers la création. Il existe des mouvements d'unification et une quête pour agir solidairement dans les foyers de crises, aider à établir la paix, à surmonter la misère. Comme citoyen de ce siècle, on doit en avoir conscience et en être reconnaissant. Cela nous montre, une fois de plus, de façon tout à fait pratique, que l'on ne peut piétiner ce qui est bon en l'homme.

D'un autre côté, vous avez parlé de la grande maison de fous et des énormes abandons. Nous le voyons tous. Je crois qu'ici, justement, la société de masses, et aussi les possibilités nées de la maîtrise technique du monde, ont créé des qualités nouvelles, même du mal. Il est impossible de ne pas le voir. [...]

Je dirais que deux choses apparaissent ici : que l'homme est un être moral, qui a une responsabilité envers lui-même et envers toute l'humanité ; mais il est aussi un être qui ne peut trouver qu'en Dieu les ressources dont il a besoin pour avancer.

32

4 novembre

« Qui marche à mon appel? » (1)

De nos jours, la sainteté ne semble pas un sujet particulièrement attirant ou important pour les hommes. Ce que nous cherchons aujourd'hui a une résonance beaucoup plus rationnelle, beaucoup plus modeste : la crédibilité. Notre siècle a vu périodiquement la chute de puissants qui, autrefois, semblaient être à une hauteur inaccessible et qui soudain, privés de leur éclat, se retrouvent assis sur le banc des accusés de l'histoire. Périodiquement, la confiance a été détruite et ainsi, peu à peu, le courage de la confiance menace de disparaître. Les calomniateurs de l'homme et les calomniateurs de Dieu, le Créateur, trouvent un vaste champ : il suffirait de dépasser la belle apparence, pour que toute morale ou toute dignité laisse apparaître toujours la même misère. L'autorité devient ainsi progressivement impossible, et cela paraît, au premier abord, être une victoire de la liberté. Mais en réalité, le monde ne fait que s'assombrir et s'appauvrir, lorsqu'on ne peut plus faire confiance. C'est pourquoi nous ne cesserons de chercher du regard des hommes crédibles, qui sont à l'intérieur ce qu'ils montrent à l'extérieur. Et si nous les trouvons, alors le mécontentement vis-à-vis du monde politique et la lassitude vis-à-vis de l'Église seront surmontés.

3

5 novembre

« Qui marche à mon appel? » (2)

À quoi devrait donc ressembler le politicien crédible, le pasteur crédible? Platon déclara, lors d'une crise de confiance semblable de la société, que l'aveuglement de la politique de "moyenne gamme" vient de ce que ses représentants luttent pour le pouvoir, « comme s'il était un grand Bien ». Le vrai politicien devrait être un homme qui a débusqué cette recherche de l'apparence et du paraître. Il devrait être un homme qui conçoive la politique comme un service et l'assume comme une charge, comme un renoncement à quelque chose de plus grand auquel il a goûté déjà : la beauté de la compréhension, la disponibilité pour la vérité. Les critères du bon pasteur dans l'Église ne sont pas essentiellement différents. Celui qui briguerait la prêtrise ou la charge épiscopale comme un surcroît de pouvoir et de prestige se méprendrait totalement. Celui qui veut avant tout devenir "quelqu'un" par ces fonctions sera toujours le valet de l'opinion publique. Obligé de flatter afin d'être considéré. De s'adapter. De complaire. De s'adapter aux courants mouvants, au risque de perdre sa vérité, devant condamner demain ce qu'il a encensé aujourd'hui. Alors, il n'aimera plus du tout vraiment les hommes, mais n'aimera plus finalement que lui-même; et il se perdra donc lui-même aussi, en se ralliant à l'opinion la plus forte. Je n'ai pas besoin de poursuivre ces descriptions... Nous reconnaissons assez clairement, hélas, ce type de comportement à certains événements de la vie publique.

3

6 novembre

« Qui marche à mon appel? » (3)

Saint Augustin raconta un jour qu'il avait pleuré après son ordination, non seulement parce qu'il avait perdu sa belle liberté de philosophe, mais parce qu'il prenait aussi conscience d'une réalité contraignante : à présent, tu ne portes plus seulement ton fardeau, tu dois porter aussi celui des autres. À présent, il ne te suffit plus d'assumer la responsabilité de ta propre vie, on te demandera aussi de répondre de tous ceux qui te sont confiés. Vais-je pouvoir tenir bon? Serai-je capable de les servir comme ils le méritent? Nous trouvons des situations analogues dans l'histoire de toutes les grandes vocations. Un Moïse, un Jérémie, un Jonas résistent de toutes leurs forces aux exigences de Dieu voulant qu'ils deviennent Sa bouche et Sa main. Ils craignent surtout la contradiction des hommes, car ils l'ont trop vécue. Et leur propre insuffisance. Ils voient à quel point leur propre stature humaine est encore loin de celle qu'ils doivent atteindre. Ils craignent de ne pouvoir être crédibles du tout, lorsqu'ils porteront la Parole de Dieu à leurs pauvres lèvres humaines. Isaïe n'est un contre-exemple qu'en apparence. La Gloire du Dieu trois fois Saint lui est apparue. Il entendit alors la voix du Seigneur qui disait : « Qui enverrai-je? Qui donc ira pour nous ? » Et je dis : « Me voici, envoie-moi ! » (Is 6, 8). Il ne se propose pas parce qu'il veut obtenir quelque chose pour lui-même, mais parce que Dieu a besoin de lui et qu'il se sait entre bonnes mains, quand il se met dans la main de Dieu.

3

7 novembre

Source d'eau vive réalisme de la vision chrétienne (1)

Jésus : la Vie. L'avidité de vivre, que l'on rencontre aujourd'hui sur tous les continents, a fait naître une anti-culture de la mort, qui fait de plus en plus partie de la physionomie de notre époque : débridement de sexualité, drogue et trafic d'armes sont devenus une trilogie malheureuse, dont le filet mortel s'étend et pèse toujours davantage sur les continents. Avortement, suicide et violence collective sont les manières concrètes d'agir du lobby de la mort. Dans le même temps, le sida et sa déficience immunitaire est devenue le reflet de la maladie intérieure de notre civilisation. Il n'y a plus de d'immunité de l'âme... L'intelligence positiviste n'offre aucune force immunitaire éthique à l'organisme moral ; elle est la destruction du système immunitaire de l'âme et, ainsi, l'abandon sans défense aux promesses trompeuses de la mort, sous couvert d'un surcroît de vie. La recherche médicale est en train, de tout le poids de ses potentialités, de chercher des substances immunitaires contre la destruction des forces d'immunité du corps, et c'est son devoir. Cependant, elle ne fera que repousser le champ des destructions et ne pourra ralentir la bataille victorieuse de l'anti-culture de mort, si l'on ne reconnaît pas en même temps que la faiblesse immunitaire du corps est un cri d'alarme de l'être humain malmené, un tableau qui représente la véritable maladie : l'impuissance des âmes amenées à déclarer vaines les vraies valeurs de l'humanité, Dieu et l'âme.

16

8 novembre

Source d'eau vive réalisme de la vision chrétienne (2)

Si nous, chrétiens, nous contentons d'assister à cette situation et de dire des paroles apaisantes, nous sommes hautement superflus. Pour répondre à l'exigence du modernisme ou postmodernisme, il ne suffit pas de se soumettre à ses normes et à prouver que l'on peut suivre. Cette fausse manière de christianisme progressiste ne serait que risible, si elle n'était pas aussi triste et aussi dangereuse. Elle accélère la spirale de la mort, au lieu de lui opposer le pouvoir thérapeutique de la vie. L'analyse marxiste, par laquelle certains veulent encore nous montrer l'issue des contradictions de notre époque, est un anachronisme absurde, face au type de domination de l'argent et de cupidon, que représente la « trinité » diabolique du sexe, de la drogue et de la violence collective. Si l'on n'arrive pas à une guérison des âmes en profondeur, ces analyses structurelles ne sont alors que pure superstition, qui ne fait que poursuivre la décomposition des forces immunitaires internes, parce qu'elle veut remplacer les forces de l'ethos par la technique et la mécanique, c'est-à-dire par les structures.

À ce stade, il faut redécouvrir le réalisme de la vie chrétienne, trouver Jésus-Christ dans le présent, et comprendre de façon nouvelle ce que signifie : Je suis le Chemin, la Vérité et la Vie.

Cela nécessiterait d'abord, assurément, une analyse précise de la maladie. Nous ne pouvons le faire ici.

16

9 novembre

Source d'eau vive
réalisme de la vision chrétienne (3)

Contentons-nous de poser cette simple question de fond : pourquoi l'homme s'évade-t-il dans la drogue ? En généralisant beaucoup, on peut dire qu'il le fait, parce que la vie, telle qu'elle se présente en elle-même, est trop fade, trop pauvre, trop vide à son goût. Et tous les plaisirs, toutes les libérations et tous les espoirs que l'on y a rattachés, laissent une sensation de trop peu. Vivre une vie pénible et l'accepter devient insupportable, alors qu'elle devrait être une source de plaisirs inépuisables. Deux choses sont donc en jeu : d'une part, la soif de plénitude, d'infini, qui contraste avec les limites de notre vie ; par ailleurs, la volonté d'avoir simplement tout cela sans souffrance et sans effort. La vie devrait se donner à l'homme sans qu'il ne se donne. Nous pourrions dire aussi que le propre de ce phénomène est un déni de l'amour, qui amène à fuir dans le mensonge. Or, cela cache une fausse image de Dieu, c'est-à-dire la négation de Dieu et l'adoration d'une idole. Car on comprend Dieu comme l'homme riche qui ne tint pas compte de Lazare, parce qu'il voulait être lui-même un dieu, tous ses biens ne lui suffisant pas encore. Ainsi, on comprend Dieu à la manière d'Arius, pour qui Dieu ne peut avoir aucune relation extérieure, parce qu'il se suffit à lui-même. L'homme voudrait être un tel dieu, un dieu qui prend tout sans rien donner. C'est pourquoi le vrai Dieu est le véritable ennemi, le concurrent de l'homme aveuglé.

Voilà le vrai nœud de sa maladie, car il est enfoncé dans le mensonge et détourné de l'Amour.

16

10 novembre

Source d'eau vive, le réalisme de la vie chrétienne (4)

À présent, nous pouvons peut-être commencer à comprendre ce que signifie une parole décisive de Jésus extraite de la prière sacerdotale, qui peut tout d'abord nous sembler être l'expression totalement irréelle d'un monde religieux à part : « Or, la vie éternelle, c'est qu'ils te connaissent, toi le seul véritable Dieu, et celui que tu as envoyé, Jésus Christ » (Jn 17,3). Nous ne sommes généralement plus capables aujourd'hui de reconnaître que notre relation à Dieu est tout ce qu'il y a de plus réel ; elle est même la clé de nos plus profondes misères. Et cela montre combien notre civilisation est malade. À vrai dire, il n'y aura pas guérison si nous ne reconnaissons pas Dieu comme la pierre angulaire de toute notre existence. Ce n'est qu'en vivant avec Dieu que la vie humaine devient vraiment la vie. Sans Lui, elle reste en deçà du seuil de son être.

« Si quelqu'un a soif, qu'il vienne à moi et qu'il boive », dit le Christ le dernier grand jour de la Fête des Tentes (Jn 7,37). La fête rappelle la soif d'Israël dans le brasier brûlant du désert sans eau, qui apparaît comme un royaume de la mort sans issue. Mais le Christ se proclame le rocher d'où coule la source inépuisable d'eau vive. Dans la mort, il est source de Vie. Si quelqu'un a soif, qu'il vienne à moi. Le monde avec toute sa science et son pouvoir n'est-il pas devenu pour nous comme un désert où nous ne savons plus trouver la source vive ?

Si quelqu'un a soif, qu'il vienne à moi.

Aujourd'hui aussi, Il est la source inépuisable d'eau vive.

16

11 novembre

De la « tristesse de ce monde » (1)

Qu'est-ce que cette mystérieuse tristesse de notre monde ? Il n'y a pourtant pas si longtemps, cette expression pouvait nous paraître obscure, voire irréelle ; car on avait l'impression que les enfants de ce monde étaient bien plus joyeux que les croyants qui, torturés par des scrupules de conscience, semblaient empêchés de jouir gaiement de l'existence et lorgnaient même avec une pointe d'envie du côté des incroyants auxquels semblait ouvert tout le jardin paradisiaque du bonheur terrestre sans réserves ni angoisses. Le grand exode hors de l'Église avait précisément comme justification d'être enfin libéré de limites fastidieuses, là où non seulement un arbre mais pratiquement tous les arbres du jardin paraissaient interdits...

Aujourd'hui que les promesses de la liberté illimitée sont pleinement savourées, nous commençons à comprendre à nouveau cette expression de « tristesse de notre monde ». Les plaisirs interdits ont perdu de leur éclat du moment qu'ils n'ont plus été interdits. Ils devaient et doivent être radicalisés, sans cesse intensifiés, mais ils apparaissent pourtant insipides, parce qu'ils sont tous finis, tandis que la faim tend vers l'infini. [...] La plus profonde racine de cette tristesse est le manque d'une grande espérance et l'inaccessibilité du grand amour : tout ce qu'il y a à espérer est connu et tout amour devient déception de la finitude en un monde dont les succédanés monstrueux ne sont que le misérable masque d'un désespoir abyssal.

1

12 novembre

De la « tristesse de ce monde » (2)

Il existe aujourd'hui une remarquable haine de l'être humain à l'encontre de sa propre grandeur. L'être humain se voit lui-même comme l'ennemi de la vie, de l'équilibre de la Création, comme le grand perturbateur de la Nature : il vaudrait mieux qu'il n'existe pas, il est la créature ratée. Sa délivrance et celle du monde sont censées consister en son autodissolution, en ce que l'esprit lui soit repris, en la disparition de ce que l'être humain avait de particulier, pour que la Nature retrouve sa perfection inconsciente avec son rythme propre et sa propre sagesse du « Meurs et deviens ».

Au début de ce chemin, il y avait l'arrogance de vouloir « être comme Dieu ». Il fallait se débarrasser des gardiens de Dieu afin d'être libres, réintégrer en nous-mêmes le Dieu projeté au ciel et régner nous-mêmes sur la Création en tant que Dieu. On en arriva alors effectivement à un genre d'esprit et de volonté qui prend position contre la vie, qui forme le règne de la mort. Et plus cela devient sensible, plus le projet initial se convertit maintenant en son contraire, tout en demeurant pourtant attaché au même point de départ : l'être humain, qui ne consentait à être que son propre créateur et voulait remonter la Création elle-même avec une meilleure évolution – cet être humain aboutit à l'autonégation et à l'autodestruction. Il trouve qu'il vaudrait mieux qu'il n'existe pas. Cette « lassitude » (*acedia*) métaphysique peut coexister avec son lot d'activité et d'agitation. Son essence est la fuite devant Dieu, le souhait d'être seul avec soi-même et sa finitude, de ne pas être dérangé par la proximité de Dieu.

1

13 novembre

De la « tristesse de ce monde » (3)

L'actualité des analyses de saint Thomas d'Aquin devient peut-être encore plus manifeste lorsque nous allons voir ce qu'il dit des « filles de la lassitude ». En même temps qu'au désespoir, le repli fatigué devant la grandeur de l'homme tel qu'il est aimé de Dieu donne naissance à l'« evagatio mentis », l'agitation vagabonde de l'esprit, car – c'est Thomas qui le dit – « aucun être humain ne peut demeurer dans la tristesse ». Quand toutefois la base de l'âme est la tristesse, on en vient nécessairement à une constante fuite de l'âme devant elle-même, à une profonde agitation : l'être humain redoute d'être seul avec lui-même, il perd son centre, devient un vagabond spirituel qui est toujours éloigné de lui-même. Au nombre des symptômes de cette agitation vagabonde de l'esprit, on compte le goût du bavardage (*verbositas*) et la curiosité : l'homme fuit la pensée dans la parole ; comme il a perdu de vue l'infini, il en arrive à une quête insatiable de ses succédanés. D'autres attitudes renforcent ceci : l'agitation intérieure (*importunitas – inquietudo*), c'est-à-dire une quête maladive et continuelle de la nouveauté comme objet de remplacement pour la perte de l'inépuisable surprise de l'amour divin ; enfin, l'inconstance de la volonté et de l'être (*instabilitas loci vel propositi*).

Seul le courage de retrouver la dimension divine de notre être et de l'accepter peut donner à nouveau à nos âmes et à notre société une nouvelle stabilité intérieure.

1

14 novembre

De la « tristesse de ce monde » (4)

Saint Thomas d'Aquin traite encore de quatre autres filles de la « lassitude »: l'apathie (*torpor*) envers tout ce qui est nécessaire à l'être humain pour son salut; la pusillanimité (*pusillanimitas*); l'indignation (*rancor*) et la méchanceté volontaire (*malitia*). Rien qu'une petite remarque sur deux d'entre elles: l'« indignation » est aujourd'hui située par beaucoup carrément comme un élément du catalogue des vertus modernes. Mais elle est le contraire de cette juste colère qui ne veut pas accepter le rapetissement de l'être humain à l'intérieur des mesures du positivisme. Elle est un mécontentement fondamental de l'être humain envers lui-même, qui se venge en même temps sur les autres parce que rien ne vient de lui, ce qui pourrait pourtant être octroyé par une nouvelle ouverture de sa propre âme. Elle peut être observée aujourd'hui de maintes façons en différentes variantes même à l'intérieur de l'Église, mais elle est toujours mue en fin de compte par le fait de ne pas vouloir de l'Église ce qu'elle a effectivement à transmettre: la grâce d'être enfant de Dieu; et l'on doit donc tenir sans doute tout ce que l'Église offre par ailleurs pour insuffisant, si bien que les déceptions se suivent les unes les autres. La grande attente envers l'existence chrétienne demeure qu'elle octroie le tout Autre, ce qui ne peut être trouvé nulle part, la communauté saine et avec elle la guérison, également celle de notre propre intériorité. Mais cette attente est transposée en ce qu'il y a de terrestre et d'institutionnel en l'Église qui est censée être la communauté saine et ne peut alors qu'engendrer une irrémédiable colère.

1

15 novembre

Mûrir à la vie véritable (1)

À quoi ressemble le moment où l'être humain apprend ce qu'est la vie ? C'est le moment de l'amour, qui devient en même temps pour lui le moment de vérité, celui où la vie surgit. Le désir d'immortalité ne naît pas dans une existence isolée, close sur elle-même, qui n'est pas satisfaisante, mais bien de l'expérience de l'amour, de la communauté, du Tu. Il naît de l'exigence que le Tu adresse au Je et vice versa. La découverte de la vie comprend un dépassement du Je, un abandon du Je. Elle arrive là où l'être humain ose s'écarter de lui-même et laisser choir son moi. Si le mystère de la vie est identique au mystère de l'amour, il est également lié à l'événement d'une mort.

Ainsi, nous en sommes revenus au message chrétien de la croix avec l'interprétation de la mort et de la vie. Il interprète la mort en ce qu'il nous enseigne à voir en elle davantage que le point final de notre existence biologique. La mort est continuellement présente dans le manque d'authenticité, dans l'enfermement et le vide de notre vie quotidienne. La douleur physique, la maladie, qui annoncent la mort, menacent moins notre vie réelle que le fait d'exister à côté de nous-mêmes, qui fait s'écouler la promesse de la vie dans la banalité et mène pour finir au vide.

17

16 novembre

Mûrir à la vie véritable (2)

Si nous tentons maintenant d'ordonner les réflexions que nous avons menées jusqu'ici, nous établirons que la mort se présente selon trois dimensions très différentes :

1. La mort est présente comme le néant d'une existence vide qui se déroule sous une apparence de vie.
2. La mort est présente comme processus physique de dissolution qui traverse la vie, en lequel la maladie se décèle et qui trouve son terme dans la mort physique.
3. La mort se rencontre dans le risque de l'amour qui s'abandonne lui-même et abandonne à l'autre ; elle se rencontre dans le sacrifice de son propre intérêt en faveur de la vérité et de la justice.

Ceci amène la question de savoir d'abord comment ces trois figures de la mort sont reliées les unes aux autres et ensuite comment il convient de les rapporter à la mort de Jésus ; la compréhension chrétienne de la mort devra être clarifiée en répondant à cette double question. Le point de départ de la solution doit se trouver dans la deuxième signification, c'est-à-dire dans les composantes biologiques de l'humain, où la mort est chez elle d'entrée de jeu. La douleur, la maladie peut paralyser l'homme en tant qu'être humain, le décomposer non seulement physiquement, mais aussi psychiquement et spirituellement. Mais elle peut aussi faire éclater l'autosatisfaction, l'émoussement de l'esprit et mener l'être humain à se découvrir lui-même. L'affrontement avec la souffrance est le lieu véritablement décisif de l'humain.

17

17 novembre

Mûrir à la vie véritable (3)

Car l'être humain est concrètement et inéluctablement confronté au fait qu'il ne peut pas disposer de sa vie, que sa propre vie ne lui appartient pas. Il est possible de réagir par un défi, comme celui qui chercherait néanmoins à se procurer la puissance en s'abandonnant à une colère désespérée. Mais il est aussi possible de réagir en tentant de faire confiance à la puissance étrangère et de se laisser guider sans crainte, sans regarder plein d'angoisse autour de soi. De cette manière, l'attitude envers la douleur, envers la mort insérée dans la vie se confond avec l'attitude fondamentale que nous appelons l'amour. Car il s'avère que l'être humain n'est pas seulement confronté à l'impossibilité de disposer de sa propre vie, à la limite physique de la vie que la maladie lui fait pressentir, mais il est confronté aussi au cœur de l'humain, dans la mesure où il se préoccupe d'être aimé, dans la mesure où il s'adresse à l'amour comme à la véritable nourriture de son âme. Mais l'amour, c'est-à-dire ce dont l'être humain a le plus besoin, ne peut en revanche être tiré de son propre fonds ; l'homme doit l'attendre et ne le reçoit certainement pas quand il veut se le procurer par lui-même. Il peut encore s'irriter de cette dépendance, vouloir s'en débarrasser, la réduire à l'apaisement d'un besoin qui pourrait être atteint sans l'aventure de l'esprit et du cœur. Il peut à l'inverse accepter celle-ci et se tenir ouvert avec confiance dans la certitude que la puissance qui l'a voulu ainsi ne le trahira pas non plus.

17

18 novembre

Mûrir à la vie véritable (4)

L'affrontement avec la mort physique bouscule l'être humain dans la constitution fondamentale de son être. Il le met devant la décision d'accepter la structure « amour » ou de lui opposer la structure « puissance ». Ceci soulève cependant la question décisive : peut-on accepter les prétentions de la mort physique, continuellement à notre rencontre au cours de la vie, dans un esprit de confiance qui mène à l'attitude fondamentale de l'amour, ou est-ce là perdre ce que la vie a de plus beau à offrir en attendant une réalité qui n'existe pas, ou du moins pas de la façon qui est présupposée ? Si, dans les réflexions menées jusqu'ici, la liaison intérieure entre les trois sens du mot « mort » a été éclairée, leur rapport à la question christologique s'impose maintenant à notre attention. Le Dieu qui meurt en Christ est le Dieu qui accomplit au-delà de toute attente la structure « amour » et qui justifie la confiance, s'opposant en fin de compte en une stricte alternative à la simple autodestruction. Le chrétien meurt dans la mort du Christ – cette formule traditionnelle trouve maintenant un sens tout pratique : la puissance indisponible qui de toute part limite sa vie n'est pas une aveugle causalité naturelle, mais bien un amour mis à sa disposition au point de mourir pour lui et avec lui.

17

19 novembre

Mûrir à la vie véritable (5)

Le chrétien le sait : il peut toujours faire fusionner la dépossession qu'il éprouve continuellement avec la conviction fondamentale d'un être créé d'amour ; il se sait pour cela inconditionnellement porté par la confiance même en un don d'amour qui ne peut être forcé. La mort, ennemie de l'être humain, veut le dépouiller, lui voler la vie ; elle est vaincue là où l'être humain affronte l'invasion de la mort dans un état d'esprit fait d'amour confiant et transforme ainsi le vol en "plus-que-la-vie". En Christ, la mort est vaincue comme mort, dans la mesure où c'est par la toute-puissance d'un amour sans limite que ceci s'est accompli ; elle est vaincue là où l'on meurt avec le Christ et en Christ. C'est pourquoi la conscience chrétienne s'oppose au souhait moderne de la « subitanea mors », qui veut faire de la mort un moment sans extension et bannir par là les prétentions du métaphysique sur la vie : dans l'acceptation transformante de la mort dont la présence se fait constamment sentir au cours de la vie, l'être humain mûrit à la vie véritable, à la vie éternelle.

17

20 novembre

Élisabeth de Thuringe : pour elle Dieu était réalité (1)

Comment Elisabeth a-t-elle pu, contre tous les usages de l'époque et les évidences de la société ambiante, être aussi vraie, être une personne humaine aussi juste ? Comment a-t-elle pu comprendre, vivre et apprendre à être aussi humaine ? La réponse devient claire lorsqu'on apprend que petite fille, elle interrompait au milieu d'un jeu et disait : Maintenant, je vais faire une pause pour Jésus et être là pour Lui. Elle s'arrêtait aussi au milieu d'une danse et disait : Pas la prochaine ; elle Lui appartient. La nuit, elle s'éloignait de son cher époux, se couchait sur le sol et disait : maintenant, je veux être là pour Lui et m'associer à sa pauvreté. Pour elle, Dieu était bien réel. Il était vivant. C'est pourquoi elle lui consacrait du temps, renonçait à quelque chose pour se faire proche de Lui. Et parce qu'elle avait vraiment découvert Dieu, parce que Jésus Christ n'était pas pour elle une figure lointaine, mais était devenu le Seigneur et frère de sa vie, elle découvrit en l'homme avec l'aide de Dieu le reflet divin ; c'est pourquoi elle a voulu et a pu porter la justice et l'amour de Dieu parmi les hommes.

Seul celui qui trouve Dieu peut aussi devenir vraiment humain.

22

21 novembre

Élisabeth de Thuringe : pour elle Dieu était réalité (2)

Une question se pose à présent, car nous aimerions dire : ce serait bien de saisir Dieu comme tout ce que nous pouvons saisir dans notre vie ; reconnaître Dieu si proche qu'il pénètre notre vie. Mais comment peut-on trouver Dieu, comment peut-on être si attentif à Lui, si disponible pour Lui qu'on Le reconnaisse et qu'on accueille son appel au cœur de nos journées ? Je crois que notre méditation vient de nous fournir deux réponses.

Voici la première : celui qui veut découvrir Dieu doit être prêt à prendre du temps pour lui. Et il faut être prêt à y mettre le prix ! Dieu ne s'impose pas. Il ne nous court pas après. Il en appelle à notre liberté. Et c'est seulement si nous disons "oui", si nous nous entraînons et nous préparons à sa venue, si nous abandonnons quelque chose pour être proches de Lui, si nous Lui donnons de notre temps et de nos forces, que le chemin peut s'ouvrir. Si nous vivons comme ceux qui le reconnaissent, ceux pour qui Il est vivant, et que nous procédons comme eux, alors Il sera vivant pour nous aussi, et nous ferons l'expérience de sa présence.

Deuxièmement : Elisabeth a vécu en voyant Dieu en tout homme. Elle s'est dépassée elle-même, a dépassé l'égoïsme inné et lutté pour la justice et l'amour envers le prochain. Alors s'exerce une influence réciproque : celui qui va vers les autres avec le regard de Dieu et s'efforce de donner de l'amour, s'approche davantage de Dieu, lui aussi, et le reconnaît vraiment. Et inversement : celui qui prend du temps pour Dieu, sert et aime plus facilement les autres. Les deux s'interpénètrent mutuellement.

22

La mort comme question : qui nous sommes vraiment (1)

Le monde bourgeois dissimule la mort. Le grand philosophe Joseph Pieper a rassemblé une série de détails significatifs sur ce thème : il rapporte que dans un quotidien américain, le mot « mort » ne doit pas être imprimé ; même les entreprises américaines de pompes funèbres cherchent, suivant leurs propres directives linguistiques, à éviter autant que possible de mentionner le décès. La tendance à cacher la mort est efficacement soutenue par la structure de la société moderne. En elle, la communauté de vie de la famille est de plus en plus remplacée par la logique de la production et les spécialisations qui en résultent. La famille, qui fréquemment ne fait encore office que de dortoir, cesse d'exister durant la journée ; elle ne peut pas être l'espace protecteur qui réunit les êtres humains au travers de la naissance, de la vie, de la maladie et du trépas. La maladie et la mort deviennent des problèmes spécialisés qui sont traités en conséquence dans les institutions prévues à cette fin. Ainsi, ces phénomènes humains fondamentaux sont-ils marginalisés non seulement à l'intérieur des consciences, mais aussi sociologiquement et structurellement. Ils ne sont plus des problèmes physiques, métaphysiques qui doivent être subis et maîtrisés dans le cadre d'une communauté de vie, mais des tâches techniques qui doivent être traitées techniquement par des techniciens.

17

23 novembre

La mort comme question : qui nous sommes vraiment (2)

Si c'est d'abord purement par la structuration extérieure de la société que le tabou de la mort est maintenu, une autre évolution est impliquée dans ces processus, occupant aujourd'hui de plus en plus nettement le devant de la scène. Je n'entends pas vraiment par là le défi nihiliste dont Joseph Pieper parle également : il s'agit là plutôt d'une attitude élitiste qui refuse de prendre part aux cachotteries générales et voudrait soutenir l'absurdité qu'il y a à la regarder en face. Une troisième attitude se répand de plus en plus largement autour de nous, pour laquelle encore une fois Pieper a trouvé une désignation, en parlant de la minimisation matérialiste de la mort. À la télévision, la mort apparaît comme un spectacle ; elle devient un frisson que l'on oppose à l'ennui général de l'existence. Ce dont il s'agit dans cette objectivation de la mort, c'est bien en fin de compte de la même chose qu'auparavant dans le tabou bourgeois de la mort : il faut enlever à la mort son caractère de lieu d'irruption du métaphysique ; sa banalisation doit bannir l'inquiétante question qu'elle soulève. Schleiermacher a parlé un jour de la naissance et de la mort comme de « vues taillées à la hache » par lesquelles le regard de l'être humain s'étend au loin jusqu'à l'infini. Mais c'est justement cet infini qui met en cause son petit monde habituel ; aussi cherche-t-il à le bannir : le refoulement de la mort devient plus efficacement possible avec la naturalisation de la mort. La mort doit devenir si objective, si ordinaire, si publique qu'il ne lui reste plus rien d'une question métaphysique.

17

24 novembre

La mort comme question : qui nous sommes vraiment (3)

Tout ceci a des conséquences décisives pour le rapport de l'être humain à lui-même et à la réalité en général. La litanie de la Toussaint exprime l'état d'esprit du croyant chrétien envers la mort dans la demande : « *A subitanea morte, libera nos, Domine* » – de la mort subite et imprévue, délivre-nous, ô Seigneur. Être ravi subitement, sans pouvoir se préparer, sans être armé, apparaît comme le péril pour l'être humain, qui veut en être sauvé. Il voudrait parcourir la dernière longueur de son trajet consciemment, il veut mourir comme lui-même. Si l'on devait aujourd'hui formuler une litanie des incroyants, la demande serait sans doute à l'inverse : donne-nous une mort soudaine et inaperçue, ô Seigneur. La mort devrait surgir soudainement et ne laisser aucun temps pour réfléchir ou pour souffrir. Il s'avère ici avant tout que le bannissement complet de la crainte métaphysique n'a pas réussi ; on préférerait en venir à bout en produisant soi-même la mort, de telle sorte qu'elle disparaisse entièrement comme question sur ce qu'est un humain. L'importance croissante qu'acquiert à vue d'œil la question de l'euthanasie repose sur ce fait : la mort doit être évitée comme phénomène qui m'arrive à moi, pour être remplacée par la mort technique, celle dont je n'ai pas à faire une expérience personnelle. Il faut claquer la porte à la métaphysique avant qu'elle puisse entrer.

17

25 novembre

La mort comme question : qui sommes-nous vraiment ? (4)

Le prix à payer pour bannir cette peur est élevé : la déshumanisation de la mort entraîne nécessairement la déshumanisation de la vie. Lorsque la maladie et la mort sont réduites au niveau de la faisabilité technique, l'homme le sera, lui aussi. Là où il devient trop dangereux d'accepter humainement la mort, il devient aussi trop dangereux d'être un homme. Dans l'effort actuel de retour à l'humain, curieusement, se rencontrent des conceptions opposées : l'homme fait tout aussi fortement obstacle à une conception technocratique et positiviste du monde qu'au désir nostalgique d'une nature laissée intacte, qui voit dans l'esprit un obstacle effectif à la paix et s'évertue de plus en plus à discréditer l'homme comme animal raté. La conception de la mort détermine celle de la vie : la mort devient ainsi la clé du problème : Qu'est-ce donc que l'homme ? La "brutalisation" de la vie humaine que nous constatons aujourd'hui va profondément de pair avec le refus du problème de la mort. Refouler et banaliser ne pourront finalement résoudre la question qu'en supprimant en fin de compte l'homme lui-même.

17

26 novembre

La mort sans Dieu : une cruelle énigme (1)

Pourquoi, à vrai dire, avons-nous peur de la mort ? Pourquoi l'humanité n'a-t-elle jamais voulu croire qu'il n'y avait tout simplement plus rien après ?

Les raisons sont nombreuses. Nous avons peur de la mort, d'abord parce que nous avons peur du néant, du saut dans l'inconnu. Nous nous révoltons car nous ne pouvons pas croire que tout ce qu'il y a de grand et d'utile dans une vie puisse tomber dans le néant. Nous nous y opposons, parce que l'amour réclame l'éternité, et nous ne pouvons accepter la destruction de l'amour qu'elle entraîne.

3

27 novembre

La mort sans Dieu : une cruelle énigme (2)

Si Dieu existe, et si ce Dieu a voulu et veut l'homme, il est clair que son amour peut ce que le nôtre désire en vain : garder en vie l'être qu'il aime par-delà la mort. [...] Ainsi, pour les chrétiens aussi, les débuts de la philosophie ancienne retrouvèrent tout leur sens. Elle affirmait : « Si tu veux durer au-delà de la mort, tu dois accueillir en toi le plus possible ce qui est éternel : la vérité, la justice, le bien. Plus tout cela est présent en toi, plus il restera "quelque chose" de toi, et plus tu resteras vivant. Mieux encore : tu dois t'arrimer à cet éternel, de sorte que tu lui appartiennes et participes à son éternité. S'accrocher à la vérité et appartenir ainsi à l'indestructible – cela devient alors bien réel et tout proche : accroche-toi au Christ, il te portera dans la nuit de la mort, qu'il a lui-même traversée. Ainsi, l'immortalité trouve son sens. Elle n'est plus alors une réplique sans fin de l'aujourd'hui, mais une réalité entièrement nouvelle et, cependant, véritablement notre éternité : être dans les mains de Dieu et unis ainsi à tous les frères et sœurs qu'il nous a donnés, unis à la création. Voilà la vraie vie, vers laquelle nous ne regardons aujourd'hui qu'à travers les nuages. Sans réponse à la question de Dieu, la mort reste une énigme cruelle, et toute autre réponse conduit à la contradiction. Mais si Dieu existe, s'Il est le Dieu qui s'est manifesté en Jésus Christ, alors la vie éternelle existe, et la mort est une route d'Espérance.

3

28 novembre

La relation rend immortel (1)

La compréhension chrétienne de l'immortalité part résolument du concept de Dieu et a un caractère dialogual. Dieu étant le Dieu des vivants et appelant sa créature, l'homme, par son nom, cette créature ne peut périr. Cet accueil de l'homme par Dieu dans la vie même de Dieu, a pris chair en Jésus-Christ : le Christ est l'arbre de vie, d'où l'homme reçoit le pain d'immortalité. La vie éternelle ne s'explique pas à partir de l'existence isolée et de son propre pouvoir, mais à partir de la dépendance, constitutive de l'homme. Cette affirmation sur l'homme renvoie à son tour à l'image de Dieu, elle recouvre le cœur de la compréhension chrétienne de la réalité : Dieu lui-même possède l'éternité, ou plus exactement Il est l'éternité, comme événement relationnel de l'amour trinitaire. Dieu lui-même n'est pas « atome », mais relation, parce qu'il est amour. Ainsi, Il est la Vie. À partir de cette réalité, c'est sur la réciprocité de l'amour humain que repose aussi un reflet du mystère de l'éternité. La "voie indiquée" par une telle vision de l'être est la suivante : la relation rend immortelle. C'est une ouverture, non une fermeture.

17

29 novembre

La relation rend immortel (2)

C'est de la croyance en la Création que procède le caractère holistique de l'espérance chrétienne. Ce qui est sauvé, c'est la créature homme, la totalité et l'unité de la personne, qui est montrée dans notre vie charnelle. « Tous les cheveux de vos têtes sont comptés » (Mt 10, 30). Ceci ne veut pas dire qu'il n'y a rien d'éphémère en l'être humain. Mais cela signifie que précisément dans la pénétration de l'éphémère, ce qui est permanent acquiert sa figure. La matière comme telle ne peut être le facteur constant en l'être humain : elle est en perpétuelle transformation même au cours de la vie terrestre. En ce sens, une dualité distinguant la constante des variables est indispensable et simplement exigée par la logique de la question. C'est pourquoi on ne saurait renoncer à la distinction entre l'âme et le corps. Mais cette dualité a été conçue avec une cohérence toujours croissante dans la tradition chrétienne – pour finir avec Thomas d'Aquin et au concile de Vienne (1311-1312) [...] – de manière à ne rien avoir d'un dualisme, faisant plutôt pour la première fois apparaître la dignité et l'unité de l'être humain. Même dans la constante « annihilation » du corps, c'est toujours l'être humain unique, l'être humain entier qui se dirige vers l'éternité et qui, en son corps de chair, mûrit comme créature de Dieu destinée à la vision de la face de Dieu.

17

30 novembre

La relation rend immortel (3)

La conception chrétienne de l'immortalité a toujours inclus le facteur du semblable. L'être humain ne dialogue pas seul avec Dieu et il n'entre pas avec Dieu dans une éternité qui n'appartient qu'à lui, mais plutôt, le dialogue chrétien avec Dieu passe précisément par les êtres humains. Il passe par l'histoire, en laquelle Dieu parle avec l'homme ; il advient dans le "nous" des enfants de Dieu – ce qui signifie en dernière analyse qu'il advient dans le « corps du Christ », dans la communauté avec le Fils qui seul rend possible à l'homme d'appeler Dieu « Père ». Il ne le peut, il ne le doit que s'il devient fils avec le Fils, et ceci veut nécessairement dire qu'il devient un avec tous les autres qui cherchent le Père. Dans la réconciliation qui s'appelle le Christ se délie la langue humaine et devient possible ce dialogue qui est la vraie source de vie pour l'être humain. [...]

Tout amour entre humains renferme un appel à l'éternité que l'homme ne peut cependant jamais honorer. Dieu entre en Christ en tant qu'homme dans cette quête de la Parole d'amour qui est la nôtre. Le dialogue de Dieu avec nous devient par là véritablement humain, puisque Dieu le mène en tant qu'être humain. Et vice versa : le dialogue des êtres humains entre eux en acquiert une dimension d'éternité, puisqu'il est compris dans la « communio sanctorum », dans la communion des saints, dans la conversation trinitaire. C'est pourquoi la communion des saints est le lieu où l'éternité s'ouvre pour les hommes. La vie éternelle n'isole pas l'être humain, mais le mène plutôt hors de son isolement dans la véritable unité avec ses frères et avec toute la Création de Dieu.

17

DÉCEMBRE

Naissance de la lumière dans l'obscurité de la nature humaine

1er décembre

Fuite devant l'ici-bas ?

Il y a une éternité. Dire cela aujourd'hui, c'est – même en théologie – se montrer bien peu moderne. Parler de l'au-delà apparaît comme une fuite devant l'ici-bas. Et si c'était vrai ? Peut-on glisser sur l'éternité sous prétexte qu'elle serait seulement une consolation ? Ne confère-t-elle pas plutôt justement à la vie son sérieux, sa liberté, son espérance ? L'homme image de Dieu – de maintes façons cette image nous apparaît déformée. Cette expression n'est entièrement vraie que de Jésus-Christ : il est l'image restaurée de Dieu. Mais quel Dieu voyons-nous donc là ? Nombreux sont ceux qui, sur la base d'une théologie mal comprise, en ont tiré une image totalement fausse – l'image d'un Dieu cruel qui réclame le sang de son propre Fils. Mais le Dieu biblique ne réclame pas de victimes humaines. Avant qu'Abraham puisse porter la main sur Isaac, la protestation de Dieu l'en empêche ; le bélier remplace l'enfant. Pour le Dieu d'Israël, ce n'est pas la mort de l'homme qui rend culte à Dieu, mais sa vie. Irénée de Lyon a pour cela une merveilleuse formule : « *Gloria Dei homo vivens* » –, la gloire de Dieu, c'est l'homme vivant. Tel est le « sacrifice humain » qu'il réclame.

7

2 décembre

« Que ton règne vienne »
L'Avent

Qu'attendons-nous, à vrai dire, pendant l'Avent? La première venue du Christ? Elle se situe derrière nous. Sa deuxième venue? Nous la craignons, nous ne la souhaitons pas... Noël? L'attente de cette fête, événement religieux, est devenue un phénomène commercial, qui sera relayé par un autre. Il semble donc que le chrétien n'attende rien, que l'espérance chrétienne soit un mot creux et obéisse donc à la loi du vide, pour se laisser remplir par d'autres espoirs.

Or, n'avons-nous vraiment rien à attendre?... Certains hommes vivent encore avant Jésus Christ: ceux qui n'ont pas encore rencontré Dieu, qui ne guérit pas notre souffrance en la supprimant, mais en souffrant avec nous; qui donne sens à l'injustice en se rangeant du côté des victimes qu'elle engendre. D'autres vivent après Jésus Christ: ils l'ont vu et sont partis. N'est-il pas plus heureux, de vivre « avant » plutôt qu'« après » Jésus Christ? Sa première venue doit-elle simplement se situer « derrière nous »? Ne reste-t-elle pas, en un sens très profond, toujours « en avant »? Ne devons-nous pas en vérité aller à sa rencontre une vie entière, et l'Avent ne devrait-il pas nous aider à rester dans cette voie? Ainsi nous pourrions voir peu à peu que l'attente de la première et de la deuxième venue de Jésus Christ est, au fond, une seule et même chose. Les deux ne signifient finalement rien d'autre que d'entrer dans la dynamique interne de cette prière: « Que ton règne vienne! »

8

3 décembre

Éclairés par la lumière de Dieu

L'Avent est une réalité aussi pour l'Église. Dieu n'a pas divisé l'histoire en une moitié claire et une moitié sombre. Il n'a pas réparti les hommes entre ceux qu'il sauve et ceux qu'il a oubliés. Il y a une seule Histoire indivisible, caractérisée par la faiblesse et la misère de l'homme, entièrement enveloppée par l'amour miséricordieux de notre Dieu, qui ne cesse d'englober l'Histoire et de la porter. Notre siècle nous oblige à réapprendre la vérité de l'Avent, celle qu'elle a toujours été, et celle qu'elle est ; à réapprendre que toute l'humanité est unique au regard de Dieu ; elle est dans l'obscurité, mais elle est éclairée aussi par la lumière divine. S'il en est ainsi, cela signifie qu'en aucune période de l'histoire Dieu serait seulement le passé, derrière nous, quand tout a déjà été fait. Mais pour nous tous, Dieu est l'origine dont nous venons, ainsi que l'avenir au-devant de nous. Et cela signifie encore que nous trouverons Dieu seulement en allant au-devant de Lui comme Celui qui vient, qui attend et exige notre mise en route. On ne pourra trouver Dieu que dans cet exode, en sortant du confort de notre vie présente, pour entrer dans la sainteté de Dieu cachée et qui vient.

36

4 décembre

Seul l'amour est digne de foi

Quelle période de l'histoire humaine eût ressenti plus d'angoisse devant son avenir que la nôtre ? Peut-être l'homme d'aujourd'hui ne s'obstine-t-il ainsi dans le présent que parce qu'il ne supporte pas de regarder l'avenir en face ; le seul fait d'y penser lui donne des cauchemars. Nous ne craignons plus de voir le soleil vaincu par les ténèbres et ne plus revenir. Mais nous avons peur de l'obscurité qui émane de l'homme, et avons ainsi découvert la véritable obscurité, plus terrible en ce siècle d'« inhumanités » que ne pouvaient l'imaginer les générations avant nous. Nous avons peur que le bien devienne impuissant dans le monde ; que peu à peu, cela n'ait plus de sens d'oser la vérité, la pureté, la justice, l'amour, parce que la loi du plus fort règne dans le monde, que la "marche du siècle" donne raison à ceux que rien n'arrête, aux brutes, et non aux saints. Et pourtant, nous le voyons bien… On a le sentiment que les forces obscures augmentent et que le bien est impuissant. En contemplant le monde, un sentiment analogue s'empare de nous, comme les hommes durent l'avoir devant le soleil d'automne ou d'hiver qui semblait mener son "combat de la mort". Va-t-il tenir bon ? Le bien gardera-t-il un sens et sa force dans le monde ? Dans l'étable de Bethléem nous est donné le signe qui nous fait répondre joyeusement : oui. Car cet enfant, le fils incarné de Dieu, est placé comme signe et comme « caution » ; et à la fin, Dieu aura le dernier mot dans l'histoire du monde.

Car Il est la Vérité et l'Amour.

14

5 décembre

Frapper à la porte de l'âme ensevelie

Ce que raconte Julien Green de sa jeunesse bouleversée retrace avec une précision stupéfiante la lutte à laquelle notre époque se voit, elle aussi, exposée. L'évidence du mouvement de la vie moderne nous apparaît comme la forme indispensable de notre liberté et nous le ressentons en même temps comme l'esclavage dont, au mieux, un miracle pourrait nous libérer, mais certainement pas la voie démodée de l'Église, alternative qui ne semble absolument pas être envisagée. Ce serait plutôt l'attrait inconnu des religions exotiques. Et pourtant, il est déjà décisif que ce grand désir de libération ne soit pas piétiné et produise parfois son effet dans l'Église, dans des moments de silence. [...]

À un moment ou à un autre, cela sera d'une clarté bouleversante : oui, je suis Israël. Je suis le bœuf qui ne connaît pas son maître. Et lorsque nous descendrons du piédestal de notre orgueil, il se produira ce que déclare le psalmiste : le cœur s'élèvera, gagnera de la hauteur, et la présence cachée de Dieu pénétrera plus profondément dans notre vie désordonnée. L'Avent n'est pas un miracle soudain, comme le promettent les prêcheurs de la révolution et les messagers de nouvelles voies de salut. Dieu agit tout à fait humainement avec nous, il nous conduit pas à pas et nous attend. Pendant l'Avent, Quelqu'un frappe tout doucement à la porte de notre âme ensevelie, pour que nous prenions le risque d'avancer vers la secrète présence de Dieu, seul à pouvoir nous libérer.

35

6 décembre

Saint Nicolas : lumière d'une nouvelle humanité (1)

Celui qui marche dans nos rues les premiers jours de décembre peut souvent rencontrer saint Nicolas, portant le vêtement – plus ou moins correct – d'un évêque et jamais sans la longue barbe blanche, avec laquelle on le représentait d'ailleurs dès le VIIIe siècle. Ce que ces figures de saint Nicolas disent et font est, là aussi, plus ou moins épiscopal : elles jouent plutôt à effrayer les enfants qu'à remémorer l'amour du saint, raconté par la légende en de nombreuses variantes. Nous ne savons plus guère aujourd'hui qui a été exactement cet homme dans l'histoire. Malgré tout, nous pouvons encore – en tendant l'oreille vers les sources les plus anciennes, reconnaître, à travers le brouillard du passé, l'éclat d'une figure ouvrant une porte vers l'Avent, c'est-à-dire capable de nous faire rencontrer la réalité de Jésus Christ.

Le plus vieux biographe de saint Nicolas, un certain archimandrite Michel, déclare dans sa biographie que Nicolas reçut sa dignité de la supériorité du Christ, comme l'étoile du matin reçoit son scintillement du soleil levant. Nicolas aurait été une reproduction du Christ : « Dans l'éclat de ses vertus, écrit le biographe, brille la justice du soleil. »

35

Saint Nicolas : lumière d'une nouvelle humanité (2)

La tradition a toujours vu en saint Nicolas l'évêque Nicolas qui participa au concile de Nicée (325) et formula, en présence de cette première grande assemblée d'évêques, la confession de la (vraie) divinité de Jésus Christ. Il s'agissait du cœur du débat, de décider si le christianisme deviendrait une secte quelconque ou bien proclamerait la véritable nouveauté : la foi en l'incarnation de Dieu. Il s'agissait de savoir si Jésus de Nazareth avait juste été un grand homme religieux, ou si, en lui, Dieu lui-même s'était fait l'un de nous. La question avait été finalement de savoir si Dieu était assez puissant pour se faire petit ; si Dieu était assez puissant pour nous aimer et vraiment entrer dans notre vie. Si, au contraire, Dieu était trop lointain pour pouvoir véritablement nous aimer, l'amour humain ne serait alors qu'une promesse vide. Si Dieu ne peut pas aimer, comment l'homme le pourrait-il ? Finalement, en confessant l'incarnation de Dieu, il s'agissait donc aussi de savoir si l'homme pouvait vivre et mourir humainement.

La figure de saint Nicolas met naturellement ce rapport en évidence.

35

8 décembre

Visitation de l'Avent (1)

Réfléchissons à ce que l'« Avent » signifie, en réalité. C'est un mot latin, que nous pouvons rendre en allemand par « présence, arrivée ». Dans la langue du monde ancien, c'était un terme technique, qui désignait l'arrivée d'un fonctionnaire, en particulier l'arrivée de rois ou d'empereurs dans la province. Mais il pouvait aussi exprimer l'arrivée de la divinité qui sort de l'invisible et révèle puissamment sa présence, célébrée dans le culte.

Les chrétiens ont adopté ce terme pour exprimer leur relation particulière avec Jésus Christ. Pour eux, Il est le Roi, entré dans cette misérable province de la terre, et qui leur offre la fête de sa visite. C'est Lui qu'ils croient présent dans l'assemblée liturgique. Ils veulent généralement dire par ce mot : Dieu est là. Il ne s'est pas retiré du monde. Il ne nous a pas laissés seuls. Même si nous ne le voyons pas et ne pouvons le saisir comme n'importe quel objet, Il est là et vient à nous de diverses manières.

35

Visitation de l'Avent (2)

Ainsi le terme *Visitatio* entre-t-il dans le contexte sémantique du mot Avent, signifiant simplement « visite », traduit depuis longtemps par le mot « Visitation ». Un étonnant déplacement de notre pensée s'est opéré ici. Le mot « Visitation » a presque totalement perdu la teneur joyeuse du mot « visite, visiter »; nous ne prêtons plus du tout attention à son sens originel, mais entendons par visitations – qui signifient aussi tourments – plaies et affres, interprétés comme des punitions de Dieu. Or, ce devrait justement être l'inverse: le mot « visitation, visite » devrait contribuer à nous faire réaliser que même les difficultés peuvent recéler quelque chose de la beauté de l'Avent.

La maladie et la souffrance peuvent, tout autant qu'une grande joie, être comme un Avent tout à fait personnel, une visite de Dieu qui entre dans ma vie et veut se rapprocher de moi. Même si la vie nous devient difficile, nous devrions essayer de comprendre les jours de maladie sous cette lumière-là: le Seigneur a interrompu pour un temps mon activité, afin de me conduire au désert.

25

10 décembre

Visitation de l'Avent (3)

Dans ma vie quotidienne, j'ai peu de temps pour Lui et peu de temps pour moi-même ; je suis complètement pris, tendu dans mes affaires du matin au soir, et j'en arrive à m'éviter moi-même, parce que je ne sais que faire de moi. Mon métier me tient, la société me tient, le plaisir me tient, mais je ne me possède pas moi-même. C'est ainsi que progressivement, je ne m'appartiens plus. Les choses me poussent, je suis une fonction dans leurs grands rouages.

Mais Dieu m'a tiré de là. Et il me faut faire silence. Attendre. Je dois méditer sur moi-même, porter la solitude. Je dois porter la souffrance, et m'accepter moi-même. Tout cela est difficile.

Mais n'est-il pas possible que Dieu m'attende vraiment dans ce silence ? Ne peut-il faire ce qui est écrit dans la parabole de la vigne : « *tout sarment qui porte du fruit, Il l'émonde, afin qu'il en porte davantage encore* » (Jn 15,2).

Quand j'apprends à m'accepter en ces jours de silence, lorsque j'admets la souffrance, parce que le Seigneur me purifie à cette occasion – ne me suis-je pas enrichi davantage que si j'avais gagné beaucoup d'argent ? Ne s'est-il pas passé quelque chose en moi de plus stable et fécond que ce que l'on peut compter et calculer ?

25

11 décembre

Visitation de l'Avent (4)

Visite du Seigneur... Peut-être la maladie peut-elle revêtir un autre visage si nous la regardons comme un morceau d'Avent. Certes nous nous rebellons contre elle parce qu'elle fait mal, parce que l'immobilité et la solitude sont difficiles ; mais nous nous rebellons aussi contre elle parce que nous aurions tant de choses plus importantes à faire, et parce qu'elle paraît ne pas avoir de sens. Or, elle n'est nullement dénuée de sens. Elle trouve toute sa signification dans le tissu de la vie humaine ; elle peut être le temps de Dieu dans notre vie, le temps où nous lui ouvrons la porte et apprenons aussi à nous retrouver nous-mêmes.

Peut-être devrions-nous faire une fois l'expérience de comprendre les différents petits événements de la journée comme des signes que Dieu nous adresse. Peut-être devrions-nous une fois enregistrer non seulement les désagréments et contrariétés, mais aussi nous efforcer de découvrir combien Dieu nous fait sentir quelque chose de son Amour. Tenir pour ainsi dire un *Carnet de bord du Bien* serait une belle tâche thérapeutique.

Le Seigneur est là : cette certitude chrétienne devrait nous aider à regarder le monde avec d'autres yeux et apprendre justement à comprendre la « visitation », comme une manière à Lui de venir à nous, de s'approcher de nous.

25

12 décembre

« ... Et nous ne le cherchons même pas »

Je me rappelle une histoire de rabbin, que relate Elie Wiesel. Il évoque le petit Jeschiel se précipitant en pleurs dans le bureau de son grand-père, le rabbi Baruch. De grosses larmes coulent sur ses joues, et il se lamente :

« Mon ami m'a complètement abandonné. Il est très injuste et très méchant avec moi.

– Peux-tu m'expliquer ce qui se passe ?, lui demande le maître.

– Oui, répond le petit. Nous avons joué à cache-cache, et je me suis si bien caché qu'il ne m'a pas trouvé. Alors il a carrément cessé de me chercher, et il est parti. C'est moche, non ? »

La plus belle cachette perd tout son intérêt, parce que l'autre interrompt le jeu. Alors le maître lui caresse les joues, les larmes aux yeux, et lui dit :

« Tu as raison, c'est très vilain. Eh bien regarde : avec Dieu, c'est exactement la même chose. Il s'est caché et nous ne le cherchons pas. Penses-y : Dieu se cache, et les hommes ne le cherchent même pas. »

Dans cette petite histoire se trouve exposé tout le mystère chrétien de Noël : Dieu se cache. Il ne nous éblouit pas de l'éclat de sa gloire ; il ne nous fait pas plier les genoux devant sa puissance. Il veut qu'entre Lui et nous se réalise le mystère de l'Amour, qui présuppose la liberté. Il veut que ce soit le lieu de l'attente, de la quête, de la mise en route et de sa découverte, d'où jaillit à nouveau chez sa créature ce "oui" de l'amour qui constitue son propre mystère éternel. Il attend que la créature se mette en route, lui redise un "oui" parfaitement libre, que la Création l'aime en retour. Il attend l'Homme. Et il veut, il désire que nous puissions faire nous-mêmes cette expérience divine : celle de la liberté, de la quête, de la découverte et d'un "oui" joyeux à l'Amour, qui est le cœur du monde, grâce auquel le monde et nous-mêmes sommes bons.

39

13 décembre

Noël : sa cachette

Dieu se cache parce qu'il veut que nous lui ressemblions, que la liberté et l'amour adviennent en nous ; mais il ne fait pas que se cacher. Noël est sa cachette, si l'on veut, et Noël est avec Pâques la plus grande révélation divine. Dieu ne nous laisse pas seuls dans ce jeu de la vérité ; il l'a lui-même initié et ouvert. Il ne cesse de nous poursuivre. Par la création, il s'adresse constamment à nous, si nous voulons bien entendre et voir, et Il nous dit : cherchez-moi donc !... Il a descendu toute l'échelle des distances entre lui et nous, jusqu'à se faire homme, jusqu'à se faire petit enfant. On pourrait dire qu'il est sorti de sa cachette et qu'il nous court littéralement après, pour que nous ne cessions pas de le chercher, et que nous soyons capables de le trouver. En l'enfant, il se rend visible, tel qu'il est, c'est-à-dire comme cet amour capable de faire une chose aussi énorme, et qui prend le temps d'être lui-même un homme. Il se rend visible comme cette liberté capable de faire une chose pareille. Comme toute-puissance, capable de nous poursuivre ainsi. Nous avons une toute autre idée de la toute-puissance... Nous concédons à un Dieu inconnu qu'il soit l'origine de la mécanique de l'univers et mette le tout en mouvement. Mais la toute-puissance qui lui fait connaître chacun, s'occuper de nos destinées, se faire tout petit, cette toute-puissance est trop audacieuse pour nous, nous ne le lui permettons pas, nous l'effaçons avec notre « esprit éclairé »... Or, c'est en l'enfant qu'Il est le plus visible : c'est sa façon d'aimer et d'être tout-puissant... Celui qui commence à comprendre, tombe à genoux, rempli de la grande joie que l'ange a annoncée en la Nuit sainte.

39

14 décembre

Cette respiration de la Nuit sainte

Hélas, pour beaucoup, la religion s'est diluée dans une atmosphère qui ne recouvre plus aucune réalité ; la foi, qui a vu naître ce sentiment, est éteinte. Pourtant, l'état d'esprit de ceux qui se prennent pour de vrais croyants, est-il peut-être beaucoup plus dangereux : ils limitent la religion au domaine du sentiment et ne lui permettent pas d'entrer dans le raisonnable de la vie quotidienne, où ils agissent uniquement selon leur intérêt. Dans la prière finale de la messe du soir de Noël, les croyants prient Dieu de leur accorder de reprendre souffle en célébrant la naissance de Son Fils. Il n'est pas précisé pourquoi ils veulent souffler. Libre à nous, par conséquent, d'entendre ces paroles d'un point de vue pleinement humain, telles qu'elles résonnent à nos oreilles. La fête doit nous faire respirer. À dire vrai, étant donné le nombre d'activités de nos programmes, notre souffle est coupé et nous étouffons complètement !... Mais alors, on nous dira que la fête nous est donnée pour trouver un peu de silence et de joie ; que nous devons accueillir sans crainte et comme un cadeau de Dieu ce beau sentiment de fête qu'elle nous offre. Ceux qui pensent ne plus pouvoir croire, nous ne devons donc pas les priver de ce sentiment, qui leur reste peut-être comme le dernier écho de leur foi, et les fait participer à cette respiration de la Nuit Sainte, traversée par le souffle de la paix divine.

14

15 décembre

Entendre au cœur du silence

Noël nous appelle à entrer dans le silence de Dieu, et son mystère demeure caché à tant d'hommes parce qu'ils ne savent pas trouver le silence où Dieu agit. Comment le trouvons-nous ? Se taire ne suffit pas. Car un homme peut se taire extérieurement, et être pourtant tiraillé de tous côtés par l'agitation des choses. On peut se taire, alors qu'il y a énormément de bruit autour de soi. Faire silence signifie trouver un nouvel ordre intérieur. Cela ne signifie pas seulement réfléchir à ce que l'on peut présenter et montrer. Cela ne veut pas seulement dire regarder ce qui importe aux hommes et a de la valeur chez eux. Le silence signifie : développer ses sens internes, le sens de la conscience, le sens de l'éternel en nous, la capacité d'écoute de Dieu.

On disait que les dinosaures avaient disparu parce qu'ils s'étaient mal développés : beaucoup de carapace, peu de cerveau, beaucoup de muscles et peu d'intelligence. Ne sommes-nous pas en passe, nous aussi, de mal nous développer : beaucoup de technique, mais peu d'âme ? Une épaisse carapace de savoir matériel, mais un cœur devenu vide ? Une extinction de la capacité d'entendre la voix de Dieu en nous, de découvrir et reconnaître le bien, le beau et le vrai ?

26

16 décembre

Sortir de la nuit

Qu'est-ce que l'Avent? À cette question, il y a nombre de réponses. On peut dire en maugréant : ce n'est qu'un prétexte à l'agitation et au commerce, assorti de clichés sentimentaux auxquels on ne croit plus depuis longtemps. Cela est peut-être souvent exact, mais ce n'est pas tout.

On peut aussi dire, au contraire, que l'Avent est, au milieu d'un monde incroyant, un temps où se laisse encore voir, et continue à luire, un peu de l'éclat de la foi perdue. Comme on peut encore voir les étoiles longtemps après leur extinction, parce que leur lumière d'autrefois est toujours en route vers nous, de même le mystère garde encore souvent quelque chose de la chaleur et de l'espérance pour ceux qui ne peuvent plus y croire.

On peut donc dire aussi que l'Avent est un temps où se mobilise une bonté presque oubliée ; un temps où l'on est prêt à penser à l'autre et à lui donner un signe de bonté. Enfin, on peut dire que l'Avent est un temps où une vieille coutume reste vivante, notamment par les nombreux concerts de Noël. Dans les mélodies et les textes que nous entendons alors, se prolongent un peu, à notre époque encore, la simplicité, l'imagination et la force joyeuse de la foi de nos ancêtres. Cela nous console et nous encourage à oser croire de nouveau, peut-être, en ce qui a pu rendre les hommes si joyeux en temps très difficiles...

35

17 décembre

Le plus profond souvenir du cœur

L'Avent veut dire exactement la combinaison du souvenir et de l'espérance dont l'homme a besoin. Il veut éveiller en nous le souvenir le plus profond du cœur – le souvenir du Dieu qui s'est fait petit enfant. Ce souvenir guérit, ce souvenir est espérance. Dans l'année liturgique, il s'agit de parcourir la grande histoire des souvenirs, d'éveiller la mémoire du cœur et ainsi d'apprendre à voir l'étoile de l'espérance. Toutes les fêtes de l'année liturgique sont des événements du souvenir. Ce sont donc des événements de l'espérance. Les grands souvenirs de l'humanité, que l'année de la foi entretient et rappelle, doivent, dans l'organisation des périodes saintes par la liturgie et l'usage, devenir des souvenirs personnels, nourris des grands souvenirs de l'humanité. Les grands souvenirs ne se conserveront que si nous les faisons nôtres. Quand les hommes peuvent croire, c'est qu'ils ont pris goût à la foi sur le chemin de leur vie, et que l'humanité de Dieu leur est apparue à travers celle des hommes. Chacun de nous pourrait sûrement raconter ici sa propre histoire, et dire ce que signifient dans sa vie les souvenirs des fêtes de Noël, de Pâques ou... de la Trinité.

35

18 décembre

La famille de Bethléem (1)

Il y a d'abord Joseph. Tandis que Matthieu lui accorde une grande place au centre de son histoire de l'enfance, Luc ne lui a consacré qu'une phrase : Lui, le fils de David, se rend avec Marie, sa fiancée, qui était enceinte, à Bethléem. Par le choix et la place des mots, il rappelle encore une fois que cet enfant de sa fiancée n'est pas le sien, mais d'une autre origine, divine. Tout le drame de cette vie s'éclaire donc en une seule phrase, et l'homme silencieux s'adresse à nous. Dieu a écarté son projet de vie et fait autre chose avec lui, l'a destiné à autre chose. Cet homme était un homme devenu « docile » à Dieu, réceptif à la parole et à la volonté secrètes de Dieu, dont le cœur et l'esprit savaient écouter ; il ne percevait pas seulement ce qui venait de l'extérieur – comme c'est malheureusement notre cas, mais il percevait l'autre. C'était un homme capable de dire "oui" à la mission inattendue qui lui vint de Dieu. Il ne s'est pas fourvoyé dans son propre projet de vie, qui lui a été arraché, n'a pas laissé le ressentiment l'empoisonner intérieurement, mais il s'est levé, libre et prêt à se mettre à la disposition du nouveau qui se présentait à lui. Ainsi, il s'est ouvert, il a mûri et grandi. En s'acceptant et en accueillant Dieu comme il le veut, il est lui-même comblé. Contre ses projets, sa vie trouve le véritable sens, plus grand, auquel elle est destinée. Une telle liberté pour se laisser prendre ce qui vous appartient, l'obstination, une telle décontraction intérieure qui accepte la volonté inattendue de Dieu et y gagne en maturité, nous interpellent, nous aident et nous appellent.

39

19 décembre

La famille de Bethléem (2)

Et puis, il y a Marie. D'elle aussi, dont il dresse un si grand portrait, saint Luc ne dit pas grand-chose dans le passage sur la naissance de Jésus. Il nous laisse simplement entrevoir comment elle marche, elle aussi, sur la route de Bethléem, à une heure assurément très grave pour elle. Puis il dit qu'elle enfanta son « premier-né, l'enveloppa de langes et le coucha dans une crèche ». Nous découvrons dans cette petite phrase un portrait complet de cette femme : Marie enveloppe l'enfant de langes. Nous pouvons imaginer quelle espérance, quelle joie, quelle disponibilité l'habitent à l'heure de la naissance, comme elle y a travaillé et a tout préparé. Et nous pouvons voir combien le "oui" qu'elle a dit à l'ange a mûri en elle, comment ce "oui" a créé un espace physique et spirituel, et comment Jésus, qui est le "oui" de Dieu, entre dans ce "oui" humain. Je crois que ces simples paroles des langes peuvent nous donner à réfléchir : elles nous invitent à ménager un espace à la Parole de Dieu dans notre vie, à la nourrir, la conserver et l'abriter. À lui chercher un lieu en nous et autour de nous. Et plus encore : le geste de la mère de Jésus nous renvoie aussi à tous les frères et sœurs de Jésus Christ, à tous les souffrants, les sans-abri, les rejetés ; à tous les enfants attendant un "oui" qui leur est refusé, et dont la vie ne peut par conséquent être un "oui".

39

20 décembre

La famille de Bethléem (3)

Enfin, voici l'Enfant dont saint Luc nous dit qu'il était le « Premier-né ». Ce qui est bien souvent mal compris, comme s'il était le premier d'une série. Mais en langage biblique comme dans celui des cultures avoisinantes, le mot « premier-né » ne désigne pas un chiffre ouvrant une série, mais un titre de noblesse ; une expression du droit, qui décrit une certaine position, un rang et des devoirs juridiques. Et surtout, ce titre de « premier-né » est une classification dans l'histoire des promesses de Dieu. Il caractérise son détenteur comme le représentant de la "lignée" des promesses divines. « Chaque premier-né doit être saint », selon la Loi. Saint Luc utilise ce titre parce que l'exigence et la promesse qu'il comporte se réalisent seulement en cet Enfant. En lui seul s'applique totalement le mot de la loi et de la promesse. Ce premier-né est le Saint de Dieu et par là, véritablement le premier, point de départ d'une Création nouvelle. Ainsi saint Paul peut-il développer cette Parole et dire : c'est le Premier-né de la Création, premier-né de nombreux frères. Oui, des frères et sœurs suivront : il s'agit de nous. Nous pouvons, nous devons être ces frères et ces sœurs, en entrant dans ce recommencement, qui trouve son origine dans le Oui de la foi et des miséricordes de Dieu ; en commençant à être comme Lui et, avec Lui, la famille des Ressuscités, commencement d'un monde nouveau.

39

21 décembre

La famille de Bethléem (4)

L'enfant frappe à la porte. Cette quête d'un refuge va encore plus loin. Il y a non seulement l'environnement hostile à l'enfant, mais les choses se passaient déjà ainsi auparavant: dans ce monde qui n'a soi-disant plus de place, on ferme la porte, à l'enfant, surtout. L'enfant apparaît comme une sorte de danger ou comme un accident à éviter. L'art du siècle des Lumières et de la raison éclairée consiste à lui fermer la porte. Piétiner la vie abandonnée, l'enfant qui n'est pas encore né, semble déjà, souvent, ne plus être une peccadille, mais un critère d'émancipation. Dans la pensée de notre époque et, soyons sincères, dans la nôtre aussi – secrètement – l'enfant apparaît comme le concurrent de notre liberté, de notre avenir; il prend notre place. Nous remplissons d'objets, de produits, l'espace de notre vie, nous n'avons jamais assez de choses en réserve et nous nous permettons ensuite de les jeter à la poubelle. Mais pour une nouvelle liberté, une nouvelle volonté qui entrerait dans notre vie et que nous ne pouvons prévoir ni réguler, là, nous n'avons pas de place, cela nous gênerait trop. Nous aimons seulement ce qui est planifié, produit, ce que nous faisons et ce que nous pouvons jeter à nouveau.

L'enfant frappe à la porte.

Si nous l'acceptions, nous devrions revoir de fond en comble notre propre rapport à la vie, être prêts à ne pas profiter de la vie uniquement pour nous-mêmes, cesser de la considérer seulement comme une chance à court terme, à puiser dans les possibilités de l'être, mais la vivre et la contempler comme un cadeau pour les autres.

39

22 décembre

La source de la bonté

Dans un de ses contes de Noël, l'écrivain anglais Charles Dickens raconte l'histoire d'un homme qui a perdu la mémoire du cœur. Toute la chaîne de sentiments et de pensées formée en lui au contact de la souffrance humaine a disparu. Cet effacement du souvenir de l'amour lui est proposé comme une libération du poids du passé ; mais aussitôt il s'avère qu'ainsi, l'homme tout entier est transformé : la rencontre de la souffrance n'éveille en lui aucun souvenir de bonté. Et le souvenir s'étant tari, la source du bien disparut en cet homme. [...]

Goethe fait résonner la même pensée dans son récit de la première célébration de la fête de saint Roch à Bingen, qui put avoir lieu à nouveau après la longue interruption des guerres napoléoniennes. Il observe la foule dense des hommes qui se bousculent dans l'Église, passent près de la statue du saint, et il regarde leurs visages : celui des enfants comme celui des adultes brille ; il reflète la joie des jours de fête. Mais il en allait autrement chez les jeunes hommes, rapporte Goethe. Ils passaient, sans émotion, indifférents, semblant s'ennuyer. Son explication est éclairante : nés à une époque difficile, ces jeunes gens n'avaient aucun bon souvenir, et donc rien à espérer. Seul celui qui a des souvenirs peut aussi espérer. Qui n'a jamais fait l'expérience du bien et de la bonté, ne connaît ni l'un ni l'autre.

35

23 décembre

Avènement de Dieu

La fête à l'origine de la chrétienté n'est pas Noël, mais Pâques : la Résurrection du Seigneur était d'abord l'éclosion d'une Vie nouvelle et, ainsi, le commencement de l'Église. Hippolyte de Rome est le premier à avoir établi avec certitude dans son « Commentaire de Daniel » écrit vers l'an 204 après le Christ que Jésus était né le 25 décembre. Ce jour-là, on célébrait la fête de la Dédicace du Temple introduite en l'an 164 avant le Christ par Judas Maccabée. La date de naissance de Jésus serait fixée de façon à ce qu'avec Lui, élevé dans la nuit de Noël comme lumière de Dieu, se produise véritablement la Dédicace du Temple et l'Avènement de Dieu « au cœur du monde ». La chaleur particulière qui nous touche tant à Noël que la fête a largement dépassé Pâques dans le cœur de la chrétienté, s'est développée seulement au Moyen Âge, avec François d'Assise ; par son amour profond pour Jésus fait Homme, l'Emmanuel – Dieu avec nous – il y contribua. Thomas de Celano raconte dans sa biographie : « Plus que toute autre fête, il célébrait Noël avec une joie indescriptible. Il disait que c'était la fête des fêtes, car ce jour-là, Dieu s'était fait petit enfant et avait tété au sein de sa mère comme tous les enfants des hommes. » Jésus enfant s'est fait tellement proche de nous que nous pouvons le tutoyer, nous avons un accès direct à son cœur d'enfant.

MKK

24 décembre

Naissance de la Lumière

Quelque chose surprend en cette date anniversaire de la Lumière, en cette arrivée du Bien dans le monde, et ne cesse de nous remplir d'une incertitude angoissée : l'événement immense dont nous parlons a-t-il vraiment eu lieu dans l'étable de Bethléem ? Le soleil est grand, magnifique et puissant ; nul ne peut ignorer sa marche triomphale chaque année. Mais... son créateur ne devrait-il pas faire une entrée plus triomphale et plus évidente encore ? Ce véritable "lever de soleil de l'Histoire" ne devrait-il pas submerger la face de la terre de son indicible éclat ? Au lieu de cela, comme tout ce qui nous est dit dans l'Évangile est pauvre ! Ou alors serait-ce peut-être justement cette pauvreté, cette insignifiance terrestre qui serait le signe du Créateur, par lequel Il marque sa présence ?

Au premier abord, cela semble incompréhensible. Et pourtant... celui qui creuse le mystère de la Providence divine, voit de plus en plus clairement qu'il y a un double signe de Dieu. Tout d'abord, celui de la Création. Et parallèlement à ce signe, un autre apparaît avec toujours plus de force : celui de la « petitesse ». Les vraies valeurs et les plus hautes en ce monde apparaissent précisément sous le signe de la petitesse, de l'ombre, du silence. Les moments décisifs dans le monde, auxquels sont attachées sa destinée et son Histoire, paraissent petits à nos yeux... C'est dans la décision de la Nuit sainte, dans la foi que nous accueillons Jésus dans ce signe et lui faisons confiance sans murmurer. L'accueillir signifie se soumettre de la Vérité et de l'Amour, qui sont les valeurs divines les plus élevées. Elles sont aussi les plus oubliées et celles qui font le moins de bruit.

14

25 décembre

Et notre cœur devient léger

Les bergers... partirent en hâte vers Bethléem et rapportèrent ce qu'ils avaient entendu. Ces hommes plutôt silencieux louèrent Dieu, leurs lèvres débordant du trop-plein de leur cœur. Ils se hâtèrent, d'une hâte qui ressort à plusieurs reprises des Saintes Écritures : Marie se rend en toute hâte chez sa cousine Élisabeth, les bergers se hâtent vers la crèche, Pierre et Jean courent vers le Ressuscité. Cette hâte n'a rien à voir avec celle des hommes tourmentés par leurs agendas. C'est l'inverse : toute cette fausse hâte disparaît quand il s'agit de l'essentiel et de quelque chose de grand. C'est la Joie qui donne des ailes à l'homme. La grâce de l'Esprit Saint exclut la lourdeur, dit saint Ambroise. Cela veut dire que le poids pesant sur notre cœur et nos pieds tombe au cours de notre marche vers Dieu. Elle signifie que les doutes, la suffisance, les fausses lumières qui nous empêchent d'aller à Lui se dissipent. Cette grâce signifie que nous apprenons à marcher dans un élan plein de joie. Cette hâte ne vient pas de la précipitation, mais de sa disparition, et de la légèreté de notre cœur. Les anges peuvent voler, parce qu'ils ont le cœur léger, déclara Chesterton avec esprit. Laissons Richard Dehmel nous le redire : rien n'est difficile, si nous restons dans la légèreté ; et le pape Jean XXIII, puisant dans la profonde expérience de sa vie et de son combat, affirmait : tout devient facile lorsque nous nous séparons de nous-mêmes, quand, enfin, nous lâchons prise. Lâcher prise, voilà la réponse : ne plus placer en nous-mêmes, mais en Dieu seul notre centre de gravité. Alors notre cœur s'allège, il devient libre, capable d'écouter et de nous guider.

39

26 décembre

Qui connaît son Seigneur ? (1)

La chaleur humaine du jour de Noël nous touche tellement qu'elle a largement dépassé Pâques dans le cœur des chrétiens. Elle ne s'est développée qu'au Moyen Âge ; et c'est François d'Assise qui, par son profond amour pour l'homme Jésus, Dieu avec nous, contribua à créer cette nouveauté. Son premier biographe, Thomas de Celano, relate ce qui suit dans sa seconde autobiographie : avec une joie indescriptible, il célébrait Noël plus que toute autre fête. Il disait que c'était la fête des fêtes, car ce jour-là, Dieu s'était fait petit enfant et avait tété comme tous les enfants des Hommes. François embrassait – avec quelle tendresse et vénération ! – les images représentant Jésus enfant et, plein de compassion, marmonnait comme les enfants, des paroles de tendresse. « Le nom de Jésus était sur ses lèvres doux comme du miel. »

La célèbre fête de Noël à Greccio relevait du même état d'esprit, à laquelle sa visite en Terre Sainte et à la crèche à Sainte-Marie Majeure de Rome ont pu l'amener. Ce qui le motiva, ce fut l'aspiration à l'intimité, la réalité, le désir de vivre pleinement Bethléem, pour vivre directement la joie de la naissance de l'Enfant Jésus et la partager avec tous ses enfants.

25

27 décembre

Qui connaît son Seigneur? (2)

La Nuit Sainte, l'âne et le bœuf se trouvaient dans la caverne de Greccio, selon les indications de saint François. Il avait dit au noble Jean : « Je voudrais raviver le souvenir de l'enfant dans toute sa réalité, comment il est né à Bethléem, et de toutes les peines qu'il dut endurer dans son enfance. J'aimerais voir de mes yeux de chair ce que cela signifiait d'être couché dans une crèche et de dormir sur la paille, entre un bœuf et un âne. »

Depuis, le bœuf et l'âne font partie intégrante de la crèche. Mais d'où viennent-ils, à vrai dire? Les récits de Noël du Nouveau Testament n'en parlent pas. Si nous approfondissons, nous sommes confrontés à un fait aussi important dans la liturgie que dans la tradition populaire pour toute la tradition de Noël.

Le bœuf et l'âne ne sont pas de simples produits d'une pieuse imagination; ils sont devenus les compagnons de l'événement de Noël grâce à la foi de l'Église en l'unité de l'Ancien et du Nouveau Testament. En Isaïe 1,3, il est dit : « Un bœuf connaît son propriétaire et un âne la mangeoire chez son maître; Israël ne connaît pas, mon peuple ne comprend pas. »

25

28 décembre

Qui connaît son Seigneur ? (3)

Dans les représentations de Noël au Moyen Âge, il est frappant de voir que les deux animaux ont presque visage humain, qu'ils se tiennent et s'inclinent, avertis et pleins de vénération, devant le mystère de l'Enfant. C'était tout simplement logique car les deux animaux passaient pour représenter le chiffre prophétique recélant le mystère de l'Église – notre mystère, celui du bœuf et de l'âne que nous sommes face à l'Éternel, dont les yeux s'ouvrent en la Nuit Sainte et leur fait reconnaître leur Seigneur dans la crèche.

Qui est le bœuf et l'âne aujourd'hui, qui est « mon peuple », qui ne comprend pas ? Pourquoi en est-il ainsi, que la déraison reconnaît et la raison est aveugle ?

...

Celui qui n'a pas reconnu, c'est Hérode. Il n'a rien compris quand on lui a parlé de l'enfant, mais il se laissa d'autant plus aveugler par sa soif de pouvoir et la folie de la persécution qu'elle entraîne (Mt 2,3). Celui qui ne le reconnut pas, ce furent les docteurs, les biblistes, les spécialistes de l'herméneutique, qui connaissaient, il est vrai, précisément le passage de la Bible, mais ne comprenaient rien cependant (Mt 2,6).

25

29 décembre

Qui connaît son Seigneur? (4)

Celui qui le reconnut, ce furent – en comparaison de ces personnes renommées – « le bœuf et l'âne »: les bergers, les mages, Marie et Joseph. Pouvait-il en être autrement? Dans l'étable, où se trouve l'Enfant Jésus, les gens raffinés sont absents, le bœuf et l'âne sont chez eux.

Mais qu'en est-il de nous? Sommes-nous si éloignés de l'étable parce que nous sommes trop raffinés et trop intelligents pour cela? Ne sommes-nous pas, nous aussi, tellement embrouillés dans une savante exégèse, dans des preuves de l'inauthenticité ou de la véritable place historique que nous sommes devenus aveugles pour l'Enfant lui-même et ne percevons rien de Lui? Ne sommes-nous donc pas trop enfermés à « Jérusalem », au palais, en nous, notre superbe, notre peur de la persécution, pour pouvoir entendre en pleine nuit la voix des anges, nous mettre en route et adorer?

Ainsi, en cette nuit, les visages du bœuf et de l'âne nous regardent dubitatifs: mon peuple ne comprend pas, saisis-tu la voix de ton maître? Lorsque nous plaçons les personnages familiers dans la crèche, nous devrions demander à Dieu de donner à notre cœur cette simplicité qui découvre le Seigneur en l'Enfant – comme saint François à Greccio. Alors il pourrait nous arriver ce que Celano – selon les propres paroles de saint Luc sur les bergers de la première Nuit Sainte (Lc 2,20) – raconte des participants à la messe de minuit à Greccio: chacun rentra chez lui empli de Joie.

25

30 décembre

Pont vers l'infini

Personne ne peut par ses propres forces bâtir un pont vers l'infini. Aucune voix d'homme n'est assez forte pour appeler l'infini à partir de ce qui lui est propre. Nulle acuité d'esprit ne parvient à donner une idée certaine de Dieu, à nous assurer qu'il nous entend, à nous dire la façon appropriée d'entrer en relation avec lui. C'est pourquoi, on constate aussi à travers toute l'histoire de la religion et de la culture une curieuse division dans la question de Dieu. D'un côté, il y a toujours eu comme une évidence fondamentale de la réalité de Dieu, qui existe encore de nos jours. Ce que Paul déclare dans l'Épître aux Romains – en se référant au livre de la Sagesse de l'Ancien Testament (Sagesse 13, 4 s) – que le Créateur peut être contemplé dans la Création et qu'il est connu à travers elle (Rm 1, 19 s), cela n'est en aucune façon un postulat dogmatique, mais plutôt le constat d'un état de fait confirmé par l'histoire de la religion. Paul ajoute cependant – une fois de plus en reprenant et en approfondissant la pensée du livre de la Sagesse – qu'un obscurcissement qui altère l'image divine va de pair avec cette évidence. Ceci aussi est le simple constat d'un état de fait : la certitude fondamentale de l'existence de Dieu est toujours accompagnée d'un formidable mystère. Aussitôt que l'on tente de décrire et de nommer plus précisément ce Dieu, de mettre la vie humaine en relation avec lui et de lui répondre, l'image divine se décompose en facettes contradictoires qui obscurcissent l'évidence primaire jusqu'à la rendre méconnaissable et, en des cas extrêmes, à pouvoir aussi sans doute la détruire complètement.

33

31 décembre

Du sens du temps

Une année s'écoule. C'est toujours une heure propre à la méditation, un temps où l'on fait le bilan, et où l'on tente de prévoir l'année à venir. Un instant, nous prenons conscience de cette étrange réalité : rétroactivement, les jours difficiles semblent transfigurés, et le labeur, presque oublié, nous laisse plus paisibles et confiants, sereins face à ce qui nous menace, et que l'on oubliera aussi. L'année passée a vu s'écouler des choses difficiles comme des événements heureux ; et au fur et à mesure qu'un homme dépasse la première moitié de sa vie, il ressent fortement la transformation de ce qui a été et n'est plus. Il ne peut pas dire à l'instant qui passe : « Reste donc, tu es si beau ! » Le temps s'en va, comme il était venu. Ainsi la dernière heure de l'année peut-elle nous faire réfléchir au sens du temps.

L'homme a davantage de temps. La médecine a prolongé le temps de l'homme. Mais avons-nous vraiment le temps ? Ou est-ce le temps qui nous possède ? La plupart des gens n'ont aucun temps pour Dieu ; ils ont besoin de leur temps pour eux-mêmes, comme ils l'entendent. Mais avons-nous vraiment du temps nous-mêmes ? Ou bien n'est-ce pas lui qui nous manque, justement ? Ne vivons-nous pas à côté de nous-mêmes ? Et le véritable temps de l'homme n'est-il pas celui qu'il prend pour Dieu ?... Beaucoup trop de choses nous prouvent que le temps qui ne Lui est plus réservé nous engloutit ; que seul le temps laissé à Dieu nous donne du temps pour l'homme et, par là même, la vraie liberté.

14

SOURCES

1. Auf Christus schauen. Einübung in Glaube, Hoffnung, Liebe. Verlag Herder (VH), Freiburg i. Br. 1989.

2. Aus meinem Leben. Erinnerungen. Deutsche Verlagsanstalt (DVA), Stuttgart, 1998.

3 Bilder der Hoffnung. Wanderungen im Kirchenjahr. VH, Fribourg en Brisgau 1997.

4. Das Fest des Glaubens. Versuche zur Theologie des Gottesdienstes. Johannes-Verlag Einsiedeln (= JV), Freiburg i. Br. [3]1993.

5. Das Heil des Menschen. Innerweltlich-christlich, hrsg. v. Ulrich Hommes/Joseph Ratzinger, Kösel-Verlag (= KV), München 1975.

6. Das neue Volk Gottes. © 1972 Patmos-Verlag, Düsseldorf.

7. Der Gott Jesu Christi. Betrachtungen über den Dreieinigen Gott. KV, München 1976.

8. Die Hoffnung des Senfkorns (Meitinger Kleischriften 27). Kyrios-Verlag (= KyV), Meitingen/Freising 1973.

9. Diener eurer Freude. Meditationen über die priesterliche Spiritualität. VH, Freiburg i. Br. [2]1988.

10. Dienst an der Einheit. Zum Wesen und Auftrag des Petrusamtes. PV, Düsseldorf 1978.

11. Die sakramentale Begründung christlicher Existenz. KyV, Meitingen/Freising [4]1973.

12. Die Situation der Kirche heute. Hoffnungen und Gefahren, hrsg. v. Presseamt des Erzbistums Köln, Köln 1977.

13. Die Vielfat der Religionen und der Eine Bund. Urfeld Verlag, Hagen 1998.

14. Dogma und Verkündigung. Verlag Erich Wewel (=VEW), München [3]1977.

15. Einführung ins Christentum. Vorlesungen über das Apostolische Glaubens-bekenntnis. KV, München (87.– 88. Tsd.) 1998.

16 Ein neues Lied für den Herrn. Christusglaube und Liturgie in der Gegenwart. VH, Fribourg en Brisgau 1995.

17. Eschatologie – Tod und ewiges Leben. Friedrich Pustet Verlag, Regensburg [6]1990.

18. Es liegt an uns. Gespräche auf der Suche nach Sinn, hrsg. v. Ulrich Hommes. VH, Freiburg i. Br. 1980.

19. Eucharistie – Mitte der Kirche. Vier Predigten. VEW, MüNCHEN 1978.

20. Glaube und Zukunft. KV, München 1970.

21. Gottes Angesicht suchen. Betrachtungen im Kirchenjahr (Theologie und Leben 46). KyV, Meitingen/Freising [2]1979.

22. Heiligenpredigten, hrsg. v. Stephan von Horn. Auer Verlag, Donauwörth 1997.

23. Im Anfang schuf Gott – Vier Predigten über Schöpfung und Fall. Konsequenzen des Schöpfungsglaubens. JV, Freiburg i. Br. 1996.

24. Kirche, Ökumene und Politik. Neue Versuche zur Ekklesiologie. JV, Freiburg i. Br. 1987.

25. Licht, das uns leuchtet. Besinnungen zu Advent und Weihnachten. VH, Freiburg i. Br. ^{7}1982.

26. Lob der Weinacht. Zusammen mit Heinrich Schlier. VH, Freiburg i. Br. 1982.

27. Maria – Kirche im Ursprung. Zusammen mit Hans Urs von Balthasar. VH, Freiburg i. Br. ^{2}1982.

28. Maria – Kirche im Ursprung. Zusammen mit Hans Urs von Balthasar. JV, Freiburg i. Br., 4. erw. Auflage 1997.

29. Meditationen zur Karwoche (Meitinger Kleinschriften 5). KyV, Meitingen/Freising ^{7}1980.

30. Mitarbeiter der Wahrheit – Gedanken für jeden Tag. Mit Bildern von Richard Seewald. Verlag J. Pfeiffer, München 1979.

31. Mit der Kirche leben. Zusammen mit Karl Lehmann. VH, Freiburg i. Br. ^{4}1978.

32. Salz der Erde. Christentum und Katolische Kirche an der Jahrtausendwende. Ein Gespräch mit Peter Seewald. © 1996 Deutsche Verlags-Anstalt GmbH, Stuttgart.

33. Schauen auf den Durchbohrten. Versuche einer spirituellen Christologie. JV, Freiburg i. Br. ^{2}1990.

34. Sich auf Gott verlassen. Erfahrungen mit Gebeten, hrsg. v. Rudolf Walter. VH, Freiburg i. Br. 1980.

35. Suchen, was droben ist. Meditationen das Jahr hindurch. VH, Freiburg i. Br. 1985.

36. Vom Sinn des Christeins. Drei Adventspredigten. KV, München 1965.

37. Vom Wiederauffinden der Mitte. Grundorientierungen. VH, Freiburg i. Br. ^{2}1998.

38. Warheit, Werte, Macht. Prüfsteine der pluralistischen Gesellschaft. VH, Freiburg i. Br. ^{3}1995 (Neuausgabe : Verlag Josef Knecht, Frankfurt a. M. 1999).

39. Weihnachtspredigten. Auer Verlag Donauwörth 1998.

40. Wendezeit für Europa ? Diagnosen und Prognosen zur Lage von Kirche und Welt. JV, Freiburg i. Br. ^{2}1992.

41. Zur Gemeinschaft berufen. Kirche heute verstehen. VH, Freiburg i. Br. ^{2}1992.

42. Günther Bornkamm/Karl Rahner (Hg.) : Die Zeit Jesu. Festschrift für Heinrich Schlier. VH, Freiburg i. Br. 1970.

43. Glaube – Wahrheit – Toleranz. Das Christentum und die Weltreligionen. VH, Freiburg i. Br. 2003.

MKK : Münchener Katolische Kirchenzeitung (bulletin diocésain)

Composition et mise en pages réalisées par
Sud Compo - 66140 - Canet en Roussillon
424/2008

Pour être informé des publications des Éditions Parole et Silence
et recevoir notre catalogue, envoyez vos coordonnées à :

Éditions Parole et Silence
47, rue de Charenton
F- 75012 Paris

ou

Le Muveran
CH - 1880 Les Plans sur Bex

ics@omedia.ch

-------------✂---

Nom : . . . .
Prénom : . . . .
Adresse : . . . .
. . . .
Code postal : . . . .
Ville : . . . .
E-mail : . . . .
Téléphone : . . . .
Fax : . . . .

Je souhaite être informé(e) des publications
des Éditions Parole et Silence.

Achevé d'imprimer par Corlet, Imprimeur, S.A. - 14110 Condé-sur-Noireau
N° d'Imprimeur : 117626 - Dépôt légal : décembre 2008 - *Imprimé en France*